Sylt · Föhr Amrum

Claudia Banck

DUMONT
Reise-Taschenbuch

Schnellüberblick 6

Urlaubsparadiese im Nationalpark Wattenmeer 8

Lieblingsorte 10

Reiseinfos, Adressen, Websites

Informationsquellen 14
Wetter und Reisezeit 16
Rundreisen planen 18
Anreise und Verkehrsmittel 19
Übernachten 22
Essen und Trinken 24
Aktivurlaub, Sport und Wellness 27
Feste und Veranstaltungen 31
Reiseinfos von A bis Z 34

Panorama – Daten, Essays, Hintergründe

Steckbrief Sylt, Föhr, Amrum 42
Geschichte im Überblick 44

Uthlande – das Meer gibt, das Meer nimmt 48
Lebensräume für Spezialisten – Flora und Fauna in Düne und Watt 52
Weltnaturerbe Wattenmeer – wunderbar! 56
Offshore-Windanlagen – Energie vom stürmischen Meer 60
Die Suche nach Rungholt 62
Lebendige Geschichte – Steine, die reden 64
Badeurlaub an der Nordsee – damals und heute 67
Nicht nur Platt am Watt 69

Friesenhäuser –
typisch nordfriesisch und voll im Trend 72
Prominenter Imagewandel auf Sylt 76
Regional ist erste Wahl –
Sterneküche in den Uthlanden 78

Unterwegs auf Sylt, Föhr und Amrum

Sylt 82
Die Königin der Nordsee 84
Inselgeschichte(n) 85
List und Umgebung 86
Kampen 95
Wenningstedt-Braderup 106
Friesendörfer im Sylter Osten 116
Westerland 134
Rantum 150
Hörnum 154

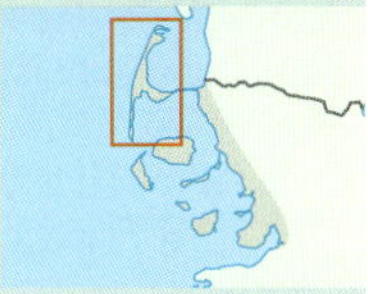

Föhr 162
Insel der malerischen Dörfer 164
Wyk 165
Nach Oevenum 178
Midlum und Alkersum 179
Nieblum 181
Borgsum 184
Die Traumstraße 184
Utersum 184
Süderende 188
Oldsum, Klintum und Toftum 189

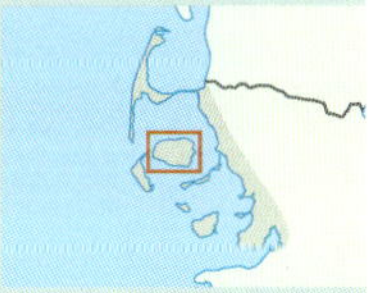

Amrum 194
Die Geliebte des Blanken Hans 196
Kniepsand 197
Wittdün 197
Nebel 202
Die Umgebung von Nebel 210
Norddorf 214

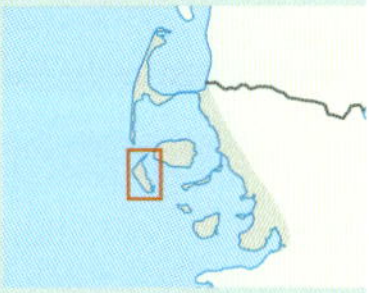

Die Halligen 220
Kleinode im Wattenmeer 222
Hooge 223
Übers Watt nach Norderoog 228
Langeneß 230

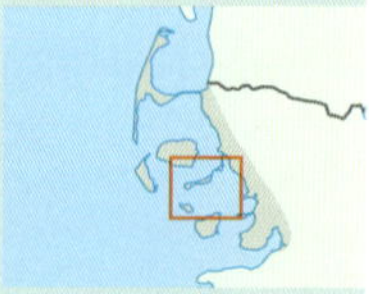

Pellworm 236
Grüne Bauerninsel im Meer 238
Tammensiel 239
Inselumrundung 240
Quer über die Insel 243
Übers Watt nach Süderoog 251

Nordstrand und Husum 252
Natur- und Kulturschätze mit Festlandanschluss 254
Nordstrand 255
Nordstrandischmoor 265
Hallig Südfall 268
Husum 269

Glossar Insel und Watt 282
Register 284
Abbildungsnachweis/Impressum 288

Auf Entdeckungstour

Stille Sylter Schönheit – durch die Braderuper Heide 112
Bei Emil Nolde in Seebüll – Haus und Garten des Malers 144
Von Leuchtturm zu Leuchtturm – die Wegweiser auf Sylt 156
Auf den Spuren der Grönlandfahrer auf Föhr 172
Übers Watt – zu Fuß von Föhr nach Amrum 190
Die Amrumer Vogelkoje – heute ein Naturparadies 206
Mit der MS Rungholt zu den Halligen Oland und Gröde 232
Die Seehundbänke zwischen Pellworm und Norderoogsand 244
Mit dem Fahrrad durch den Beltringharder Koog 262
Ein Tag auf der Hochseeinsel Helgoland 278

Karten und Pläne

Kampen	96
Wenningstedt	108
Keitum	120
Westerland	136
Wyk	166
Wittdün	199
Beltringharder Koog-Route	264
Husum	271

▶ Dieses Symbol im Buch verweist auf die Extra-Reisekarte Nordfriesische Inseln & Halligen

Das Klima im Blick

atmosfair

Reisen bereichert und verbindet Menschen und Kulturen. Wer reist, erzeugt auch CO_2. Der Flugverkehr trägt mit einem Anteil von bis zu 10 % zur globalen Erwärmung bei. Wer das Klima schützen will, sollte sich für eine schonendere Reiseform (z. B. die Bahn) entscheiden – oder die Projekte von *atmosfair* unterstützen. *Atmosfair* ist eine gemeinnützige Klimaschutzorganisation. Die Idee: Flugpassagiere spenden einen kilometerabhängigen Beitrag für die von ihnen verursachten Emissionen und finanzieren damit Projekte in Entwicklungsländern, die dort den Ausstoß von Klimagasen verringern helfen. Dazu berechnet man mit dem Emissionsrechner auf *www.atmosfair.de,* wie viel CO_2 der Flug produziert und was es kostet, eine vergleichbare Menge Klimagase einzusparen (z. B. Berlin – London – Berlin 13 €). *Atmosfair* garantiert die sorgfältige Verwendung Ihres Beitrags. Klar – auch der DuMont Reiseverlag fliegt mit *atmosfair!*

Schnellüberblick

Sylt
Sandstrände und Dünen an der Brandungsküste, urwüchsige Heide und grüne Marsch am Wattenmeer – auf der berühmten Badeinsel gibt es alles, wozu man gerade Lust hat: Auch Gourmets, Wellnessfreunde, Nacktbader und Nachtschwärmer kommen auf ihre Kosten. S. 82

Föhr
Die Familieninsel bietet ein traditionsreiches, charmantes Seebad, kilometerlangen, feinsandigen Strand und üppig grüne Marsch, auf der noch viele Bauern wirtschaften. Die bildhübschen Dörfer mit drei stattlichen, mittelalterlichen Inselkirchen erkundet man am besten mit dem Rad. S. 162

Amrum
Die endlose Weite des Kniepsandes, einsame Dünenlandschaften, schattige Waldwege und das vogelreiche Watt machen die Geestinsel zu etwas Besonderem. Die Insel ist sympathisch überschaubar: Von Wittdün im Südosten nach Norddorf im Nordwesten misst die Hauptstraße gerade mal 11 km. S. 194

Die Halligen

Wie ankernde Schiffe auf hoher See erscheinen einem die Warften der Halligen am Horizont. Auf den kleinen Eilanden erhält man nicht nur bei Land unter einen Einblick in die bewegte Geschichte. Kirchen sind mit Schätzen versunkener Gotteshäuser ausgestattet. Prächtige Kapitänsstuben zeugen vom Wohlstand der Seefahrtsepoche. S. 220

Pellworm

Eine grüne, ruhige Bauerninsel mitten im Meer. Auf der Deichkrone lässt sich die ganze Insel umrunden. Herausragende Sehenswürdigkeiten sind der Leuchtturm im Süden, die Alte Kirche im Westen und die Nordermühle im Norden. Faszinierend sind Wattwanderungen zu den Kulturspuren untergegangener Dörfer. S. 236

Nordstrand und Husum

Schafe, Wolken und überall Deiche, ideal für Radfahrer. Die beschauliche Bauerninsel Nordstrand ist staatlich anerkanntes Seeheilbad. Erlebnisreich ist eine Tour durch den vogelreichen Beltringharder Koog. Über den Damm geht es von Nordstrand aufs Festland nach Husum, einem liebenswerten Hafenstädtchen mit hochkarätigen Museen. S. 252

Die Autorin

Mit Claudia Banck unterwegs
Die Historikerin und Skandinavistin Claudia Banck ist in Schleswig-Holstein, dem Land zwischen den Meeren, aufgewachsen. Nach vielen Wander- und Studienjahren ist sie nach Norddeutschland zurückgekehrt und lebt heute mit ihrer Familie in Mecklenburg-Vorpommern. Als freischaffende Autorin ist sie dem Norden immer treu geblieben. Das Verfassen von Reiseführern über Skandinavien, die Welt der Wikinger und die deutschen Nordseeinseln bietet ihr wunderbare Gelegenheiten, dort häufig unterwegs zu sein – am liebsten auf den Halligen oder zu Fuß auf den Kulturspuren versunkener Siedlungen im Wattenmeer.

Urlaubsparadiese im Nationalpark Wattenmeer

Das Wattenmeer ist Weltnaturerbe der UNESCO. Es ist ein faszinierender Naturraum, eine Welt für sich, durch den Wechsel von Ebbe und Flut weder dem Meer noch dem Land zuzuordnen. Seit 1985 bildet diese in der Welt einzigartige Naturlandschaft den größten Nationalpark Mitteleuropas. Und mittendrin, vor der Westküste Schleswig-Holsteins, liegen die Nordfriesischen Inseln und Halligen – ein relativ ungeordneter Haufen unterschiedlich großer und ganz verschieden geformter Eilande, die alle ihren eigenen Charakter aufweisen.

Unendliche Natur

Natur bieten sie alle in Hülle und Fülle: Endlose weiße Sandstrände am rauschenden Meer, wilde Dünenlandschaften, begraste Deiche, einsame Heidetäler, artenreiche Salzwiesen am grauen Watt und Marschwiesen hinterm Deich prägen die verschiedenen nordfriesischen Insellandschaften, in denen Naturliebhaber am besten zu Fuß oder mit dem Fahrrad unterwegs sind. Auf grünen Deichen grasen Schafe, Möwen wiegen sich im Wind. Krabbenkutter und Ausflugsschiffe durchziehen das Wattenmeer.

Dramatische Geschichte(n)

Im Watt findet man Spuren der in den Sturmfluten des Mittelalters untergegangenen Siedlungen. Bis heute nagt der Blanke Hans (die tobende Nordsee) an den Inseln. Seit jeher bot das Meer den Inselfriesen aber auch ein Auskommen als Walfänger und Seefahrer. Auf Föhr, Amrum und Sylt bezaubern malerische Kapitänsdörfer mit reetgedeckten Friesenhäusern, umgeben von rosenbewachsenen Wällen, oft beherbergen sie gemütliche Cafés und Restaurants. Auf den Friedhöfen der mittelalterlichen Kirchen zeugen Grabsteine von spannenden Lebenswegen.

Glitzerndes Wasser und weiter Strand – braucht man zum Entspannen mehr Meer?

Sie sind ein viel besuchtes Ziel, vor allem wenn kein Strandwetter ist.

Stille und Trubel

Bei schönem Wetter tummeln sich die meisten Inselurlauber an den Sandstränden zum offenen Meer hin. Erst abends oder an regnerischen, stürmischen Tagen gehören die Strände wieder dem Wind, den Wellen, den Vögeln, vereinzelten Wanderern. Wer sich auskennt, findet auch an sonnigen Tagen immer ein ruhiges Plätzchen. Wunderbar ist es dann, auf der stillen Wattseite unterwegs zu sein. Grüne Strände und viel Ruhe bieten auch die Marscheninseln und die Halligen.

»Moin, moin«

Die Nordseeküste ist ein Land für Menschen, die die Natur und einen weiten Horizont lieben und sich für die Bewohner der Waterkant interessieren. Diese gelten als stur, etwas spröde, aber herzlich. Ihr Wahlspruch »Rüm hart, klaar kimming« bedeutet Weites Herz – klarer Horizont und nimmt auch auf die Weltläufigkeit der weit gereisten Seefahrer Bezug.

An Selbstbewusstsein fehlt es den Inselbewohnern nicht, das würzt so manche Diskussion mit einem alten Nordfriesen über historische oder aktuelle Belange. Bis heute schmückt die Inschrift »Lever duad as Slav« (Lieber tot als Sklave) die Flagge der Nordfriesen. Diese viel zitierte Zeile aus der Ballade »Pidder Lüng« von Detlev von Liliencron aus dem 19. Jh. beschreibt den Widerstand der Friesen gegen die dänische Herrschaft: Bei einem Streit drückt der Sylter Fischer Pidder Lüng den Kopf des dänischen Amtmannes so lange in den dampfenden Grünkohltopf, bis der Däne erstickt. Dessen bewaffnete Begleiter erstechen Pidder Lüng daraufhin. Die letzte Strophe endet mit dem Refrain in Syltfriesisch: »Lewwer duad üs Slaav«.

Nordfriesland ist ein Vielsprachenland mit neun friesischen Dialekten, Plattdeutsch, Sønderjysk und Standarddänisch. »Moin, Moin!« aber erklingt sprachübergreifend überall und zu jeder Zeit. Der Gruß entstand aus »Ik wünsch Di een moien Dag!« – *Moi* bedeutet schön. »Moin, Moin« – könnte es ein netteres Willkommen geben?

Das Leben leben an der Buhne 16 in Kampen auf Sylt, S. 104

Abseits des Trubels – das Fährhaus Sylt in Munkmarsch, S. 126

Lieblingsorte!

Idylle am Wattenmeer – Teehaus Burg auf Amrum, S. 218

Abenteuerlich – Treibholzhütten am Kniepsand auf Amrum, S. 212

Windstiller Lesegenuss in der Nolde Lounge in Westerland auf Sylt, S. 140

Sonnenuntergang in Holmer Siel auf Nordstrand, S. 266

Die Reiseführer von DuMont werden von Autoren geschrieben, die ihr Buch ständig aktualisieren und daher immer wieder an dieselben Orte, Inseln und Strände zurückkehren. Irgendwann entdeckt dabei jeder seine ganz persönlichen Lieblingsorte. Lässige Strandtage verleben an der Buhne 16 in Kampen auf Sylt, abseits des Trubels in einem stillen Café in Munkmarsch einen Pharisäer oder am vogelreichen Amrumer Watt einen Tee genießen, sich in Holmer Siel vom Sonnenuntergang und Blick auf die Warften zum Träumen verleiten lassen, am fast menschenleeren Strand bei Hedehusum auf Föhr aufs Meer schauen oder am weiten Kniepsand auf Amrum auf Entdeckungstour gehen. Ganz wunderbar ist es auch, im Husumer AntiQuariat nach dicken Schmökern zu stöbern oder in der Nolde Lounge in Westerland zu entspannen. Es sind Wohlfühlorte, an die man immer zurückkehren möchte.

Stöbern und Schmökern im Husumer AntiQuariat, S. 274

Natur genießen – am Strand bei Hedehusum auf Föhr, S. 186

Reiseinfos, Adressen, Websites

Die wichtigsten Insulaner – wer nach Nordfriesland reist, begegnet Schafen überall

Informationsquellen

Infos im Internet

www.nordseetourismus.de
Informative Website des Nordseebäderverbands Schleswig-Holstein mit dem Angebot, Infobroschüren, Gastgeberverzeichnissen sowie das »Nordsee-Magazin« herunterzuladen.

www.nordfriesland-online.de
Ein informatives Portal über den Kreis Nordfriesland mit aktuellen Gemeindenachrichten, Adressen, regionalen Magazinen der Inseln, Halligen sowie der Festlandküste und Tipps für Veranstaltungen.

www.kuestenforum.de
Teils sehr aktuelle Beiträge, die sich auch auf die Nordfriesischen Inseln beziehen. Ausführliche Erfahrungsberichte, Meinungen und schöne Bilder.

www.museen-sh.de
Übersichtliche Portalseite mit Informationen zu allen Museen in Schleswig-Holstein, nach Orten sortiert. Kinder und Jugendliche können die kostenlose MuseumsCard herunterladen.

www.bsh.de
Auf der Seite des Bundesamtes für Seeschifffahrt und Hydrographie können in der Rubrik Sport und Freizeit strandaktuelle Informationen zu Wasser- und Lufttemperatur, Wasserstand, Wind und Wellen, die Auf- und Untergangszeiten von Sonne und Mond abgerufen werden.

www.nah-sh.de
Übersichtliche Infoseite zum öffentlichen Nahverkehr in Schleswig-Holstein, mit Routenplaner.

Internetzugang
Hotspots findet man in verschiedenen öffentlichen Einrichtungen, z.B. auf **Sylt** im Foyer des Tourismus-Service in Westerland, Strandstr. 35, Tel. 04651 99 80. Einen Überblick über das WLAN-Angebot der gesamten Insel bietet die Website www.syltwlan.de.

Auf **Föhr** kann das Internet an mehreren öffentlichen Einrichtungen und Läden genutzt werden, die im Veranstaltungskalender »Kleines Insel ABC« verzeichnet sind (u. a. Aquaföhr, Stockmannsweg, Wyk, Tel. 04681 30 48; Bücherei, Mittelstr. 33, Wyk, Tel. 04681 34 00; Surf-n-Mail, Große Straße 23, Wyk, Tel. 04681 59 87 20).

Auf **Pellworm** gibt es drahtlosen Zugang ins Internet beim Kur- und Tourismusservice Pellworm (Uthlandstr. 2, Tel. 04844 189 40).

Informationsstellen

In allen Insel- und Küstengemeinden gibt es Touristenbüros und/oder Kurverwaltungen, die gegen eine freiwillige Portogebühr Gastgeberverzeichnisse verschicken. Die Touristeninformationen vor Ort sind ganzjährig Mo–Fr, in der Saison auch Sa und So geöffnet, die Adressen sind im jeweiligen Kapitel des Reiseteils vermerkt.

Touristeninformationen
Nordsee-Tourismus-Service GmbH
Zingel 5
25813 Husum
Hotline 0180 5 06 60 77 (0,14 €/Min.)
tgl. 8–20 Uhr
www.nordseetourismus.de

Tourismusagentur Schleswig-Holstein GmbH
Wall 55
24103 Kiel
Tel. 0180 5 60 06 04 (0,14 €/Min.)
tgl. 8–22 Uhr
Fax 0180 5 60 06 44
www.sh-tourismus.de

Sylt Marketing GmbH
Stephanstr. 6
25980 Westerland
Tel. 04651 820 20
Fax 04651 82 02 22
www.sylt.de

Lesetipps

Ohne spannende Urlaubslektüre an die Nordsee reisen? Kein Problem. Die Flut an Regionalkrimis ist enorm. Darüber hinaus sind historische Romane und Standardwerke zu den Nordfriesischen Inseln vor Ort erhältlich.

Waldemar Augustiny: Die große Flut. Chronik der Insel Strand. Husum 1981. Ergreifendes Epos über das Schicksal und den Untergang der Insel Strand im Jahre 1634.

Claudia Banck: Die Halligen. Welten im Widerspruch. Neumünster 2001. Für Hallig-Kenner, Urlauber und Einheimische. Mit Geschichtskapitel, Spaziergängen, Chronik und Infoteil.

Sandra Dünschede: Friesenrache. Meßkirch 2009. Dieser wie auch weitere Krimis der in Nordfriesland aufgewachsenen Autorin spielen in der Region um Niebüll und Husum.

Jörn Ingwersen: Schafsköpfe. Falscher Hase. Berlin 2008. Der auf Sylt geborene Autor beschreibt in diesen Krimis die dunklen Seiten der Insel der Schönen und Reichen.

Landesamt für den Nationalpark (Hrsg.): Umweltatlas Wattenmeer, Bd. 1: Schleswig-Holsteinisches Wattenmeer. Nordfriesisches und Dithmarscher Wattenmeer. Stuttgart 1998. Grandioses Werk mit vielen interessanten Themen, hervorragendem Karten- und Bildmaterial

Kari Köster-Lösche: Die letzte Tide. München 2009. Ende des 19. Jh. ermittelt der Husumer Deichinspektor Sönke Hansen seine Fälle. Bodenständige, norddeutsch-ruhige Krimikost. Romane mit kulturgeschichtlichen Bezügen an der Westküste sind die Spezialität der Autorin.

Emil Nolde: Mein Leben. Köln 2008. Die in einem ganz eigenen Stil verfasste Autobiografie des Seebüller Malers endet mit dem Tod seiner Ehefrau Ada im Jahr 1946.

Hannes Nygaard: Der Inselkönig. Köln 2009. Schauplatz dieses Krimis ist Föhr. Sonst spielen die Krimis des auf Nordstrand lebenden Autors zwischen Husum und Kiel und haben eine große Fangemeinde.

Gisa Pauly: Tod im Dünengras. München 2009. In dem Inselkrimi mischt sich die italienische Schwiegermutter eines Sylter Kommissars mit viel Intuition, Temperament und wunderbaren Kochkünsten in die Ermittlungen ein.

Georg Quedens: Weltnaturerbe Wattenmeer. Hamburg 2009. Die Recherchen des Amrumer Fotografen und Schriftstellers Georg Quedens sind Basiswerke über die Nordfriesischen Inseln und Halligen.

Elfriede Rotermund: Godber Godbersen. Husum 2008. Der 1928 erstmals veröffentlichte Halligroman erzählt die Geschichte eines Halligpastors, mit beeindruckenden Schilderungen des Halligalltags und der Natur.

Thomas Steensen (Hrsg.): Das große Nordfriesland-Buch. Hamburg 2000. Ein facettenreicher, informativer dicker Band über Nordfrieslands Geschichte, Brauchtum, Politik und Gesellschaft.

Wetter und Reisezeit

Klima

Die ›reizvolle‹ Seite des Nordseeklimas beschrieb schon der Sylter Kapitän und Chronist Jens Boysen (1756–1833), als er sich über die Städter mokierte: »Das Klima auf Silt ist ... sehr gesund ... indessen scheint es doch, daß einige Schwächlinge aus den Städten die Luft ein wenig stark finden«. Der Nordseebäderverband Schleswig-Holstein wirbt für die Küstenregion mit dem Slogan: »Viel Reiz, viel Klima«. Auch Thomas Mann wusste um diesen Reiz: Er fühlte sich allein durch die Tatsache »moralisch gehoben«, dass er das raue Klima anstandslos vertrug. Nur seine Frau litt »durch den unaufhörlichen Wind«.

Der meist aus westlichen Richtungen kommende, oft stürmische Wind ist charakteristisch für das Wetter auf den Nordfriesischen Inseln. Er reißt die Wolkendecke auf, die sich über dem Festland zusammenballt, und sorgt für häufige Wetterwechsel. Der Westwind bringt kühle frische Meeresluft auf die Inseln, daher liegen die Durchschnittstemperaturen im Sommer 2–3 °C unter denen des Binnenlandes. Anhaltende Ostwinde gehen häufig mit Hitze- und Kälteeinbrüchen auf den Inseln einher. Es gibt selten mehrere Regentage hintereinander auf den Nordfriesischen Inseln und reichlich mehr Sonnenstunden als auf dem Festland: Auf Sylt beispielsweise scheint die Sonne pro Jahr durchschnittlich 1750 Stunden, das sind 220 Stunden mehr als in Hamburg.

Klimatabelle Westerland/Sylt

	J	F	M	A	M	J	J	A	S	O	N	D
Mittlere Tagestemperaturen in °C	3	3	5	9	14	17	18	19	16	12	8	4
Mittlere Nachttemperaturen in °C	-1	-1	1	4	8	12	13	14	12	8	4	1
Mittlere Wassertemperaturen in °C	4	3	4	6	10	13	16	17	15	13	9	6
Sonnenstunden/Tag	2	3	4	6	8	8	7	7	5	3	2	1
Regentage/Monat	12	8	10	9	8	9	11	11	13	13	16	13

Reisezeiten

Die Nordfriesischen Inseln bieten das ganze Jahr für jeden etwas. Hauptreisezeit ist zwischen den Oster- und den Herbstferien, aber auch im Winter ist die Nordsee für Urlauber interessant. Vor allem für Kurende eignet sich das raue Meerklima. Die Naturheilkräfte der Nordsee sorgen für eine Stärkung des Wohlbefindens und der Leistungsfähigkeit. Im Meerwasser sind Mineralien und Spurenelemente gelöst, die, von Wind und Brandung aufgestäubt, mit jedem Atemzug aufgenommen werden. Durch vernünftig dosierte Sonnenbestrahlung verbessert sich die Haut, wird ihre Vitamin- und Hormonproduktion angeregt. Die Wärme- und Kältereize fördern den Stoffwechsel.

Frühjahr

Für viele, die sich nicht an die Ferienzeiten halten müssen, sind die Frühlingsmonate die schönste Zeit auf den Nordfriesischen Inseln. Vogelfreunde haben vor allem in den Monaten März/April (ebenso wie im Herbst im

September/Oktober) etwas von der Tiervielfalt am Meer, wenn die Zugvögel im Wattenmeer rasten.

Sommer

Die beliebteste Reisezeit liegt in den Bademonaten Juli/August. Vor allem für Familien ist die Nordseeküste in dieser Zeit ein angenehmes Urlaubsziel. Das Strandleben pulsiert, Surfer und Segler tummeln sich auf dem Wasser, weiße Ausflugsschiffe durchziehen das Wattenmeer. Im August hat die Nordsee ihre maximale Durchschnittstemperatur (18 °C) erreicht.

Herbst

Schön ist der September, wenn das Meer noch warm genug zum Baden, der Hauptschwung der Gäste aber schon abgereist ist. Im Oktober wechseln windstille sonnige Tage mit Sturmtagen, an denen sich die Wolken am Himmel zu Gebirgen auftürmen und die Brandung auf den Strand peitscht. Wind und Wetter werden ungezähmter. Auf Sylt findet der Worldcup der Surfelite statt. Aber nicht jeder Tag eignet sich zum Surfen. Orkanböen können mit über 100 Stundenkilometern über die Nordsee und den Brandenburger Strand in Westerland fegen. Wer jetzt auf den Halligen Urlaub macht, erlebt die Ringelgänse, die sich hier zu Abertausenden sammeln, vielleicht auch ein erstes Land unter. Orangefarbene Sanddornbeeren leuchten an silbernen Sträuchern und werden zu Köstlichkeiten wie Marmelade, Likör oder Saft verarbeitet.

Winter

Im Winter haben viele Museen, Restaurants und Pensionen geschlossen. Ausgenommen sind die Weihnachtsferien mit Silvester. Dann herrscht Trubel auf den Inseln. Das Abschießen von Böllern und Raketen ist wegen der vielen reetgedeckten Häuser allerdings vielerorts verboten. Ansonsten ist der Winter eine stille Zeit mit eigenen Reizen. Die Nordsee tobt an die Küste, in den Gaststuben dampfen die Groggläser, die Einheimischen haben Zeit zum Klönen. Nur bei anhaltendem Ostwind wird es richtig eisig kalt, die Durchschnittstemperaturen liegen in den Wintermonaten über dem Gefrierpunkt. Schnee bleibt selten liegen. Bezaubernd sind die frostklaren Tage, wenn Dünen und Deich mit glitzerndem Raureif überzogen sind.

Achtung Buhnen!

Am Sylter Weststrand trifft man in regelmäßigen Abständen auf senkrecht in die See verbaute Reihen von Holz- oder Betonpfählen, Stahlspundwänden – sogenannte Buhnen, die durch ihre Bauweise den küstenparallelen Sandtransport verringern sollten (vergeblich, wie man heute weiß). Die Buhnen, ihre mitunter gefährlich gezackten rostigen Überreste und auch die Strömungen um sie herum sind gefährlich für Schwimmer. Gelbe Buhnenkreuze weisen am Strand auf sie hin, diese Bereiche sollte man meiden.

Kleidung und Ausrüstung

Sowohl an der Küste als auch auf den Inseln bläst fast permanent ein raues Lüftchen. Ohne Ohren- und Sonnenschutz geht es nicht. Vor allem Kinder müssen immer eingecremt werden, mit einem hohen Lichtschutzfaktor. Auch im Sommer gehören Regenzeug und feste Schuhe ins Gepäck, in der Vor- und Nachsaison lange Unterwäsche, Schal und Mütze. An ein Fernglas zum Beobachten von Vögeln und Walen denken!

Rundreisen planen

Sylt per Bus

Dauer: ab ZOB Westerland wird täglich eine große Inselrundfahrt angeboten, sie dauert 3 Std. 15 Min., weitere Infos s. S. 84. Wer unterwegs längere Pausen einlegen möchte, kann ohne Probleme die gleiche Tour per Linienbus unternehmen. Am Westerländer ZOB treffen sich alle Sylter Buslinien, die einzelnen Zonen sind recht teuer. Entspannter lässt es sich mit einem Familientagesticket reisen, je nach Kinderzahl kostet es 13,20 oder 18,60 €. Bei Vorlage der Tageskarte erhält man bei Kurzseefahrten mit den Adler-Schiffen ab List oder Hörnum 50 % Ermäßigung.

Die bequemste Art Sylt kennenzulernen, ist eine Rundfahrt mit dem Bus. Vom ZOB in Westerland geht es zunächst Richtung Norden durch die Orte Wenningstedt und Kampen zu den Wanderdünen in **Listland.** Der Bus folgt der alten Listlandstraße, von hier bietet sich ein wunderbarer Blick auf das atemberaubende Naturschutzgebiet. Die Fahrt führt weiter südlich des Königshafens entlang nach List, dem Fährhafen nach Dänemark. Im Ort kann man einen Hafenbummel machen und z. B. in einer von mehreren Gosch-Filialen vorbeischauen, um sich ein schönes Fischgericht zu gönnen.

Zurück in den Süden geht es über Braderup und Munkmarsch in das bildhübsche Friesendorf **Keitum** (s. S. 116). Sowohl die Kirche St. Severin als auch die malerischen Kapitänshäuser lohnen einen längeren Aufenthalt. Und auch die Ateliers der hier niedergelassenen Kunsthandwerker sind einen Besuch wert. Über Westerland und Rantum geht es dann nach Hörnum, der Südspitze Sylts. Hier kommen die Ausflugsschiffe von den Nachbarinseln an. Wer noch genügend Zeit hat, sollte den Tag mit einem Spaziergang um die **Hörnum Odde** krönen (s. S. 155). Auf der Wanderung lassen sich wunderbar Vögel beobachten.

Amrum mit dem Rad

Strecke: etwa 20 km, Fahrzeit 2 Std., man kann sich gut einen ganzen Tag Zeit für die Tour nehmen.
Gut durchdacht ist das System der Radwanderwege auf Amrum. Während ein Radwanderweg auf dem Hinweg abseits der befahrenen Hauptstraße durch den Wald von Wittdün nach Norddorf führt, verläuft der Rückweg am Wattenmeer entlang. Am Fähranleger befindet sich ein Fahrradverleih (s. S. 202).

Von **Wittdün** aus geht es erst einmal 2 km Richtung Leuchtturm (s. S. 200). Hier teilen sich die Wege. Für den Hinweg empfiehlt sich der Waldweg. Die im Schatten des lang gestreckten Kiefernwaldes liegende Strecke kreuzt den Weg von Nebel zum Kniepsand. 2,5 km vor Norddorf lohnt die **Vogelkoje** einen Besuch (s. S. 206). Norddorf lädt mit einem schönen Badestrand und vielen Cafés und Restaurants zu einem längeren Stopp ein.

Zurück geht es auf schmalem Weg zwischen Wiese und Watt. Kurz hinter Norddorf liegt das Teehaus Burg, das allerdings nur nachmittags geöffnet hat (s. S. 218). Nach wenigen Kilometern ist **Nebel** erreicht, eines der schönsten Dörfer Nordfrieslands. Über den Steenodder Hafen – mit Glück gibt's an der Mole gerade frische Krabben – kehrt man zum Anleger in Wittdün zurück.

Anreise und Verkehrsmittel

Anreise und Ankunft

… mit dem Auto

Zwei Autobahnen führen von Hamburg aus gen Norden. Auf der A 7 in Richtung Flensburg sind die Ausfahrten zur Westküste nach Heide, Husum und Niebüll ausgeschildert. Die A 23 führt von Hamburg bis Heide, von dort geht es über die Bundesstraße 5 Richtung Niebüll weiter. Auf die Inseln Sylt, Föhr, Amrum und Pellworm kann man das eigene Auto zwar mitnehmen, angenehmer für die Insel aber ist es, das Fahrzeug auf dem Festland zu lassen. In der Nähe der Fähranleger sind gebührenpflichtige Parkplätze eingerichtet. Wer mit dem Auto nach Sylt kommt, wählt zwischen dem Autoreisezug von Niebüll nach Westerland oder der Fähre von der dänischen Insel Rømø nach List. Der Fährhafen Havneby befindet sich im Süden der dänischen Insel, die über eine Straße vom Festland aus erreichbar ist. Der Fährpreis richtet sich hier nach der Autolänge.

… mit Bahn und Bus

Von Hamburg verkehren täglich Intercity-Züge nach Westerland auf Sylt, der letzte Festlandbahnhof ist Niebüll. Die Fahrzeit beträgt ca. 2,5 Std. Im Sommerhalbjahr erreicht man Dagebüll-Mole ohne umzusteigen, von hier gehen die Fähren nach Föhr und Amrum. Informationen in allen Reisezentren der Deutschen Bahn (www.bahn.de) oder bei www.nordostsee-bahn.de.

Der Autoreisezug Sylt Shuttle fährt im Stundentakt nonstop von Niebüll nach Westerland (www.bahn.de/syltshuttle). Zu den Fährorten Strucklahnungshörn (Pellworm) und Schlüttsiel (nach Hooge, Langeneß und Amrum) verkehren Zubringerbusse vom IC-Bahnhof Husum. Über eine Suchmaschine kann man bei www.autokraft.de regionale Busverbindungen auf dem Festland finden.

… mit dem Schiff

Fährverbindungen zu den Inseln und zu den Halligen (Hooge, Langeneß) gibt es ganzjährig, Ausflugsfahrten zu den Seehundbänken vorwiegend im Sommer. Die Preise gelten je Erw. für Hin- und Rückfahrt (Fahrkarten sind zwei Monate gültig). Tagesrückfahrkarten sind in einigen Fällen günstiger, die Preise für Kfz variieren stark, z. B. nach Pellworm zwischen 45 und 108 € (je nach Autolänge).

Rømø/Dänemark – List/Sylt: Autofähre, ganzj. Rømø-Sylt-Linie GmbH, Tel. 0180 3 10 30 30 (0,09 €/Min.), www.sylt-faehre.de, Fahrzeit ca. 45 Min., einfache Fahrt mit Pkw inkl. Passagiere ab 43,50 € (Hin/Rück ab 64 €).

Dagebüll – Föhr – Amrum: Autofähre, ganzj., ebenso von Schlüttsiel nach Hooge, Langeneß und Amrum. Wyker Dampfschiffs-Reederei (W.D.R.), Service-Tel. 0180 5 08 01 40 (0,14 €/Min.), Tel. 0180 1 93 79 37 (auf/von den Inseln

Karten

In den meisten Unterkunftsverzeichnissen sind Übersichtskarten enthalten, häufig auch Ortspläne. Bei vielen Kurverwaltungen gibt es kostenlose Broschüren mit Tourenvorschlägen für Wanderer und Radfahrer (Föhr, Pellworm, Hallig Hooge). Empfehlenswert sind die Kompass-Wanderkarten im Maßstab 1:40 000 (Sylt sowie Föhr, Amrum mit der Hallig Langeneß).

und Halligen zum Ortstarif), www.faehre.de, Fahrzeit nach Föhr 45 Min., 12,50 €, nach Amrum 90 Min. (über Föhr 120 Min.), 17,70 €.
Nordstrand – Pellworm: Autofähre, ganzj., von Strucklahnungshörn. Neue Pellwormer Dampfschiffahrts-GmbH (NPDG), Tel. 04844 753, www.faehre-pellworm.de, Fahrzeit 35 Min., 10 €.
Nordstrand – Hallig Hooge – Amrum – Hörnum/Sylt: keine Autos, aber Radmitnahme. Insel- und Halligreederei Adler-Schiffe, Tel. 04842 900 00, www.adler-schiffe.de, Fahrzeit Nordstrand – Amrum 90 Min., 22,50 €, Nordstrand – Sylt/Hörnum 2,5 Std., 26,50 €.
Schlüttsiel – Halligen, Langeneß: MS Rungholt, Kapitän Uwe Petersen, April–Okt., keine Autos, Tel. 04667 367, www.halligmeerfahrten.de, Fahrzeit nach Hooge 1 Std., nach Langeneß 1,5 Std., 13,50 €; Halligreederei MS Hauke Haien, April–Okt., keine Autos, Tel. 04841 814 81, www.wattenmeerfahrten.de; Halligreederei von Holdt, Juni–Sept., keine Autos, Tel. 04674 15 35, www.seeadler-eins.de, Hooge 15 €, Gröde 12 €.

... mit dem Flugzeug

Es gibt täglich nationale und internationale Flugverbindungen auf die Insel Sylt (Flughafen Sylt, Tel. 04651 92 06 12, www.flughafen-sylt.de). Im Sommer fliegt die Gesellschaft Hanseflug.de 4 x tgl. zwischen Sylt und Föhr. Die Flugdauer beträgt 15 Min. (Tel. 0180 5 38 03 80, www.hanseflug.de).

Von Wyk auf Föhr gibt es im Sommer Bedarfsliniendienste nach Hamburg und Westerland/Sylt und zurück (Tower Tel. 04681 55 04). Taxiflüge verbinden die Insel zusätzlich mit Sylt, Hamburg, Kopenhagen, Malmö, Düsseldorf und Berlin (Tel. 04681 81 39, www.westkuestenflug.de). Die Flugzeit variiert zwischen 12 Min. (Sylt) und 2 Std. (Düsseldorf, Berlin).

Verkehrsmittel auf den Inseln

Bus

Die Busnetze sind auf Sylt, Föhr und Amrum gut ausgebaut. In der Saison verkehren Busse zwischen den Hauptorten in der Regel alle 30 Min., auf Sylt zwischen List und Hörnum tagsüber alle 20 Min., im Winter alle 30 Min. Archsum und Morsum/Sylt-Ost werden im Stundentakt bedient (im Bahnhof/Westerland oder SVG, Tel. 04651 83 61 00, www.svg-sylt.de). Auf Sylt und auf Föhr gibt es Busse, die Fahrräder (keine Anhänger) mitnehmen.

Mietwagen

Autoverleiher gibt es auf Sylt und Föhr. Bequemer Mietservice über www.sylt-travel.de, www.foehr-travel.de.

Rad

Auf allen Inseln findet man hervorragend gekennzeichnete Radwege. Vor Ort gibt es zahlreiche Fahrradverleihfirmen. Für Tagesgäste auf den Inseln lohnt die Mitnahme eines eigenen Rades, da die Beförderungspreise für das Fahrrad häufig sogar unter den Tagesmietpreisen liegen. Am besten ist es, vorher die Preise zu überprüfen, sie stehen auf den Internetseiten der Reedereien.

Taxi

Sylt: Tel. 04651 50 50, www.taxiruf-sylt.de
Föhr: u. a. Taxi King, Tel. 04681 22 42 oder 44 20; Taxi Korf 04681 37 05
Amrum: Tel. 04682 22 29
Pellworm: Tel. 04844 15 15
Nordstrand: Tel. 04842 222, www.taxi-nordstrand.de

Postschiffer Fiede Nissen auf dem Weg nach Langeneß

Eigentum
Deutsche Post

Übernachten

Die Auswahl an Übernachtungsmöglichkeiten auf den Nordfriesischen Inseln ist riesig und reicht vom preiswerten Privatzimmer in einer einfachen Pension über gemütliche Ferienwohnungen bis hin zum Luxushotel mit komfortabler Wellnessabteilung und Gourmetrestaurant. Die Auswahl bestimmt der Geldbeutel. So findet sich auch auf Sylt für jeden Geldbeutel eine passende Schlafstelle: Einfache Privatzimmer inklusive Frühstück im Wohnzimmer des Vermieters und WC auf der Etage gibt es ab 20 €.

Für alle Arten von Unterkünften gilt: Wer in der Saison Urlaub macht, muss rechtzeitig buchen. Das sollte man besonders in Schulferienzeiten zu Ostern, im Sommer und im Herbst beachten. Bei der Suche nach dem passenden Quartier helfen die Gastgeberverzeichnisse, die über die Kurverwaltungen bzw. Touristenbüros zu beziehen oder im Internet herunterzuladen sind (s. Reiseteil). Sie enthalten nicht nur Preise, sondern auch Details über Lage und Ausstattung der Unterkünfte. Auf Sylt ist die Zimmervermittlung dezentral organisiert. List, Kampen, Wenningstedt, die Friesendörfer (Sylt-Ost), Westerland, Rantum und Hörnum haben jeweils ihr eigenes Gastgeberverzeichnis und eine eigene Reservierungszentrale.

Die Vermittlungsadressen sind in den einzelnen Reisekapiteln angegeben. Wenn nicht anders vermerkt, übernehmen die Touristenbüros der Inseln gleichzeitig auch die Zimmervermittlung. Die im Reiseteil genannten Unterkunftspreise gelten pro Tag für einen Mindestaufenthalt von drei Tagen in der Hauptsaison. Kurzurlauber müssen mit einem kräftigen Preisaufschlag rechnen.

Ferienwohnungen

Vor allem für Familien mit Kindern ist es ratsam, ein Quartier zu wählen, in dem man die Mahlzeiten selbst zubereiten kann. Der Mindestaufenthalt beträgt in der Regel vier Tage, in der Saison eine Woche. Die preiswertesten Ferienwohnungen für vier Personen liegen bei 50 €/Tag, ein großer Teil aber zwischen 80 und 150 €/Tag. Teurer geht's natürlich auch. Zum Mietpreis kommt häufig noch eine einmalige Endreinigung hinzu.

Hotels, Pensionen und Privatzimmer

Das Angebot an hochpreisigen, komfortablen Hotels mit großzügigen Wellnessabteilungen ist in den letzten Jahren kontinuierlich gestiegen. Einige hilfreiche Kommentare findet man im Internet unter www.hotelbewertungen.de.

Während Hotels auf Kurzurlauber eingestellt sind, müssen Gäste, die weniger als vier Nächte bleiben, in vielen Pensionen und Gästehäusern mit einem Aufpreis rechnen. Zum Teil recht günstig (ab 15 €) sind Privatzimmer in normalen Wohnhäusern. Hier bekommt man garantiert Kontakt zur einheimischen Bevölkerung. Persönliche Ausflugs- und Besichtigungstipps sind im Service inbegriffen.

Ferien auf dem Bauernhof und in Heuhotels

Auf Bauernhöfen werden vor allem Ferienwohnungen vermietet. Ein großes Angebot gibt es auf den landwirt-

Bett & Bike
Schleswig-Holstein ist ein Fahrradland, viele Übernachtungsbetriebe sind speziell auf Radfahrer eingestellt. Der ADFC (Allgemeiner Deutscher Fahrrad-Club) hat eine Liste der radfahrerfreundlichen Unterkünfte – Hotels, Pensionen, Jugendherbergen und Campingplätze – sowie Gastronomiebetriebe in dem Katalog »Bett & Bike« zusammengestellt. Er kann über die Website www.bettundbike.de oder per Tel. 0180 5 00 34 79 (0,14 €/Min.) bestellt werden, Versandkostenpauschale 10 € (für ADFC-Mitglieder die Hälfte). Wer ein Inselhopping per Fahrrad plant, muss sich frühzeitig kümmern – da beispielsweise die Insel-Jugendherbergen häufig bereits vor Saisonbeginn ausgebucht sind.

schaftlich geprägten Inseln Föhr, Pellworm und Nordstrand. Manche Höfe sind sehr einfach und ursprünglich, Kinder werden vielfach in den normalen Arbeitsalltag mit einbezogen. Andere Höfe wiederum bieten ein professionelles Animationsprogramm für Stadtkinder. Ganz, wie es einem gefällt. Für jeden ist etwas dabei. Einen Katalog qualitätsgeprüfter Höfe verschickt die Arbeitsgemeinschaft Urlaub auf dem Bauernhof e. V. (Holstenstr. 106–108, 24103 Kiel, Tel. 0431 979 73 45, www.bauernhof-erlebnis.de). Von den Inseln und Halligen sind darin allerdings nur Pellworm, Nordstrand und Hallig Langeneß mit insgesamt einer Handvoll Höfe vertreten. Dagegen finden sich mehr Festlandsadressen im Katalog.

Jugendherbergen

Die Jugendherbergen stehen allen offen, Bedingung ist die Mitgliedschaft im Jugendherbergswerk, die auch vor Ort erworben werden kann. Statt großer Schlafsäle überwiegen heute 2-, 4- und 6-Bettzimmer. Aber auch Familienzimmer, in denen Familien und Paare gemeinsam übernachten können, werden angeboten. Rechtzeitige Buchung ist empfehlenswert. Der Übernachtungspreis pro Person mit Frühstück beginnt bei 24,10 € (Personen über 27 Jahre zahlen einen Aufschlag von 3 €).

Jugendherbergen im Bereich der Nordfriesischen Inseln gibt es in List, Westerland und Hörnum auf Sylt, in Wyk auf Föhr, in Wittdün auf Amrum und auf Helgoland. Ein kostenloses Jugendherbergsverzeichnis für Norddeutschland erhält man beim Deutschen Jugendherbergswerk, Landesverband Nordmark e. V. (Rennbahnstr. 100, 22111 Hamburg, Tel. 040 65 59 95-66 od. -77, www.djh-nordmark.de), www.jugendherberge.de oder www.djh.de.

Camping

Campingplätze gibt es auf Sylt, Amrum und Nordstrand. Um dort einen Platz zu erhalten, ist eine Vorbestellung in der Hauptsaison vor allem auf Sylt unbedingt erforderlich. Das Übernachten in Wohnmobilen auf öffentlichen Parkplätzen ist nicht erlaubt. Touristenbüros verschicken auf Anfrage Campingplatzbroschüren. Die Preise variieren stark. Einige Posten kommen zusammen: pro Person 5–7 €, Zelt je nach Größe 5–15 €, Reisemobil 8–19 €. Am teuersten ist das Campen auf Sylt. (Internetadressen der Campingplätze sind im Reiseteil angegeben).

Essen und Trinken

Seeluft macht hungrig. Nach einem Spaziergang am Meer fällt auch einem kalorienbewussten Binnenländer das Zulangen nicht schwer. An der Küste schätzt man traditionelle Hausmannskost ebenso wie eine leichte kreative Küche mit frischen Zutaten aus der Region. Auf den Speisekarten steht Fisch, ebenso wie zartes Salzwiesenlamm und ausgefallene, regionale Spezialitäten. Die Zusammenstellungen sind bisweilen eigenwillig: Mag man Backpflaumen oder Specksoße zum Mehlbüddel? Fisch mit gedörrtem Obst oder lieber mit Krabben? Einfach mal probieren.

Typisch norddeutsch

Ein Klassiker ist das **Labskaus.** Die Grundlage für das traditionelle Seemannsgericht sind Kartoffeln, Zwiebeln, Corned Beef und Rote Beete, dazu gibt es saure Gurken und Salzheringe. Ein süßes und zugleich deftiges Hauptgericht ist **Birnen, Bohnen und Speck,** das allerdings selten auf den Speisekarten zu finden ist. Zu den typischen Mehlspeisen gehört der **Mehlbüddel** (Mehlbeutel), ein im Tuch gekochter Kloß aus Mehl, Hefe, Eiern und Milch. Obst, Specksoße oder Sirup runden den Geschmack ab.

Mit dem ersten Frost beginnt die Saison für **Grünkohl.** Der Frost wandelt die Bitterstoffe des Grünkohls in Zucker um. Zubereitet wird der Grünkohl regional unterschiedlich – mit durchwachsenem Speck, Kasseler oder Pinkel, einer geräucherten Wurst aus Speck, Zwiebeln und Hafergrütze. Um die kalorienreichen Gelage besser zu verdauen, trinkt man dazu frisch gezapftes Bier und einen hochprozentigen Klaren. Gerne kippt man die beiden im Wechsel, gemäß dem Motto »Nicht lang schnacken, Kopp in' Nacken!«

Heißer (und hochprozentiger?) Genuss an der stürmischen See ...

Der **Pharisäer,** das Kultgetränk an der Küste, ist eine Nordstrander Erfindung, enstanden im Pharisäer-Hof (s. S. 260): Zu einer Taufe anno 1847 war auch der Pastor, ein erklärter Feind des Alkohols, geladen. Um ihn nicht zu verärgern, wurde ihm reiner Kaffee eingeschenkt, der Kaffee der anderen Gäste aber mit einem Schuss Rum angereichert. Ein Sahnehäubchen verdeckte den verräterischen Geruch. Erst als der Pastor versehentlich zur falschen Tasse griff, verstand er, warum die Runde um ihn herum immer fröhlicher geworden war. Empört rief er aus: »Oh, Ihr Pharisäer!«.

Fisch in allen Variationen

Überaus reich ist das Angebot an Fisch und Meeresfrüchten auf den Nordfriesischen Inseln. Ein Großteil des in den Restaurants angebotenen Fisches stammt aus dem Nordatlantik und wird in Hamburg angelandet. Kleinere Fischkutter gehen von den Inselhäfen in küstennahen Gewässern auf Fang. Einige Restaurants beziehen ihren Fisch fangfrisch vom Kutter.

Von Mai bis Anfang Juni hat der neue **Matjes** Saison. Nach dem Fang wird der junge Hering etwa acht Wochen bei Temperaturen zwischen 6 und 15 °C in einer milden Salzlake herangereift. Matjes isst man traditionell so: Fisch am Schwanz fassen und ihn »sutje in die Luke runterlassen«, also langsam in den geöffneten Mund gleiten lassen. Auf der Speisekarte findet man frischen oder gebratenen Matjes mit Bratkartoffeln. Eine Delikatesse sind Matjesheringe in Sahnesoße mit Pellkartoffeln und grünen Bohnen.

Köstlich sind frische, zarte **Maischollen.** Sie werden auf vielfältige Art zubereitet: gedünstet, gedämpft, gebraten, im eigenen Saft mit leichter Senfsoße oder deftig mit Speckstippe.

Nordseekrabben

Genau genommen ist die *Crangon vulgaris* eine Garnele. In Nordfriesland heißen die delikaten Tierchen auch Porren. Krabben sind unbesorgt in großen Mengen zu genießen, denn sie sind nicht nur reich an Eiweiß und Mineralstoffen, sondern auch arm an Kalorien und Fett. Spätestens seit dem 17. Jh. gehörte die Krabbe auf den Speiseplan der Küstenbewohner. Zunächst wurde sie bei auflaufender Flut im Watt mit der sogenannten Gliep, einem kescherartigen Netz, gefangen.

Seit Ende des 19. Jh. fahren die Fischer zum Krabbenfang aufs Meer hinaus. Noch während der Fahrt, unmittelbar nach dem Fang, werden die Krabben in Nordseewasser abgekocht. Das Pulen erfolgt dann später und meist nicht vor Ort: Ein Großteil der delikaten Tierchen wird hierfür in Tiefkühltransportern nach Polen und Marokko gebracht, weil das Krabbenpulen dort preisgünstiger ausgeführt wird. Nur wer seine Krabben noch mit Schale oder frisch vom Kutter kauft, kann daher sicher sein, dass sie noch keine lange Reise hinter sich haben.

Mein Tipp

Sylter Sterneköche für zu Hause

Sylt ist bekannt für seine guten Restaurants, die eine exzellente Küche geradezu zelebrieren. In prächtig bebilderten Bänden weihen die mit einem Michelinstern ausgezeichneten Meisterköche Johannes King und Jörg Müller in die Geheimnisse ihrer Küche ein. »Johannes King« heißt der Titel, in dem der Chef vom Söl'ring Hof in Rantum seine besten Gerichte und typische Sylter Produkte vorstellt. Ebenso lecker angerichtet ist die Publikation seines Westerländer Kollegen »Meine Sylter Küche – Jörg Müller«.

Süßes und Hochprozentiges

Zu den bekanntesten süßen Spezialitäten in Nordfriesland zählt die **Friesentorte,** sie besteht aus Blätterteig, Pflaumenmus und Schlagsahne. Dazu gibt es Tee auf dem Stövchen, der mit Kluntjes (weißem oder braunem Kandiszucker) und echter Sahne gereicht wird. Ein weiterer Klassiker ist **Rode Grütt** (Rote Grütze) – mit Milch, Sahne oder Vanillesoße übergossen. Ein Gericht für Fest- und Feiertage ist die **Wiensupp** (Weinsuppe), die mit Korinthen, Graupen und Rosinen gekocht und mit einem Schinkenbrot serviert wird. Ungemütliche Tage kann man sich mit heißen, hochprozentigen Köstlichkeiten versüßen: z. B. mit dem Getränk **Tote Tante.** Es wird statt mit Kaffee wie beim Pharisäer mit heißer Schokolade zubereitet. Nach einem steifen **Grog** – Rum mit heißem Wasser und Zucker – sehnt man sich, sobald es kalt wird. An der Küste gilt das alte Grogrezept: »Rum muss, Zucker darf, Wasser kann.«

Aktivurlaub, Sport und Wellness

Angeln

Es ist ein besonderes Erlebnis, die Angel vom Strand oder vom Schiff aus im Meer auszuwerfen. Von den Inseln werden in der Saison Angelfahrten mit dem Kutter angeboten, u. a. auf Sylt vom Lister Hafen (Info: www.adler-schiffe.de). Für das Angeln im Meer braucht man einen Jahresfischereischein. Zwei wellenruhige, idyllische Binnengewässer liegen im Osten von Sylt (s. S. 130), auch auf Pellworm gibt es einen wunderbar friedlichen Angelteich hinterm Deich. Für das Angeln in Binnengewässern benötigt man zusätzlich einen Erlaubnisschein, der in den Touristenbüros/Kurverwaltungen vor Ort erhältlich ist.

Baden

Die Geestinseln Sylt, Föhr und Amrum haben weitläufige Sandstrände, während die Marscheninseln Pellworm und Nordstrand mit Grünstrand werben – das Areal für die Strandkörbe und Spielplätze liegt auf grasigem Deich und ist mit einem Zaun von den weidenden Schafen abgegrenzt.

Die größte Attraktion Sylts ist die westliche Brandungsküste. Hier zieht sich das Wasser bei Ebbe zwar zurück, aber es bleibt doch in Sichtweite. Das Baden im Wattenmeer auf der Ostseite Sylts ist dagegen gezeitenabhängig. Bei Ebbe muss man hier sowie auf allen anderen Inseln und den Halligen auf das Baden im Meer verzichten, der Meeresboden fällt trocken. Doch gerade auf Sylt gibt es in dieser Region idyllische, ruhige Buchten – ideal für Familien mit kleinen Kindern, denen die Wellen im Westen der Insel zu hoch sind (die Strandparkplätze an der Westküste Sylts kosten 2 €/Tag, die Parkplätze an der Wattseite sind frei).

Die Zeiten für Hoch- bzw. Niedrigwasser verschieben sich auf den Nordfriesischen Inseln jeden Tag um eine Stunde, kein Ferientag gleicht also dem anderen. Der Tidekalender ist in der jeweiligen Kurverwaltung erhältlich. Viele Urlauber bevorzugen FKK. Selten sind die Grenzlinien zu den Textilstränden eindeutig erkennbar.

Drachensteigen

Wind und Drachen – das passt eigentlich bestens zusammen, doch an den Hauptbadestränden, am vogelreichen Watt und in den Dünen ist es verboten, Drachen steigen zu lassen. Denn die Vögel werden durch flatternde und sausende Drachen extremem Stress ausgesetzt. Auf allen Inseln gibt es jedoch ausgewiesene Abschnitte, an denen der luftige Spaß erlaubt ist. Detaillierte Informationen geben die Touristinformationen bzw. Kurverwaltungen.

Golf

Das Golfspielen hat auf den Inseln so seine Tücken: Der Wind vertreibt manchen gut gezielten Ball. Einen sehr schön gelegenen Golfplatz gibt es auf Föhr (s. S. 183). Sylt hat sich spätestens mit der Eröffnung eines neuen Golfplatzes inklusive luxuriöser Hotelanlage in Hörnum zu einem Hotspot für Golfer entwickelt. Weitere Clubs: Golf-Club Sylt e.V. (s. S. 115), Marine-Golf-Club Sylt (s. S. 147), Golfclub Budersand (s. S. 161) und Morsum (s. S. 130).

Eine allgemeine Übersicht über Anlagen, Preise und Kursangebote in der Region bietet die Website www.golfkueste-schleswig-holstein.de.

Inlineskating

Dahinzugleiten in frischer Luft ist schon für sich allein ein Vergnügen. Kommen dann noch eine Prise Salz und das Meeresrauschen dazu, ist das Inselurlaub vom Feinsten. Auf den Marschinseln verlaufen in unmittelbarer Meeresnähe, vor und hinter dem Deich, glatt geteerte Wege. Auf Nordstrand ist Inlineskating mittlerweile fast ein Volkssport. Das Himmelfahrtswochenende steht dort jedes Jahr ganz im Zeichen des Skatens (s. S. 265). Dabei sind nicht nur Profis gefordert. Außer einer klassischen Marathonstrecke gibt es auch eine ca. 16 km lange Familientour, Kinderwagen sind gern gesehen!

Nordic Walking

Alle Inseln präsentieren umfassende Angebote rund um das Nordic Walking. Dazu gehören angenehme und anstrengende Wegstrecken, Schnupper- und Aufbaukurse, geführte Touren und Stockverleih. Auskünfte erteilen die Touristenbüros.

Der Nordic Walking Park Sylt zählt zu den größten Deutschlands. 220 km Wegenetz führen durch Sylts atemberaubende Dünen- und Heidelandschaft, über Wiesen und Deiche, Watt und Strand. Das Streckennetz ist eingeteilt in 26 Routen mit Längen zwischen 1,6 und 18,7 km und mit drei Schwierigkeitsgraden. In den Inselorten erleichtern Tafeln mit Übersichts- und Detailkarten die Orientierung. In allen Gemeinden werden Lauftreffs und Kurse mit zertifizierten Trainern angeboten.

Radfahren

Nordseeurlaub und Radfahren gehören einfach zusammen. Vor Ort bieten Fahrradverleihe eine große Auswahl an Hollandrädern, Mountainbikes, Tandems, Anhängern und Bollerwagen. Die NordseeTouristik GmbH hat das Heft »Raderlebnis Nordsee« herausgebracht, mit vielen Routenvorschlägen, Adressen von fahrradfreundlichen Unterkünften und Werkstätten sowie Pauschalangeboten, Download möglich unter www.nordseetourismus.de.

Reiten

Zahlreiche Reiterhöfe auf Sylt, Föhr, Amrum, Pellworm und Nordstrand bieten Unterricht und Ausritte, einige sogar Unterkunft für Reiter und Pferd an. Die Adressen sind in den Gastgeberverzeichnissen und auf den Internetseiten der jeweiligen Insel aufgelistet. Einen Überblick über die Reiterhöfe verschafft die Website: www.sh-pferdeland.de.

Tennis

Tennisplätze finden sich auf allen Inseln und überall werden in der Saison Turniere ausgetragen. Auf Sylt gibt es in Rantum, Tinnum und Westerland sowohl Außen- als auch Hallenplätze, in Wenningstedt und Kampen stehen Außenplätze zur Verfügung. In Wyk auf Föhr gibt es mehrere Outdoor-Plätze sowie zwei Hallen. In Nieblum spielt man im Freien, Süderende bietet Outdor- und Hallenplatz. Der Tennisort auf

Man muss keine Wasserratte sein, um Spaß an der Nordsee zu haben

Amrum ist Norddorf, dort gibt es zwei Außenplätze und eine Halle. Auf Pellworm, Nordstrand und Helgoland kann man lediglich im Freien Tennis spielen.

Segeln und Surfen

Im Bereich der Nordfriesischen Inseln liegen traumhafte Surf- und Segelreviere. In der Brandungszone vor Westerland auf Sylt wird jedes Jahr im Herbst der World Cup Sylt im Sufen ausgetragen (s. S. 150). Ohnehin gilt Sylt als Mekka für Surfer: Auflandiger Wind und hohe Wellen an der Westküste fordern die Könner heraus, Sylts ruhige Wattenmeerküste macht Anfängern Mut. Gute Surfgebiete und Surfschulen findet man auch auf Föhr, Amrum und Nordstrand.

Viele Surfschulen haben Kitesurfen in ihr Programm aufgenommen, auf den neuen Trendsport spezialisiert ist die Kiteschule Sylt, Tel. 0172 401 66 16, www.kiteschule-sylt.de.

Wandern

Die Inseln sind ein Paradies für Spaziergänger und Wanderer. Nur zu Fuß kann man sich auf den kilometerlangen Sandstränden, auf der Deichkrone und durchs trockengefallene Watt bewegen. Es ist die Gelegenheit, sich treiben zu lassen und die Zeit zu vergessen, Muscheln, Steine und Treibholz zu sammeln. Ein besonderes Angebot ist das Fastenwandern auf Sylt, Infos unter www.fasten-sylt.de.

Etwas Besonderes sind die Wanderungen auf dem Meeresboden. Man sollte sie nie auf eigene Faust unternehmen. Zu groß ist die Gefahr, von einem plötzlich aufziehenden Seenebel oder einem stark strömenden Priel überrascht zu werden. Die Priele füllen sich bei auflaufendem Wasser zuerst,

Inselführungen
Das Angebot der **Sylter** Inselführer ist vielfältig. Auf dem Programm stehen Kirchen- und Kunstführungen, Wattwanderungen, geologische Kliffexkursionen und Fahrradausflüge sowie viele auch ganz individuelle Touren. Detaillierte Infos findet man unter www.sylt.de in der Rubrik Leben/Syltführungen.

Auf **Amrum** bietet der Öömrang Ferian ein abwechslungsreiches Programm, das nicht nur vogel- und naturkundliche Strand-, Dünen- und Wattführungen, sondern auch archäologische Entdeckungstouren beinhaltet, Infos und Veranstaltungen auch als Download unter www.amrum.de.

leicht können sie einem den Rückweg zum Strand abschneiden.

Überall an der Küste und auf den Inseln und Halligen stehen geführte Wattwanderungen auf dem Programm. Im Rahmen der Führungen erfährt man nicht nur Naturkundliches, sondern häufig auch Anekdoten über die Insel und ihre Bewohner. Besonders spannend sind Wanderungen von Insel zu Insel – etwa von Föhr nach Amrum (s. S. 190) – oder zu den Halligen, beispielsweise von Dagebüll nach Oland, von Pellworm nach Hooge und Süderoog, von Nordstrand nach Nordstrandischmoor und Südfall. Termine sind den Veranstaltungskalendern zu entnehmen.

Wellness und Thalasso

Wenn man am Meer steht und tief durchatmet, stellt sich das Wohlbefinden eigentlich schon von ganz allein ein. Mit einem breit gefächerten Wellnessangebot (Sauna, Massagen, Whirlpool und Schwimmen) lässt sich der Wohlfühlfaktor noch steigern. An Angeboten dieser Art herrscht auf den Inseln kein Mangel.

Thalasso ist ein neuer, alter Trend: Schwimmen im Meer, den Wind im Haar, Salz auf der Haut, Schlick am Körper: Thalasso-Anwendungen nutzen die natürliche Heilkraft des Meeres. Algen und Meerwasser enthalten zahlreiche gesundheitsfördernde Wirkstoffe, die in Meereskosmetik, Meerwasserbädern und Schlickpackungen Verwendung finden. Es ist gleichermaßen Wellness wie auch eine therapeutisch-medizinische Behandlungsmethode. Adressen und Angebote der Thalasso-Bäder an Nord- und Ostsee findet man im Internet unter: www.die-deutschen-seebaeder.de.

Yoga

Entspannen am Meer steht hoch im Kurs. Es ist ein besonderer Genuss, bei ruhigen Übungen vom Meeresrauschen begleitet zu werden (im Sommer u.a. auf Sylt am La Grande Plage in Kampen). In vielen Inselorten gibt es fortlaufende Kurse – hier ist ein Einstieg bzw. einmaliger Besuch jederzeit ohne Voranmeldung möglich, Infos in den Touristenbüros, im Internet u.a. unter www.yogaaufsylt.de und www.yogaammeer.de.

Auch auf Föhr und Amrum werden regelmäßig Yogakurse angeboten. Ideal zum Entspannen und Meditieren ist die kontemplative Instrumentalmusik des Föhrer Musikers Hauke Nissen. In seine wohltuende Musik lässt er Klänge von Strand, Meer und Vögeln einfließen – ein Stück Urlaub für zu Hause. Die CDs sind in seinem kleinen Laden Art & Weise in Oldsum erhältlich (s. S. 193) oder im Internet unter www.haukenissen.de.

Feste und Veranstaltungen

Viele der nordfriesischen Bräuche fielen früher in die Winterzeit, wenn die zur See fahrenden Männer zu Hause waren. Heute feiern die Inseln die meisten Feste im Sommer zusammen mit ihren Gästen, z. B. Regatten, Kunsthandwerks- und Bauernmärkte, Ringreiten, Open-Air-Konzerte. Im Rahmen des alljährlichen Schleswig-Holstein-Musik-Festivals gehören Westerland auf Sylt und Wyk auf Föhr im Juli/August zu den Festivalorten.

Brauchtum

Biikebrennen

»Weadke teare!« (Wotan zehre!) wurde bis in das 19. Jh. hinein beim Tanz um die Biikefeuer (Bake = Feuerzeichen) ausgerufen. Die Feuer brannten von altersher in der Nacht vom 21. auf den 22. Februar. In heidnischer Zeit weihten die Seefahrer und Krieger Weda oder Wotan dieses Opferfest. Als sich die Inselfriesen im 17. und 18. Jh. auf Grönlandfahrt begaben, verband man die alte Kulthandlung mit einem Abschiedsfest und einer Volks- und Gerichtsversammlung (Thing). Vor der Abreise zur Wal- und Robbenjagd ins Eismeer mussten alle notwendigen Rechtsfragen geregelt, Verbote und Bekanntmachungen verkündet werden, da viele Männer nicht heimkehrten.

Heute wird mit dem Biiken der Abschied des Winters gefeiert – ausgediente Tannenbäume und Baumschnitt werden bei diesem Ereigniss entsorgt. Wenn der Holzstoß abgebrannt ist, trifft man sich zum deftigen Grünkohlessen mit Teepunsch und Grog. Die Schulkinder haben am nächsten Tag frei.

Ringreiten

Ein beliebter Brauch ist das Ringreiten im Sommer, dessen Wurzeln möglicherweise Ritterturniere sind. Das älteste Ringreitercorps besteht seit 1861 auf Sylt. Auf den Turnieren stechen die Reiter in vollem Galopp mit einer Holzlanze einen am Seil hängenden Ring herunter, der im Laufe des Turniers durch kleinere ersetzt wird. Die treffsichersten Reiter werden als König, Kronprinz und Prinz gefeiert.

Rummelpottlaufen

Ein alter Volksbrauch ist das Rummelpottlaufen (auf Amrum Hulken genannt). Am Silvesterabend ziehen maskierte und verkleidete Kinder von Haus zu Haus, wünschen ein gesegnetes Neues Jahr und bitten mit Gedichten und Sprüchen um eine Gabe. Früher spielten sie auf lauten Instrumenten, daher der Name Rummelpott.

Nordfriesische Highlights

Gourmet Festival Sylt

Meisterköche aus ganz Europa kommen im Januar vier Tage nach Sylt, um in fremden Küchen kulinarische Ge-

Beach-Partys auf Sylt

Tanzen am Flutsaum bei Sonnenuntergang und Chillen im Strandkorb bei Sonnenaufgang: Die Sylter Strandpartys im Sommer sind Kult – im BamBus (List), an den Strandbistros Wonnemeyer (Wenningstedt) sowie bei Buhne 16 und La Grande Plage (Kampen). Kein Eintritt, Termine unter www.sylt.de/leidenschaft/szenejunges-sylt/beachpartys.html.

nüsse für Genießer zu kreieren, Gastgeber sind Feinschmeckertempel u. a. in Kampen, Westerland, Tinnum (Programminfo und Buchung: www.gourmet-festival-sylt.de).

Nordfriesische Lammtage

Zwölf Wochen von Mai bis Juli stehen im Zeichen der Deichbewohner: An Tagen der offenen Tür schaut man Schäfern beim Scheren zu. Beim großen Lämmerball wird eine Lammkönigin gewählt. Es gibt Ausstellungen und Märkte mit kulinarischen Spezialitäten (Infos unter www.lammtage.de).

Ringelganstage

Auf den Halligen sind zehn Tage im April der arktischen Gans gewidmet. Halliggemeinden, Nationalparkverwaltung und Naturschutzverbände erstellen ein hochkarätiges Programm, u. a. mit Ringelgansbeobachtungen, Exkursionen ins Watt, naturkundlichen Halligführungen und Salzwiesenerlebnissen (Infos unter www.ringelganstage.de).

Rungholttage

Alljährlich im Mai finden auf Pellworm die Rungholttage statt. Benannt sind sie nach dem sagenumwobenen Hafenort Rungholt, der 1362 zwischen Pellworm und Nordstrand untergegangenen ist (s. S. 62). Fünf Tage lang steht die Geschichte der im Wattenmeer versunkenen Regionen im Mittelpunkt von Vorträgen, Wanderungen und Schiffsfahrten. Mittlerweile haben die Nordstrander mit dreitägigen Rungholttagen im August nachgezogen.

Tage der Nordfriesischen Geschichte

Alle zwei Jahre veranstaltet das Nordfriisk Instituut zwischen Ende September und Anfang November die Tage der Nordfriesischen Geschichte. Zu einem ausgewählten Thema gibt es ein vielfältiges Veranstaltungsangebot. Vereine und Einrichtungen der Region beteiligen sich mit eigenen Beiträgen. Zum Thema Mandränke 1634 haben 2009 die Gemeinden Nordstrand, Pellworm und Russenköge mit einem bunten Programm teilgenommen.

Pole Poppenspäler Sommerspiele

Im Juli und August werden in Husum zauberhafte und spannende Puppenspiele für Klein und Groß aufgeführt, Veranstaltungsort für Feste, Ausstellungen, Vorträge und Lesungen sind der Südflügel des Schlosses, das Poppenspäler Museum und das Nordseemuseum (Programm unter www.pole-poppenspaeler.de).

Pole Poppenspäler aus der gleichnamigen Stormnovelle ist das Symbol für die Liebe und Leidenschaft, mit der in Husum Figurentheater gespielt wird. Daher gibt es gleich noch eine Veranstaltung zum Thema: das Internationale Figurentheater Festival, auch **Pole Poppenspäler Tage** genannt, das zehn Tage im September ebenfalls in Husum stattfindet. Zum Herbstfestival kommen Puppenspieler und Gäste aus Deutschland und den Nachbarländern.

Nachtleben

Wer Nachtleben und Trubel sucht, fährt nach Sylt. In Westerland wird in Kneipen und Discos bis zum Morgengrauen geklönt, gechillt und getanzt. Legendär ist das Nachtleben in Kampen. Auf den anderen Inseln geht es beschaulicher zu. Die blaue Maus auf Amrum, die Kneipe Glaube, Liebe, Hoffnung auf Föhr laden zum abendlichen Umtrunk und Klönschnack ein. Auf Pellworm trifft man die Einheimischen im Hafenpub an.

Festkalender

Januar
Neujahrsbaden: 1. Jan. in Wenningstedt auf Sylt und in Wyk auf Föhr, vertreibt den Silvesterkater.
Gourmet Festival Sylt: s. S. 31.

Februar
Biikebrennen: s. S. 31.

März
Syltlauf: Der 33,3 km lange Lauf führt an einem Sonntag von Hörnum über Westerland nach List. Das Sportereignis ist meist schon im Herbst des Vorjahres ausgebucht. Es gibt allerdings immer noch Restverlosungen (www.tinnum66.de).

Mai/Juni
Beach Polo World Cup Sylt: 2 Tage zu Pfingsten am Strand von Hörnum (www.poloevent.de), s. S. 161.
Rund-Föhr: Himmelfahrt geht's 38 km zu Fuß um die Insel. Start ist in Wyk, s. S. 178.
Drei-Inssellauf: Seit über 20 Jahren treffen sich Langstrecken- und Crossläufer beim Start am Pfingstsamstag auf Föhr, Pfingstsonntag auf Pellworm, Pfingstmontag auf Nordstrand.
Harley Davidson Treffen: Ein Wochenende im Mai oder Juni präsentieren auf der Westerländer Promenade alljährlich 500–900 Harley-Besitzer ihre chromblitzenden Maschinen. Countrymusik, im Konvoi über die Insel.
German Kitesurf Trophy: eine Woche in der 2. Junihälfte, vor Westerland. Im Anschluss findet die Deutsche Meisterschaft im Windsurfen statt, s. S. 149.
Kampener Literatursommer: Von Juni–Sept. lesen prominente Autoren in Kampen auf Sylt, s. S. 106.

Juli/August
Insel- und Mitmachzirkus: s. S. 116.
Kultur- und Wissenschaftssommer: in Rantum auf Sylt, s. S. 154.
Katamaran-Regatta: ein Wochenende im Juli vor Hörnum. Interessierte können vom Strand aus zusehen.
Deutscher Windsurf Cup: Fünf Tage im Juli kämpft die deutsche Windsurfer-Elite in Westerland auf Sylt um den Titel des Deutschen Meisters, s. S. 149.
German Polo Masters Sylt: zwei Wochenenden im Juli/ Aug. in Keitum/Sylt, s. S. 124.
Hörnumer Hafenfest: ein Aug.-Wochenende. Maritimes Programm mit Shantys, Feuerwerk, Segeltörns und großer Hafenparty, s. S. 161.
Super Sail Tour: ein Aug.-Wochenende, das Flens Final Race der Katamarane findet am Brandenburger Strand von Westerland statt, s. S. 150.
Orgelsommer auf Pellworm: Juli–Aug., namhafte Organisten spielen mittwochs auf der Arp-Schnitger-Orgel in der Alten Kirche.

September/Oktober
Longboardfestival Sylt: Anfang Sept., 6 Tage, zahlreiche Surfer und Surf-Fans kommen nach Kampen an die Buhne 16, s. S. 106.
World Cup Sylt: Ende Sept.–Anf. Okt., 10 Tage in Westerland. Das ›Wimbledon der Windsurfer‹, s. S. 150.
Jahrmarkt in Wyk: 3. Wochenende im Okt. Seit 1710 der Höhepunkt des Jahres für alle Insulaner.

Dezember
Silvesterlauf: Am letzten Tag des Jahres wird in Westerland in ausgefallenen Kostümen gelaufen, s. S. 150.

Reiseinfos von A bis Z

Ärztliche Versorgung

Als Nordseeheilbäder sind die größeren Inseln hervorragend mit Badeärzten ausgestattet. Auf Sylt gibt es viele Fachärzte und Kliniken. Das Krankenhaus auf Föhr versorgt die Amrumer mit. Den Pellwormern und ihren Gästen steht ein Arzt, aber kein Zahnarzt zur Verfügung, diesen müssen sie in Husum aufsuchen. Die Halligen werden von den benachbarten Inseln medizinisch mitversorgt, Hooge und Langeneß haben Gemeindepfleger.

Krankenhäuser
Nordseeklinik Westerland
Norderstraße 81
25980 Westerland/Sylt
Tel. 04651 840
www.asklepios.com/sylt

Inselklinik Föhr-Amrum
Rebbelstieg 24
25938 Wyk/Föhr
Tel. 04681 480
www.klinikum-nf.de

Klinik Husum
Erichsenweg 16
25813 Husum
Tel. 04841 60 00
www.klinikum-nf.de

Baden/Sicherheit

Das Baden im Wattenmeer ist gezeitenabhängig. Niemals sollte man bei ablaufendem Wasser schwimmen gehen, auch erfahrene Schwimmer können aufs offene Meer hinausgezogen werden. Vor allem Familien mit Kindern wird geraten, nur die bewachten Strände aufzusuchen. Auch während der offiziellen Badezeiten gilt: Ein am bewachten Badestrand hochgezogener roter Warnball bedeutet Badeverbot für Kinder und Nichtschwimmer, zwei Warnbälle verkünden allgemeines Badeverbot.

Feiertage

1. Januar, Karfreitag, Ostermontag, Pfingstmontag, 1. Mai, Christi Himmelfahrt, 3. Oktober, 25./26. Dezember

FKK

Ausgewiesene FKK-Strände findet man auf Sylt gleichmäßig verteilt von Nord nach Süd, in diesen Bereichen liegen auch die Strandsaunen, deren Adressen im Reiseteil angegeben sind. Die bekanntesten FKK-Abschnitte liegen bei der Buhne 16 nördlich von Kampen sowie an den Stränden Sansibar und Samoa südlich von Rantum. Auf Amrum gibt es FKK-Strände, die sich an die Hauptstrände von Wittdün, Nebel und Norddorf anschließen. Zwischen Wittdün und Nebel befindet sich mitten in den Dünen ein FKK-Campingplatz mit direktem Zugang zum FKK-Strand. Föhr hat zwei FKK-Strände: westlich von Wyk in Höhe des Flughafens und westlich vom Goting-Kliff bei Nieblum. Auf Pellworm liegt der FKK-Strand auf dem grünen Vorland an der Nordermühle.

Gesundheit

Dank der von Westen über das Meer herangeführten staub- und keimfreien Seeluft sowie der von der Brandung fein zerstäubten Mineralstoffe gilt das Nordseeklima als ausgesprochen heilkräftig. Ein Kuraufenthalt empfiehlt sich besonders bei Erkrankungen von Lungen und Bronchien, Herz, Kreislauf und Haut, Allergien, Schlaflosigkeit sowie Erschöpfung. Trotz Gesundheitsreform ist es auch heute noch möglich, eine Kur bewilligt zu bekommen. Der Weg zur Kur, sei es eine ambulante Vorsorgekur oder eine stationäre Rehabilitationskur, läuft über den Hausarzt, der ihre Notwendigkeit bestätigt. Die Kurmittelhäuser stehen auch Nicht-Kurenden offen, alle Kurmittel, die nicht verschreibungspflichtig sind, können auf eigene Rechnung in Anspruch genommen werden.

Auf allen Inseln wird großer Wert auf ein ausgewogenes Gesundheitsprogramm gelegt: morgendliche Strandgymnastik, Wassergymnastik, Jazztanz, Lauftreffs usw. Die Teilnahme ist für Gäste mit Kurkarte in der Regel kostenlos oder stark ermäßigt.

Hunde

Urlaub am Meer ist für Hunde nicht immer traumhaft. An den Hauptbadestränden sind sie nicht erwünscht und auch bei Spaziergängen am Deich, im Vorland und im Watt müssen Hunde immer an der Leine geführt werden. Auf allen Inseln gibt es aber ausgewiesene Hundestrände, Infos in den Touristenbüros.

Kinder

Wer mit Kindern schöne Ferientage erleben möchte, ist auf den Nordfriesischen Inseln genau richtig. An feinsandigen Stränden, im silbrigen Watt, auf grünen Deichen gibt es allen Platz der Welt für Kinder. Ebbe und Flut bestimmen den Alltag am Meer. Bei Niedrigwasser kann man zwar nicht baden, dafür aber nach Lust und Laune schaufeln und Gräben ziehen sowie Muscheln suchen.

Alle Inseln sind auf Familien mit Kindern eingestellt. In den meisten Gastgeberverzeichnissen wird gesondert auf familienfreundliche Unterkünfte verwiesen. Die Fülle an Veranstaltungen für Kinder ist überwältigend. Erlebnisbäder auf Sylt, Föhr und Amrum versprechen Spaß für die ganze Familie und ganzjähriges Badevergnügen unabhängig von Ebbe und Flut. Wer mit Kindern Strandurlaub macht, sollte sich am besten schon zu Hause mit einigen Strandutensilien wie Schlauchboot, Bodyboard, Riesenkrokodil oder Tauchausrüstung versorgen.

Wer im Urlaub einen Babysitter braucht, kann beim Tourismusservice bzw. in der Kurverwaltung nachfragen. Die Sylter sind am besten organisiert: In der Villa Kunterbunt in Westerland sowie beim Touristenbüro in Kampen gibt es eine Babysitterliste.

Kurabgabe

Die Kurkarte müssen alle (auch Tagesgäste) zahlen, egal ob sie die öffentlichen Kur- und Erholungseinrichtungen nutzen. Eine Jahreskurkarte lohnt sich für diejenigen, die einen Monat in der teuren Hauptkurzeit (Mai–Okt.) oder mehrmals im Kalenderjahr auf der gleichen Insel Urlaub machen. Mit der Kur- oder Gästekarte werden zahlreiche Vergünstigungen gewährt.

Medien

Die überregionale Presse ist im Sommerhalbjahr überall zu haben. Lokale Informationen samt Veranstaltungskalender bieten die regionalen Ausgaben der Schleswig-Holsteinischen Landeszeitung (www.shz.de): Sylter Rundschau, Insel-Bote, Husumer Nachrichten, Nordfriesland Tageblatt, Norddeutsche Rundschau. Alle Badeorte haben einen tagsüber frei zugänglichen Lesesaal, in dem verschiedene Tageszeitungen ausliegen. Laufende Bilder von der Urlaubsinsel Sylt, Porträts und Berichte bietet das Sylter Fernsehen: www.sylter-fernsehen.de.

Notruf

Polizei: 110
Feuerwehr/ Rettungsdienst: 112
ADAC Pannenhilfe: 0180 2 22 22 22

Naturschutz

Infozentrum Nationalpark Schleswig-Holstein

Informationszentren des Nationalparks Schleswig-Holsteinisches Wattenmeer gibt es auf allen größeren Nordfriesischen Inseln. Sie bieten eine Vielzahl naturkundlicher Vorträge und Exkursionen an. Der Sitz der Hauptverwaltung befindet sich auf dem Festland.
Landesbetrieb für Küstenschutz, Nationalpark und Meeresschutz S.-H.
Nationalparkverwaltung
Schlossgarten 1
25832 Tönning
Tel. 04861 962 00
www.wattenmeer-nationalpark.de

Schutzstation Wattenmeer

Die Schutzstation Wattenmeer unterhält 15 Naturschutzstationen an der Westküste Schleswig-Holsteins. Zu ihren Aufgaben gehört u. a. das Aufstellen von Schildern und Pfahlreihen um die Brut- und Rastgebiete sowie Information und Führung interessierter Besucher.
Naturschutzgesellschaft Schutzstation Wattenmeer
Grafenstr. 23
24768 Rendsburg
Tel. 04331 236 22
www.schutzstation-wattenmeer.de

Verein Jordsand zum Schutze der Seevögel und der Natur e. V.

Der Verein Jordsand zum Schutze der Seevögel und der Natur e. V. wurde 1907 gegründet. Das erste Schutzgebiet, die Hallig Jordsand nordöstlich von Sylt, die heute zu Dänemark gehört, gab dem Verein den Namen. Der Verein betreut heute 21 Reservate im deutschen Küstenbereich.
Verein Jordsand
Bornkampsweg 35
22926 Ahrensburg
Tel. 04102 326 56
www.jordsand.de

Öffnungszeiten

Auf den Inseln haben die meisten Geschäfte in der **Saison** (April–Okt.) ganztags geöffnet, auch am Samstagnachmittag und am Sonntag. Die Postämter bzw. Postfilialen (in den Supermärkten) sind von Mo bis Fr und Sa vormittags besetzt. In der **Hauptsaison** (Juli und August) haben die meisten Cafés und Restaurants durchgängig geöffnet. Aber Achtung: Öffnungszeiten und Essenszeiten sind nicht immer identisch, vielerorts gibt es warmes Essen zur Mittagszeit (11.30–14 Uhr) und nach einer Pause am Nachmittag wieder ab 17.30/18 Uhr. In der **Nebensaison** (Nov.–April) gönnen sich die meisten Wirte einen Ruhetag pro Woche. Einige Lokale haben im Winter auch ganz geschlossen, viele davon öffnen aber für die belebtere Zeit der Weihnachts- und Neujahrsferien wieder.

Reisekasse und Preise

Unterkunft: Die Unterkunftspreise auf den Inseln ziehen im Sommerhalbjahr enorm an.

Fahrkosten: Wer mit dem Auto an die Küste reist und es auf dem Festland stehen lässt, um nach Föhr oder Amrum zu kommen, muss in Dagebüll 6 €/Tag bezahlen. Kosten für Schiffsausflüge/Fähren s. S. 19.

Lebensmittel: Die Lebensmittelpreise liegen in den normalen kleinen Supermärkten/Kaufmannsläden höher als auf dem Festland, nur auf Sylt gibt es Filialen größerer Supermarktketten, deren Preise mit denen auf dem Festland vergleichbar sind.

Kurabgabe: Die Kurabgabe treibt die Urlaubskosten in die Höhe. Hierfür muss man pro Erw. von ca. 1 € (Halligen), 1,80 € (Nordstrand) bis zu 3 € (Westerland/Sylt) in der Hochsaison ansetzen. Tagesgäste auf Sylt zahlen für den Strandzugang sogar 3,50 €. Kinder und Jugendliche bis 12 oder 18 Jahre in Begleitung der Eltern sowie Schüler/Auszubildende brauchen meist nicht zu zahlen. Im Gegenzug bekommt man mit der Kur-/bzw. Gästekarte ermäßigten Eintritt in vielen Hallenbädern, Museen und bei Veranstaltungen der Kurverwaltung.

Strandkörbe: Die Anmietung von Strandkörben kostet etwa 8 €/Tag, günstiger sind sie wochenweise und/oder mit Vorbestellung.

Fahrradvermietung: Ohne Fahrräder geht es nicht auf den Inseln. Ein einfaches Tourenrad mit 3-Gang-Schaltung kostet ab 7 €/Tag, ein Luxusrad mit 7-Gang-Schaltung und Vollfederung 10 €/Tag. Auch hier gilt: Wochenweise gemietet sind sie billiger.

Spartipps für den Familienurlaub

Mit dem kostenlosen, in allen Touristenbüros erhältlichen **Kinderpass** kommen Kinder bis 14 Jahre preisgünstiger – mitunter auch umsonst – in Museen, Freizeit- und Kultureinrichtungen und erhalten Rabatte in Restaurants. Viele Badeorte betreuen die Kinder kostenlos. Die Freizeithelfer der evangelischen Kirche bieten auf Föhr und Pellworm ein vielseitiges Programm für die Kleinen – einfach mal in die Veranstaltungskalender schauen (www.pellworm.de, www.foehr.de).

Reisen mit Handicap

Reisen: Der Mobilitätsservice der Deutschen Bahn gibt Reiseauskünfte für Menschen mit Handicap sowie Tipps und Links für barrierefreies Reisen (Tel. 0180 5 51 25 12, 0,14 €/Min.). Die Broschüre »Mobil mit Handicap« lässt sich auch im Internet herunterladen unter www.bahn.de/handicap. Für Menschen mit eingeschränktem oder fehlendem Sehvermögen wurde ein spezielles Landkartenset und eine Audioführung entwickelt, die es ermöglicht, die Hallig Hooge zu erkunden. Bewegungseingeschränkte Gäste können sich gegen eine kleine Gebühr ein Elektromobil, das sogenannte Hoogemobil ausleihen, Infos im Touristenbüro oder im Internet (s. S. 222).

Unterkünfte: In den Gastgeberverzeichnissen ist vermerkt, welche Unterkünfte behindertengerecht sind, Infos gibt es auch unter www.rollstuhlurlaub.de.

Strände: Die Grünstrände entlang der Küste sind für Rollstuhlfahrer in der Regel gut zugänglich. Für Sandstrände kann man in vielen Badeorten Strand-Rollstühle mieten (Info in der Kurverwaltung bzw. Touristinformation).

In den Töpfereien Nordstrands findet sich so manch schönes Mitbringsel

Informationen: Das Heft »Urlaub mit Handicap«, herausgegeben von der Sylt Marketing GmbH, bietet für Sylt alle nützlichen Infos über Unterkunft, Gastronomie, Freizeit usw. (Info unter www.sylt.de). Ebenfalls sehr informativ ist die Reisebroschüre »Barrierefreies Reisen – Föhr und Amrum für Rollstuhlfahrer« (Download unter www.foehr.de).

Souvenirs/Einkaufen

Amrum, Föhr, Pellworm und Nordstrand sind kein Eldorado für Konsumenten von Luxusgütern. Die kommen eher auf Sylt – in Westerland und Kampen – auf ihre Kosten. Von Mai bis September finden überall **Bauernmärkte** statt, auf denen man viele regionale Produkte kaufen kann, sehr lecker sind Sylter Heidehonig, Föhrer Erdbeermarmelade, Nordstrander Lammsalami oder -schinken. Auf der Beliebtheitsskala ganz oben rangieren verschiedene Teesorten, die Namen tragen wie Schietwettertee, Rote Grütze usw.

Edle Wohnaccessoires im friesischen Landhausstil sowie maritimen Schnickschnack bieten viele Läden an. Kinder freuen sich über beklebte Muschelkästchen, Buddelschiffe, Piratenfahnen usw., Leckermäuler über Bonbons in Gestalt von Möweneiern oder Muscheln aus Schokolade.

Eine friesische Spezialität sind **Fliesen.** Traditionsreiche Motive wie Segelschiffe und Blumenornamente sind als Reproduktionen erhältlich. Auf allen Inseln bieten Töpfereien handgedrehte **Keramik** an. Eine Töpferhochburg ist der kleine Ort Süden auf Nordstrand. Viele Maler und Fotografen lassen sich von der Landschaft an der Nordsee inspirieren. In vielen Galerien kann man neben den üblichen Postkartenmotiven künstlerisch beeindruckende **Fotografien** und **Bilder** – Drucke wie Originale – finden. Ein beliebtes, allerdings nicht ganz preiswertes Reisemitbringsel ist der **Strandkorb.** Auf Sylt bieten gleich mehrere Hersteller den Versand an, die Adressen sind im Reiseteil angegeben.

Die schönsten Urlaubssouvenirs aber sind kostenlos: Muscheln, die man am Strand sammelt, rund geschliffene **Steine,** ausgebleichtes, bizarr geformtes **Treibholz,** bunte Tau- und Netzreste und vielleicht auch das eine oder andere Stück **Bernstein,** das man vor allem nach Sturmfluten am Flutsaum finden kann.

Verhalten in der Natur

Neben dem Nationalpark Wattenmeer gibt es eine Reihe von Naturschutzgebieten auf den Nordfriesischen Inseln, die das Ziel haben, die einzigartige Natur zu schützen. Das ist jedoch nur möglich, wenn jeder sorgsam mit ihr umgeht.

Dünen schützen die Inseln zur offenen See hin wie ein Deich. Es ist nicht erlaubt, sie abseits der ausgewiesenen Pfade zu durchstreifen – die Überwege zum Strand sind mit Pricken (Stangen mit Reisigbüscheln) gekennzeichnet. Wer quer durch die Dünen läuft, richtet Schaden an: In die aufgerissene Pflanzendecke greift der Wind ungehindert ein. Die weitere Zerstörung der Düne kann oft nur noch durch Neuanpflanzung von Strandhafer aufgehalten werden. Das Pflücken von Blumen und anderen Pflanzen ist verboten.

Schilder, die das Betreten von **Schutzzonen und Brutgebieten** untersagen, sollten unbedingt beachtet, Störungen der Tiere vermieden werden. Hunde sind immer und überall an der Leine zu führen. Die Salzwiesen dürfen wegen der vielen brütenden und rastenden Vögel nicht betreten werden. Allgemein gilt, dass Wanderer und Wassersportler mindestens 300 m Abstand von größeren Vogelansammlungen halten müssen, um die Tiere nicht aufzuscheuchen und bei der Nahrungsaufnahme, der Mauser oder Rast zu stören.

Drachensteigenlassen ist in allen Naturschutzgebieten untersagt. Nach ausgewiesenen Drachenflugplätzen kann man sich bei der Gemeinde- oder Kurverwaltung erkundigen.

Den Liegeplätzen der **Seehunde** sollte man nicht näher als 500 m kommen. Die Tiere brauchen die Ruhepausen auf den Sandbänken, um ihre Jungen zu säugen und Vitamin D für den Haarwechsel zu tanken. Die Aufzucht der Jungen fällt unglücklicherweise in die touristische Hauptsaison, wenn Ausflugsdampfer und Wattwanderer die Tiere am meisten stören. Von den Eltern verlassene Heuler darf man auf keinen Fall anfassen oder gar mitnehmen. Stattdessen sollte man der Kurverwaltung oder einem Vertreter des Nationalparks Bescheid geben.

Wild lebende Tiere wie Fasane, Enten und vor allem die allgegenwärtigen Möwen **bitte nicht füttern.** Einige Möwenarten haben sich in den letzten Jahren auf Kosten anderer Vögel, denen sie die Nester ausrauben, stark vermehrt.

Panorama – Daten Essays, Hintergründe

Was wäre Nordfriesland ohne Möwen? Nicht nur am Strand trifft man sie an …

Steckbrief Sylt, Föhr, Amrum

Daten und Fakten

Sylt: 99 km^2, 21 000 Einw. (Westerland 9000)
Föhr: 82 km^2, 8700 Einw. (Wyk 4500)
Amrum: 20 km^2, 2100 Einw.
Hallig Langeneß: 9,6 km^2, 120 Einw. (inkl. Hallig Oland)
Hallig Hooge: 5,6 km^2, 110 Einw.
Pellworm: 37 km^2, 1100 Einw.
Nordstrand: 50 km^2, 2300 Einw.
Husum: 22 200 Einw., 860 Einw./km^2
Helgoland: 2 km^2, 1300 Einw.

Geografie und Natur

Die Inseln und die Halligen liegen wie ein Bollwerk vor der Westküste Schleswig-Holsteins und bieten dem Festland zwischen der Eider im Süden und der Grenze zu Dänemark im Norden Schutz vor der offenen Nordsee. Dieses vorgelagerte Land an der Küste wird Uthlande genannt. Während Amrum, Föhr und Pellworm nur per Schiff zu erreichen sind, hat Sylt über den Hindenburgdamm Bahnverbindung zum Festland. Die Insel Nordstrand hat sich durch die Eindeichung des Beltringharder Koogs zur Halbinsel entwickelt. Zwischen dem Festland und den Inseln erstreckt sich das Wattenmeer, eine in der Welt einzigartige, vom Wechsel der Gezeiten geprägte Landschaft. Im Nationalpark Schleswig-Holsteinisches Wattenmeer leben 3200 Tierarten auf 273 000 ha.

Sylt, Föhr und Amrum sind aus eiszeitlichen Geestkernen aufgebaut und verweisen mit Stolz auf ihre langen Sandstrände, Sylt und Amrum zudem auf ausgedehnte Dünenlandschaften. Darüber hinaus weisen sie auch jüngere Marschflächen auf, die vor allem auf Föhr landwirtschaftlich genutzt werden. Nur auf Amrum gibt es größere Waldbestände. Die Marschinseln Pellworm und Nordstrand bestehen aus fruchtbarer, größtenteils unter dem Meeresspiegel liegender Marsch und sind von schützenden Deichen umgeben. Die Halligen sind aufgeschlickte Reste des durch Sturmfluten zerrissenen Festlandes. Sie haben keine hohen Deiche, die Häuser stehen auf Warften, die bei Überflutung aus dem Wasser ragen.

Geschichte

Reiche Grabfunde lassen darauf schließen, dass das Gebiet der heutigen Inseln in der Bronzezeit, vor etwa 4000 Jahren, dicht besiedelt war. Zur Zeit der Völkerwanderung wurde das Land verlassen, möglicherweise wegen zunehmender Überschwemmungen des tief liegenden Marschlandes.

Ab dem 8. Jh. wanderten Südfriesen von der südlichen Nordseeküste in das Gebiet des heutigen Nordfriesland ein, sie bauten Deiche und Warften. Durch den Abbau von Torf zur Salzgewinnung sowie den Export von landwirtschaftlichen Produkten kamen sie zu Wohlstand. Der Kampf gegen den ›Blanken Hans‹ prägte ihre Geschichte. Sturmfluten gestalteten das Land, darunter besonders die Marcellusflut (1362) und die Burchadiflut (1634). Ab der 2. Hälfte des 17. Jh. kehrte durch

Walfang und Seefahrt erstmals wieder ein gewisser Wohlstand ein.

Bis zum Jahr 1864, als Schleswig-Holstein unter preußische Herrschaft fiel, war die politische Geschichte der Uthlande eng mit der des Königreiches Dänemark verbunden. Bis heute lebt im nördlichen Teil Nordfrieslands eine kleine dänische Minderheit.

Staat und Politik

Die Inseln und Halligen gehören seit 1970 zum Kreis Nordfriesland, der im Norden von Dänemark, im Osten vom Kreis Schleswig-Flensburg, im Süden vom Kreis Dithmarschen begrenzt wird. Bei der Kommunalwahl im Mai 2008 kam die CDU auf 40,48 %, die SPD auf 21,20 %. Die Wählergemeinschaft Nordfriesland erhielt 12,16 % der Stimmen, der Südschleswigsche Wählerverband (SSW) 9,06 %. Der SSW ist die Partei der dänischen Minderheit, die eng mit dem Friisk Foriining, einem Kulturverband der friesischen Volksgruppe in Nordfriesland, zusammenarbeitet.

Wirtschaft und Tourismus

Pflug, Fisch und Stierkopf auf den Schiffssegeln im Wappen Nordfrieslands erinnern an die Wirtschaftsgrundlagen der Küstenbewohner: Viehzucht, Ackerbau, Seefahrt und Fischfang. Auf den Inseln Föhr, Pellworm und Nordstrand spielt Rinder- und Schafzucht, aber auch der Anbau von Getreide, Raps und Mais nach wie vor eine Rolle. Die Fischerei hat wirtschaftlich gesehen nur noch geringe Bedeutung. Die Kutter im Bereich der Inseln landen heute vor allem Krabben an. Wichtige Arbeitgeber sind die Reedereien, die für den Personen- und Warenverkehr zwischen den Inseln und dem Festland zuständig sind, sowie der Landesbetrieb für Küstenschutz, Nationalpark und Meeresschutz Schleswig-Holstein (LKN-SH).

Der mit Abstand wichtigste Wirtschaftszweig ist der Tourismus. Etwa 80 % der Arbeitnehmer sind im Dienstleistungsbereich beschäftigt. Über 1 Mio. Urlauber kommen pro Jahr nach Nordfriesland, gut die Hälfte davon nach Sylt. Bedeutung hat auch die Produktion sowie Wartung und Versorgung von Windkraftanlagen. Die Arbeitslosenquote in Nordfriesland liegt bei 8,9 %, die auf den Inseln Sylt, Föhr und Amrum etwas darunter.

Sprache und Trachten

Nordfriesland ist mit Nordfriesisch, Plattdeutsch, Süderjütisch und Standarddänisch ein Vielsprachenland. Etwa 10 000 Menschen sprechen einen der neun friesischen Dialekte.

Vergleichbar mit der Vielfalt der Sprachen ist die bunte Palette an nordfriesischen Trachten. Die bekannteste und seit Jahrhunderten lebendig erhaltene Tracht ist die Festtagstracht der Frauen von Föhr, die auch heute noch zur Konfirmation, Hochzeit und zu festlichen Anlässen getragen wird.

Geschichte im Überblick

Frühgeschichte

um 2500 v. Chr.	Gegen Ende der Altsteinzeit beginnen die Menschen sesshaft zu werden. Die Besiedlung im Bereich der Nordfriesischen Inseln erstreckt sich gen Westen bis weit ins heutige Wattenmeer. Die Bauern und Viehzüchter bestatten ihre Toten in zum Teil mächtigen Steingräbern.
um 2000 v. Chr.	Dichte Besiedlung der Inseln in der Bronzezeit.

Unter dem Danebrog

um 400 n. Chr.	Die Siedlungsräume werden infolge des Meeresspiegelanstiegs nach der Eiszeit kleiner. Große Teile der Bevölkerung wandern ab.
um 700	Friesen wandern in die Region ein. Spätestens zur Zeit Gorms des Alten (gest. um 940) befinden sich die Uthlande unter dänischer Herrschaft. Das Land ist in Verwaltungsbezirke (Harden) eingeteilt.
um 1200	Erste christliche Kirchen werden auf ehemaligen heidnischen Opferplätzen errichtet. St. Severin in Keitum (Sylt), St. Johannes in Nieblum (Föhr), St. Salvator (Pellworm) und St. Magnus in Tating (Halbinsel Eiderstedt) liegen auf einer geraden Linie in gleichmäßigen – heiligen – Abständen voneinander. Die Größe der Gotteshäuser zeugt vom Reichtum der Region.
1362	Mit der Marcellusflut – auch große Mandränke genannt – versinkt das mittelalterliche Kulturland in den Fluten. Etwa 100 000 Menschen an der Nordseeküste, auf den Inseln und auf den Halligen verlieren ihr Leben.
ab 1400	Mit der Wiedergewinnung von Land, der Intensivierung der Landwirtschaft und der Heringsfischerei vor Helgoland bietet sich erstmals seit der großen Mandränke wieder die Möglichkeit, einen bescheidenen Wohlstand zu erwirtschaften.
1435	Föhr wird geteilt. Im Frieden von Vordingborg gehen die Uthlande mit Osterlandföhr an das Herzogtum Schleswig. Westerlandföhr, Amrum und das Sylter Listland bleiben bis 1864 unter dänischer Herrschaft.

Wohlstand und Not im 17. und 18. Jahrhundert

um 1600	Nach dem Versiegen der Heringsschwärme erreicht die Armut auf den Geestinseln ihren Höhepunkt. Die Strandräuberei bietet zeitweise die einzige Erwerbsmöglichkeit. Angeschwemmte und geborgene Schiffsgüter werden heimlich nach Hause geschafft und nicht den Behörden gemeldet.

1634 Die Burchardiflut, auch die zweite große Mandränke genannt, verwüstet die Nordfriesischen Inseln. Zwei Drittel der Insel Strand gehen unter. Es bleiben Nordstrand, Pellworm und die Hallig Nordstrandischmoor. An 44 Stellen brechen die Deiche, von den etwa 8800 Einwohnern ertrinken über 6200. Von 22 Kirchen bleiben drei erhalten.

1636 Der Nordstrander Peter Sax fasst ältere Quellen zu einer ausführlichen Beschreibung des Landes zusammen. Mit ihm beginnt die Geschichtsschreibung Nordfrieslands.

ca. 1640 Das goldene Zeitalter des Walfangs beginnt. Fast die gesamte männliche Bevölkerung zwischen 11 und 70 Jahren heuert auf holländischen, dänischen und hanseatischen Schiffen an, um vor Spitzbergen Wale zu fangen. Es kommt teilweise zu einem beachtlichen Wohlstand auf den Inseln. Der Preis ist jedoch hoch. Viele Männer bleiben auf See.

1643–1721 Immer höher steigende Deichlasten, Verheerungen und fortgesetzte Kriegssteuern durch die Schwedisch-Dänischen Kriege (1643–1645, 1657–1660) und den Nordischen Krieg (1700–1721) bringen wirtschaftliche Not.

Mitte 18. Jh. Der Grönlandwal ist so gut wie ausgerottet. Viele Seeleute wenden sich der Handelsschifffahrt zu. Die Landwirtschaft auf den Inseln liegt in der Hand der Frauen und Kinder.

Anfang Die von Napoleon gegen Großbritannien verhängte Wirtschaftsblockade (Kontinentalsperre 1806–1813) und der Englisch-Dänische Krieg (1807–1814) bringen die europäische Handelsschifffahrt weitgehend zum Erliegen. Rückkehr der nordfriesischen Seefahrer auf ihre Höfe.

Ablösung von Dänemark

1813 Der dänische Staat meldet Bankrott an, die Herzogtümer sind wirtschaftlich vom Königreich ausgenommen. Der Sylter Uwe Jens Lornsen fordert in seiner Flugschrift »Über das Verfassungswerk in Schleswigholstein« in puncto Justiz und Verwaltung die Trennung der Herzogtümer von Dänemark.

nach 1813 Die Anhänger der dänischen und deutschen Nationalbewegungen treten sich immer unversöhnlicher gegenüber.

1819 In Wyk wird das erste Seebad gegründet, 1842–1847 ist es Sommerresidenz des dänischen Königs. Wichtigster Erwerbszweig bleibt die Landwirtschaft. Durch die Realerbteilung werden die Erträge immer geringer. Ab Mitte des Jahrhunderts zieht der Goldrausch viele junge Leute nach Amerika und Australien.

1848 Die deutschen Schleswig-Holsteiner erheben sich gegen Dänemark und bilden eine provisorische Regierung in Kiel. Am 15. September verkündet sie das Schleswig-Holsteinische Staatsgrundgesetz.

1855 Westerland wird Badeort und boomt. Wyk kann seinen fast 40-jährigen Vorsprung nicht halten.

1864 Als Folge des Deutsch-Dänischen Krieges fällt Schleswig inklusive der Nordfriesischen Inseln an Preußen, Holstein an Österreich.

Von der preußischen Provinz zum nördlichsten Bundesland

1867 Nach dem Preußisch-Österreichischen Krieg werden beide Herzogtümer als Provinz Schleswig-Holstein Preußen einverleibt. Neue straffe Gesetze, z. B. die Einführung der dreijährigen Militärpflicht samt vierjährigem Folgedienst, führen dazu, dass große Teile der Bevölkerung nach Nord- und Südamerika oder Australien auswandern.

1920 Nach dem Ersten Weltkrieg (1914–1918) stimmen die Bewohner Nord- und Mittelschleswigs über die künftige Staatsangehörigkeit ab. Nordschleswig entscheidet sich für Dänemark. Mittelschleswig stimmt für den Anschluss an Deutschland.

1927 Der Hindenburgdamm, eine Eisenbahnverbindung von Sylt zum deutschen Festland, wird eröffnet.

1940 Sylt wird von den Briten bombardiert (19. März), erste Angriff der Royal Air Force auf deutsches Reichsgebiet. Tausende von Flüchtlingen und Vertriebenen kommen in der Folgezeit auf die Inseln. Vor dem Krieg zählt Sylt 8000 Einwohner, danach sind es 26 000.

1945 Helgoland wird durch Bomben und Sprengungen (18. April) völlig zerstört und erst 1952 von den Engländern wieder freigegeben.

1950er-Jahre Nach dem Zweiten Weltkrieg nimmt der Tourismus auf den Nordfriesischen Inseln rapide zu.

1946 Gründung des Bundeslandes Schleswig-Holstein.

Jüngere und jüngste Entwicklungen

1970 Im Rahmen der Kreisgebietsreform wird der Kreis Nordfriesland gebildet. Mit Ausnahme von Helgoland, das zum Kreis Pinneberg gehört,

	sind die Nordfriesen erstmals in ihrer Geschichte in einer Verwaltungskörperschaft vereint.
seit 1978	Die Landesuniversität Kiel richtet Friesisch-Professur ein. Seit Mitte der 1980er-Jahre wird an vielen Grundschulen des Sprachgebiets wieder Friesisch unterrichtet.
1985	Einrichtung des Nationalparks Schleswig-Holsteinisches Wattenmeer. Umweltschützer kritisieren die geringe Größe der Schutzzonen und die mangelnden Beschränkungen für die Wirtschaft. Die Küstenbewohner fürchten um ihre wirtschaftliche Existenz.
1988	Innerhalb weniger Monate dezimiert ein Staupevirus den Seehundbestand um 60 %. Bereits 1994 hat er wieder die alte Stärke erreicht.
1996	Veröffentlichung des Syntheseberichts der Ökosystemforschung Wattenmeer. Vorschläge für eine bessere Entwicklung des Nationalparks sind u.a. Einschränkung der Muschelfischerei, Ausweisung eines Schutzgebietes für Wale vor Sylt, Ausweitung des Nationalparks von 273 000 auf 349 000 ha. Ein Teil der Küstenbevölkerung lehnt sie ab.
1999	Die Europäische Charta der Regional- oder Minderheitensprachen tritt in Deutschland inkraft. Der Bund ist nun mitverantwortlich für den Schutz und die Förderung der Minderheiten – auch der Friesen. Verabschiedung des neuen Nationalparkgesetzes.
2002	Erneutes Seehundsterben: Im gesamten Wattenmeer (Dänemark, Deutschland, Niederlande) verenden ca. 10 000 Seehunde, 3338 davon in Schleswig-Holstein.
2004	Gesetz zur Förderung des Friesischen im öffentlichen Raum vom schleswig-holsteinischen Landtag verabschiedet. Es regelt die Verwendung der Sprache im Amtsgebrauch im Kreis Nordfriesland und auf Helgoland.
2005	Das Wattenmeer an der Westküste Schleswig-Holsteins wird von der UNESCO zum Biosphärenreservat Schleswig-Holsteinisches Wattenmeer und Halligen ernannt.
2009	Auszeichnung des Wattenmeeres als Weltnaturerbe der UNESCO.
2012	Inbetriebnahme des Butendiek-Windparks 34 km westlich von Sylt geplant. Erste Offshore-Windkraftanlage vor der schleswig-holsteinischen Küste.

Uthlande – das Meer gibt, das Meer nimmt

Der ›Archipel‹ der Nordfriesischen Inseln und Halligen erstreckt sich vor der schleswig-holsteinischen Westküste. Er reicht von den Geestinseln Sylt, Föhr und Amrum nahe der dänischen Grenze bis zum Kranz der Halligen und den Marscheninseln Pellworm und Nordstrand. Diese ›amphibische‹ Landschaft wurde seit dem Mittelalter Uthlande genannt. Das Land vor dem Deich war immer in seiner Existenz.

Sylt, Föhr und Amrum bestehen im Kern aus Moränenablagerungen der Eiszeiten, die vor etwa 15 000 Jahren langsam zu Ende gingen. Zu jener Zeit lag ganz Skandinavien unter einer bis zu 2 km dicken Eisschicht, die bis an die deutschen Mittelgebirge heranreichte. Der Eispanzer schob riesige Schutt- und Geröllmassen vor sich her, die blieben, als das Eis zurückwich. Diese Moränen bilden den Grund der heutigen Geest. Sie ragen auf Sylt, Föhr und Amrum bis zu 27 m, 13 m und 18 m über dem mittleren Meeresspiegel aus der Meereslandschaft.

Die Uthlande entstehen

Nachdem Schleswig-Holstein eisfrei geworden war, lag der Meeresspiegel wegen der in Skandinavien im Eis gebundenen Wassermassen noch um etwa 100 m unter der gegenwärtigen Höhe. Der südliche Teil der Nordsee lag bis zur Höhe Newcastle–Doggerbank–Skagen trocken. Mit dem Abschmelzen der Gletscher füllte sich das Nordseebecken und überflutete das Land, die Nordsee rückte vor und drang schließlich über die Geeständer hinaus ins Hinterland vor. Diese Wassermassen führten tonnenweise Schlick mit sich, sodass vor der Küste und um die höher gelegenen Geestinseln herum im Lauf der Jahrhunderte eine neue Marsch entstand, mit Sümpfen, Mooren, Weiden und einigen Wäldern.

Wohnen auf den Warften

In der Zeit um 3000 v. Chr. ließen sich an der nordfriesischen Küste Jäger und Sammler nieder. Auf den kargen Geesthöhen siedelnd, bewirtschafteten sie Felder im tiefer gelegenen, fruchtbaren Marschland. Ihre Toten bestatteten sie in Steingräbern, ein gut erhaltenes Zeugnis ist der Denghoog in Wenningstedt auf Sylt (s. S. 107). Noch vor Christi Geburt zog ein Großteil der Menschen wegen der zunehmenden Überflutung des Landes wieder fort.

Erst ab dem 8. Jh. wanderten Friesen aus dem Gebiet der südlichen Nordsee gen Norden. Sie brachten die nötigen Kenntnisse mit, um das Schwemmland dauerhaft zu besiedeln: Sie schützten

Hallig Langeneß – aus Schlick erwachsen

flutgefährdetes Land durch Deiche, entwässerten Feuchtgebiete, warfen sturmflutsichere Wohnhügel – sogenannte Warften – auf. Erstmals blühte die Landwirtschaft, es entstanden Viehweiden und Äcker.

Zu Wohlstand gelangten die Friesen auch durch Salz, das sie aus dem salzwassergetränkten Küstentorf gewannen. Mit dem Abbau der meterdicken Torfschicht und der Entwässerung der fruchtbaren Marsch trugen die Friesen allerdings zum Absacken des Landes bei. Der dänische Geschichtsschreiber Saxo Grammaticus beschreibt die Uthlande in der 2. Hälfte des 12. Jh. als einen tief gelegenen Landstrich, in dem die Deiche häufig brechen.

Die großen Mandränken

Unter den vielen Orkanfluten, die den zwischen Sylt und der Halbinsel Eiderstedt weitgehend zusammenhängenden Landblock der Uthlande zerrissen, heben sich die Sturmfluten der Jahre 1362 und 1634 hervor. »Um Mitternacht, da ging die allergrößte Mandränke, da ertrank das meiste Volk aus den Uthlanden …«, heißt es im »Chronicon Eiderstadense« über die Marcellusflut im Januar 1362, die die Uthlande in ein Inselreich verwandelte. Die Geestkerne wurden aufgebrochen und inselartig gegliedert: Sylt, Föhr und Amrum erhielten annähernd ihre heutige Gestalt. Das Meer riss breite Furchen in das blühende Land, ebnete Kulturland zu schlickigen Wattflächen ein, die von jeder höheren Flut überspült wurden.

Im Süden lag jetzt nur noch eine größere zusammenhängende Landmasse, die Insel Alt-Nordstrand, auch Strand genannt. Sie wurde durch die Orkanflut von 1634 zerschlagen und in kleine Restgebilde aufgelöst. Vom alten Strand blieben nur Pellworm, Nordstrand und Nordstrandischmoor bestehen. Diese Sturmflut war es, die in groben Umrissen das heutige Nordfriesland schuf.

Die Halligen

Dort, wo Land verloren gegangen war, lagerte sich im Verlauf der Zeit wieder Schlick an, der bei jeder Überflutung höher aufgetragen wurde. Neues Marschland entstand, ihm sind die meisten der heutigen Halligen zuzuordnen. Langeneß, die größte von ihnen, bestand ursprünglich aus drei Halligen, die mit der Zeit durch Dammbau und natürlichen Anwuchs miteinander verschmolzen. Kaum aufgebaut, wurden viele der fragilen Eilande von der anbrandenden Nordsee wieder abgebaut. Vom 14. bis ins 19. Jh. gingen über hundert Halligen verloren. Erst Ende des 19. Jh. erfolgten die ersten konkreten Schutzmaßnahmen.

Heute sind fast alle Halligen durch massive Steindeckwerke vor allem im gefährdeten Westteil gegen weitere Landverluste abgesichert. Einige sind durch niedrige Sommerdeiche geschützt und werden nur noch bei höher auflaufenden Fluten überspült. Das Meer lässt eine feine Schlickschicht auf den Halligböden zurück, sodass die Halligen Jahr für Jahr unmerklich an Höhe zulegen. Einzig Hooge, das von einem höheren Halligdeich umgeben ist, wächst kaum noch. Seit der Sturmflut von 1962 wurden auf den bewohnten Warften sogenannte Ringdeiche an den äußeren Oberkanten der Warften angelegt, die angesichts des steigenden Meeresspiegels nach und nach erhöht werden. Klimaforscher rechnen mit häufigeren und stär-

Wie Springtiden und Sturmfluten entstehen
Die Gezeiten, auch Tiden genannt, bestimmen den Lebensrhythmus an der Küste. In schöner Gleichmäßigkeit von sechs Stunden und zwölf Minuten läuft das Wasser ab (Ebbe), um dann wieder in sechs Stunden und zwölf Minuten aufzulaufen (Flut). Dieses Auf und Ab entsteht durch die Anziehungskraft des Mondes und die Fliehkraft der Erde. Alle 14 Tage, bei Neu- und bei Vollmond, wirkt sich auch die Anziehungskraft der Sonne auf die Höhe des Hochwassers aus. Dann stehen Mond und Sonne von der Erde aus gesehen auf einer Achse, die Kräfte der beiden Gestirne addieren sich – es entstehen sogenannte Springtiden. Wenn orkanartige Stürme aus Südwest bis Nordwest die Wassermassen in der Deutschen Bucht stauen, kann das – in Verbindung mit einer Springtide – zu verheerenden Sturmfluten führen mit Wasserständen von mehr als 3 m über dem mittleren Tidehochwasser.

keren Sturmfluten in den kommenden Jahrzehnten.

Sicher im Schutz der Deiche?

Anders als die Halligen sind die Inseln Pellworm und Nordstrand nahtlos von hohen Seedeichen umschlossen. Mühsam wurden die Überreste der von Sturmfluten zerschlagenen Marschgebiete zurückgewonnen und eingedeicht. Der Deich bewahrt das neu gewonnene, niedrig gelegene Land (Koog) vor Überflutung. Sowohl Pellworm als auch Nordstrand liegen im Schnitt etwa 1 m unter dem Meeresspiegel und sind von 8 m hohen Deichen geschützt. Seit den 1960er-Jahren wurden Wohnhäuser im Vertrauen auf den Deichschutz zunehmend auch in tieferen Lagen gebaut, d. h. deutlich unter dem Meeresspiegel. Im Gegensatz dazu stehen die alten Siedlungen auf künstlich aufgeworfenen Erhöhungen (Warften) oder entlang der ehemaligen Seedeiche im Inselinnern. Der Anstieg des Meeresspiegels (etwa 15 cm in den letzten 100 Jahren) wird aufmerksam beobachtet.

Auch die ›erhabenen‹ Geestinseln sind vom Blanken Hans bedroht. An den Geestrücken haben sich im Verlauf der Jahrhunderte Steilküsten, sogenannte Kliffs, herausgebildet. Hier sind bei Sturmfluten die größten Landverluste zu verzeichnen. Sylt z. B. ist nach jedem Winter ein wenig schmaler. Die Insel liegt mit der Breitseite quer zur Hauptangriffsrichtung von Wind und Wellen. Schon bei einer Windstärke von 7 oder 8 tobt die Brandung erbarmungslos gegen die Insel und verursacht Landverluste, gegen die es bis heute kein wirksames Mittel gibt. Weder Buhnen noch tonnenschwere Tetrapoden als Bollwerk gegen die reißende Brandung halfen bisher. Im Gegenteil: Die 120 Zentner schweren Vierfüßler aus Beton versanken im Sand vor Sylt und begünstigten durch Ausspülung sogar das Fortschwemmen des kostbaren Sandes. Seit Anfang der 1970er-Jahre schwört man auf Sylt auf Sandvorspülungen. Saugbagger entnehmen dem Meeresgrund gewaltige Sandmassen und spülen sie einzelnen Strandabschnitten vor. Die Kosten dieser Maßnahmen sind enorm und werden infolge des Klimawandels noch steigen.

Lebensräume für Spezialisten – Flora und Fauna in Düne und Watt

Düne, Salzwiese und Watt prägen die Landschaften auf den Inseln und Halligen. Es sind die Lebensräume von Überlebenskünstlern, die dem Wechsel von Trockenheit und Überflutung trotzen und Salzbäder ebenso wie schneidende Sandstürme ertragen.

Dünen gehören zum Landschaftsbild der Geestinseln Sylt und Amrum. Es ist eine Landschaft im steten Wandel. Die Brandung spült den Sand vom Meeresboden auf den Strand, wo er von Luft und Sonnenwärme getrocknet und vom vorherrschenden Westwind auf die Insel getrieben wird.

Gebirgszüge aus Sand

Zu den ersten Besiedlern der zusammengewehten Sande zählen Strandquecke und Meersenf. Mit ihren Wurzeln halten sie den lockeren Sand fest und fördern die Sandablagerung. Die sogenannten Primärdünen entstehen, schön zu sehen beispielsweise am Kniepsand auf Amrum. Die Dünen werden allmählich höher und gehen in die Sekundärdünen über, auch Weißdünen genannt. Hier gedeihen besonders für diese Vegetationsstufe geeignete Pflanzen, etwa Dünenhalme wie Strandhafer und Strandroggen, die Hauptbaumeister der Dünen. Sie sind wegen ihrer langen, weit verzweigten Wurzeln besonders zur Dünenbefestigung geeignet.

Das letzte Stadium der Dünenbildung markieren die sich inseleinwärts anschließenden Tertiär- oder Graudünen. Von der Sandzufuhr fast abgeschnitten, wachsen sie nicht mehr in die Höhe, die Vegetation ist artenrei-

cher und bedeckt die gesamte Düne. Kleine Humusteilchen lassen den Sand – im Gegensatz zur Weißdüne – grau wirken. Hier sind von Zwergsträuchern bestimmte Pflanzengesellschaften heimisch, wie die Dünenheide mit Kriechweide, Sanddorn, Krähenbeere und Glockenheide, die die breiten Dünengürtel im Westen Sylts prägen.

Salzwiesen – ein Blütentraum

Salzwiesen bilden den natürlichen Übergang vom Land zum Wattenmeer. Küstenschutzarbeiten, Deichbau, Entwässerungsmaßnahmen und Beweidung haben die natürlichen Salzwiesen in den vergangenen Jahrzehnten stark dezimiert. Je nach Höhenlage und der damit zusammenhängenden Überflutungshäufigkeit lassen sich verschiedene Zonen unterscheiden.

Weit draußen, im Schlick- oder Quellerwatt, setzt die Verlandung ein. Hier gedeiht der dickfleischige Queller, der mit seinen Wurzeln den Boden festigt, das Wasser beruhigt und somit die Ablagerung von Schwebstoffen fördert. Auf diese Weise wird der Boden erhöht – Schicht für Schicht wächst er auf. Entlang dem Nordstrander Damm ist das gut zu beobachten.

Dem Schlickwatt folgt der unterste Bereich der eigentlichen Salzwiesen, der Andelrasen, der bis zu zweihundert Mal jährlich überflutet wird. Typische Begleitpflanzen des namengebenden Andels sind Strandwegerich, Stranddreizack und die im August rotviolett blühende Strandaster. Im Juli/August verwandelt die Bondestave, auch Strand- oder Halligflieder

Wale vor der Westküste!
Jahrzehntelang waren die Wale in Nordfriesland verschwunden. Erst seit Ende der 1980er-Jahre tummeln sich im Meer vor Sylt und Amrum wieder nennenswerte Bestände von Schweinswalen. In sogenannten Schulen oder einzeln entdeckt man sie vor den Inseln, am häufigsten vor der Westküste Sylts. Als Lungenatmer müssen sie alle sechs Minuten zum Luftholen an die Oberfläche kommen. Ihre dunklen, dreieckigen Rückenflossen tauchen dann kurz aus dem Wasser auf – sie erinnern eher an Delfine oder kleine Haie als an Wale. Vor Sylt hat sich eine regelrechte Kinderstube für Kleinwale entwickelt. Wissenschaftler gehen davon aus, dass hier pro Quadratkilometer Meeresfläche statistisch bis zu 3,7 Schweinswale mit einem Kälberanteil von 27 % zu finden sind. Seit Anfang der 1990er-Jahre haben sich Walexperten und Naturschutzorganisationen für die Einrichtung eines Walschutzgebietes vor Sylt und Amrum eingesetzt. Im Oktober 1999 war es so weit: im Rahmen der Verabschiedung des neuen Nationalparkgesetzes erfolgte die Einrichtung des Walschutzgebiets.

genannt, die Halligwiesen in ein lilafarbenes Blütenmeer, wunderschön beispielsweise auf Hallig Gröde.

Vogelvielfalt im Wattenmeer

Dank seines Nahrungsreichtums bietet das Watt Lebensraum für eine reiche Vogelwelt. Im Frühjahr und Herbst rasten hier die Zugvögel auf dem Weg zu ihren Brutplätzen im hohen Norden oder den Winterquartieren im Süden: Alpenstrandläufer, Goldregenpfeifer, Pfuhlschnepfen, Brachvögel und Wildgänse. Ein typischer Zugvogel ist der kleine, gedrungene Knutt. Seine Brutgebiete liegen in Grönland, Nordwestkanada, Alaska und Nordsibirien. Zum Überwintern zieht er nach West- und Südafrika oder an die Atlantikküsten Mittel- und Südeuropas. Bis zu 5300 km liegen zwischen den einzelnen Stopps, die die Langstreckenzieher ohne Rast und mit einer Zuggeschwindigkeit von bis zu 80 km/h zurücklegen. Im Wattenmeer stärken sie sich für den Weiterflug und legen sich ein Fettpolster an.

Wenn im Mai die Frühlingsgäste verschwunden sind, wird es stiller im Wattenmeer, jetzt kommen die einheimischen Brutvögel zur Geltung. Der bekannteste Küstenvogel ist die grau-weiße Silbermöwe. Sie ist am roten Schnabelfleck zu erkennen. Auffällig ist die hellgraue Lachmöwe, die im Sommer einen dunkelbraunen Kopf, im Winter jedoch nur einen dunklen Fleck an den Augen hat. Sie ist auf fast allen Inseln als Brutvogel zu finden und im Winter als häufigste Hafenmöwe anzutreffen.

In Dünentälern, auf Sandbänken und kurzgrasigen Halligwiesen brüten die eleganten Seeschwalben in dicht gedrängten Kolonien. Im Gegensatz zu den Möwen fliegen sie im Herbst gen Süden. Auch die meisten Limikolen (Watvögel) zieht es im Winter in südliche Gefilde. Nur der ruffreudige Austernfischer, Charaktervogel der Nordseeküste, bleibt in seiner Brutheimat, wenn der Winter nicht zu streng wird. Die rotbeinigen Vögel mit weißem Bauch und schwarzem Kopf stochern mit ihren kräftigen roten Schnäbeln im Watt nach Würmern und kleinen Krebsen. Zu den Limikolen gehört auch der hochbeinige Rotschenkel, der wie der Kiebitz in den Marschwiesen hinterm Deich zu finden ist.

In Lagunen und den flachen Speicherseen neu eingedeichter Köge wie dem Beltringharder Koog hat der Säbelschnäbler neue Lebensräume gefunden. Mit seinem aufwärts gebogenen, langen Schnabel pflügt er zur Nahrungsaufnahme durch den Schlick. Ein häufiger Zugvogel im Wattenmeer ist der Große Brachvogel, der als Brutvogel auf den Nordfriesischen Inseln nur noch in den Amrumer Dünen lebt.

Wenn die Ringelgänse ziehen

Im Herbst treffen die Ringelgänse aus ihren Brutgebieten in Nordsibirien im Wattenmeer ein. Ihre Nahrung suchen die Vegetarier vorzugsweise auf den selten gewordenen Seegraswiesen und den Grasflächen der Halligen. Ende November fliegen die Gänse von den Nordfriesischen Inseln weiter in die Niederlande, nach Großbritannien und Frankreich. Im März kehren sie dann ins Wattenmeer zurück.

Bis zu ihrem Abflug Mitte Mai müssen die Tiere ihr Körpergewicht um 20 % erhöhen, um den anstrengenden Flug ins 4000 km entfernte Nordsibirien zu schaffen. Wenn die Vögel die Halligen verlassen, bleibt ›englischer Golfrasen‹ zurück, denn die Ringelgänse fressen die Wiesen streichholzkurz. In langen Trockenperioden verbrennt der zurückgebliebene Gänsekot den Boden sogar. Die Landwirte erhalten dafür eine sogenannte ›Ringelgansentschädigung‹, deren Höhe sich nach dem Ausmaß des Schadens richtet.

Austernfischer vor dem nächsten Fang

Nationalpark
Schleswig-
Holsteinisches
Wattenmeer
Nationalpark
Schleswig-Holsteinisches
Wattenmeer
Liebe Besucherin, lieber Besucher,
das schleswig-holsteinische Wattenmeer wird als Nationalpark besonders geschützt. Der Nationalpark beginnt 150 Meter seewärts der Deichkrone. Viele seltene und gefährdete Pflanzen und Tiere haben hier ihren Lebensraum.
Bitte helfen Sie mit, diese Landschaft zu erhalten und vermeiden Sie Störungen der Natur. Beachten Sie bitte weitere Hinweisschilder, denn nicht alle Gebiete dürfen betreten werden.
Wir wünschen Ihnen einen erholsamen Aufenthalt.
Ihr Nationalparkamt

Weltnaturerbe Wattenmeer – wunderbar!

Eine intakte Umwelt steht ganz oben auf der Wunschliste der Urlauber. Die Gründung des Nationalparks Schleswig-Holsteinisches Wattenmeer im Jahre 1985 wie auch die Auszeichnung als Weltnaturerbe im Jahr 2009 haben die Attraktivität des Touristenziels Westküste erhöht. Doch es war und ist kein leichtes Unterfangen, ökologische Forderungen in einer touristisch intensiv genutzten Region durchzusetzen, deren Bewohnern der Küstenschutz naturgemäß mehr am Herzen liegt als der Naturschutz.

Das Wattenmeer zählt zu den letzten großen Naturlandschaften Europas, ein einzigartiger Lebensraum, der 2009 von der UNESCO zum Welterbe der Menschheit erklärt wurde. Er steht damit auf einer Stufe mit Naturwundern wie dem Great Barrier Reef vor Australien, den Galapagos-Inseln vor Ecuador und dem Serengeti-Nationalpark im afrikanischen Tansania.

Schutz des Wattenmeeres

Das Wattenmeer ist Drehscheibe für den Vogelzug zwischen der Arktis und Afrika und Lebensraum für eine unter den extremen Bedingungen des Gezeitenwechsels lebende Tier- und Pflanzenwelt. Schadstoffeinträge über die Luft und über die großen Flüsse wie Ems, Weser, Rhein und Elbe in die Nordsee sowie Nutzungsansprüche wie Fischerei, Jagd, Ölförderung, Landwirtschaft und Tourismus bedrohen dieses in der Welt einzigartige Ökosystem. Zu seinem Schutz wurde der Wattengürtel zwischen Sylt und Borkum zum Nationalpark erklärt (Schleswig-Holstein 1985, Niedersachsen 1986, Hamburg 1990). Mit einer Fläche von 2850 km^2 ist der Nationalpark Schleswig-Holsteinisches Wattenmeer der größte deutsche Nationalpark.

Zonen des Nationalparks

Anders als die Ostfriesischen Inseln gehören die seit Jahrhunderten besiedelten und intensiv bewirtschafteten Nordfriesischen Inseln nicht direkt zum Nationalpark. Bestandteile des Parks sind die Wattflächen mit ihren Rinnen und Prielen, die Salzwiesen und Vorlandmarschen der Inseln Föhr, Pellworm, Nordstrand und des Festlands, außerdem die Halligen Habel, Norderoog, Süderoog, Südfall und die Hamburger Hallig sowie die Außensände Japsand, Norderoog- und Süderoogsand. Der Nationalpark ist in zwei Zonen eingeteilt: Die Zone 1 darf – im Gegensatz zur Zone 2 – in der Regel nur im küstennahen Bereich betreten werden. Bei geführten Wattwanderungen auf festgelegten Routen sind Ausnahmen möglich.

Interessenskonflikte

Ein Nationalpark dient laut Bundesnaturschutzgesetz zur Erhaltung des heimischen Tier- und Pflanzenbestandes in großer Vielfalt – möglichst unbeeinflusst vom Menschen. Diesen Anforderungen kann der Nationalpark Wattenmeer nur bedingt entsprechen. Zum einen sind die Inseln und Halligen bewohnt, ein Teil der Bevölkerung findet im Wattenmeer – als Fischer, Schiffer, Wattführer oder Ranger – sein Auskommen. Zum anderen besuchen Jahr für Jahr Hunderttausende von Erholungsuchenden die deutsche Nordseeküste. Vor Friedrichskoog, in unmittelbarer Nachbarschaft der Insel Trischen, dem ältesten und artenreichsten Vogelschutzgebiet Deutschlands, wird Öl gefördert, auf der Doggerbank nach Gas gesucht, Offshore-Windkraftanlagen entstehen, in der Meldorfer Bucht veranstaltet die Bundeswehr Schießübungen. Auch Küstenschutz greift in die Naturlandschaft ein, er ist aber zum Schutz der Bevölkerung unabdingbar. Aufgabe der Nationalparkverwaltung ist es, die Gefährdungen für das Wattenmeer so gering wie möglich zu halten.

Um diesem Ziel näherzukommen, wurde 1989 im Auftrag der Regierung die Ökosystemforschung Wattenmeer ins Leben gerufen, die 1996 einen 800 Seiten starken Synthesebericht veröffentlichte: In ihm wurde der Zustand des Wattenmeers dargestellt und ein Konzept für die weitere Entwicklung des Nationalparks vorgeschlagen. Der Bericht diente als Diskussionsgrundlage für ein neues Nationalparkgesetz, das 1999 verabschiedet wurde. Es beinhaltet nicht nur eine räumliche Erweiterung des Nationalparks, sondern auch wesentliche Verbesserungen für den Naturschutz. Nicht eingeschränkt wurde der Küstenschutz, auch touristische Nutzungen wie Wattwanderungen und das Badeleben am Strand wurden nicht berührt.

Eine intakte Umwelt ist das Kapital der Küstenregion. Der Tourismus, Haupterwerbsquelle der Insulaner, belastet die sensiblen Naturräume im Wattenmeer. Zugleich ist aber ein schonender Umgang mit der Ressource Natur existenzbestimmend für den Fremdenverkehr. Mittlerweile gibt es viele gelungene Beispiele für eine Integration von Umwelt und Tourismus: In Informationszentren des Nationalparks und verschiedener Umweltorganisationen werden Veranstaltungen für naturinteressierte Gäste angeboten, als ›nationalparkfreundlich‹ ausgezeichnete Hotels und Reedereien werben stolz mit diesem Prädikat.

Die Halligkonferenz
Engagierte Insel- und Halligbewohner arbeiten aktiv an Vorschlägen für eine umwelt- und sozialverträgliche Entwicklung der Region. Die Insel- und Halligkonferenz ist ein Verein, der nachhaltige Zukunftsstrategien entwickelt, um die Region, insbesondere die Halligen, als Natur- und Lebensraum für kommende Generationen zu sichern. Die Ergebnisse der **Insel- und Halligkonferenz** findet man unter www.inselundhalligkonferenz.de.

Ein starkes Signal zur rechten Zeit

Seit 2001 wurde über einen Antrag um Aufnahme des Wattenmeers in die Liste des UNESCO-Weltnaturerbes de-

Multimar Wattforum
Naturschutz betrifft alle, auch die Menschen, die am Wattenmeer zu Hause sind, dort arbeiten oder ihren Urlaub verbringen. Im Multimar Wattforum werden die Interessenskonflikte und Vorschläge zum Schutz der Natur spannend und vielseitig präsentiert. Ein Erlebnishaus für die ganze Familie: mit elf Großaquarien und vielen Möglichkeiten für Experimente. Draußen gibt es einen großartigen Spielplatz und vom Café/Restaurant genießt man einen schönen Rundblick über das Deichvorland der Eider (Am Robbenberg, 25832 Tönning, Tel. 04861 962 00, www.multimar-wattforum.de, April–Okt. tgl. 9–18, Nov.–März tgl. 10–17 Uhr, Erw. 8 €, Kinder von 4 bis 15 J. 5,50 €).

battiert – ein Prädikat ersten Ranges. Viele der Küstenbewohner standen der Bewerbung abweisend gegenüber, sie fürchteten weitere Einschränkungen. 2008 zog der hamburgische Wattenmeer-Nationalpark mit den Inseln Neuwerk und Scharhörn, der 2001 als Erster der Anmeldung des Wattenmeers als Weltnaturerbe zugestimmt hatte, überraschend seine Unterstützung zurück. Die Hamburger Wirtschaftsbehörde begründete die Entscheidung mit der aus ihrer Sicht notwendigen Elbvertiefung, die für das Herzstück ihrer Wirtschaft, den Hafen, von Bedeutung ist. Die Umweltminister von Schleswig-Holstein und Niedersachsen wie auch der Niederlande hielten an ihren Bewerbungen fest.

Im Sommer 2009 fiel in Sevilla die Entscheidung: Das Wattenmeer ist nun Weltnaturerbe. Allerdings nicht vollständig. Derzeit bestehen noch zwei große ›Lücken‹ – das hamburgische und das dänische Wattenmeer. Beide haben die Option, nachträglich einzusteigen. Dänemark wurde vom UNESCO-Komitee bereits dazu ermuntert, über eine Nachmeldung nachzudenken.

Offshore-Windanlagen – Energie vom stürmischen Meer

Deutschland ist Windkraft-Weltmeister. Vor allem die Nordseeküste ist mit Wind reich gesegnet. Doch an Land sind die attraktiven Windstandorte längst vergeben, weitere nicht erwünscht. Nun hoffen Investoren auf eine Genehmigung ausgewählter Standorte im offenen Meer. Es herrscht Goldgräberstimmung. Naturschützer sind weniger euphorisch.

In Reih und Glied stehen die hoch in den Himmel ragenden ›Windspargel‹ im Deichhinterland – der freie Blick über grüne Wiesen, gepflügte Äcker und gelbe Rapsfelder, für den die schleswig-holsteinische Küste berühmt ist, gehört in manchen Regionen der Vergangenheit an. Am 12. Dezember 2008 beschloss der Kreistag des Landkreises Nordfriesland, in den Schwerpunkträumen des Tourismus keine weiteren Gebiete für Windkraftanlagen auszuweisen.

Öko und Offshore?

Eine Alternative bietet das Meer. Windanlagen auf See (engl. *offshore*) laufen gleichmäßiger und erwirtschaften einer Greenpeace-Studie zufolge rund 40 % höhere Energieerträge als die Anlagen an Land. Das Interesse der Investoren ist gigantisch. Anträge für Genehmigungen müssen an das Bundesamt für Seeschifffahrt und Hydrographie gerichtet werden, nicht alle werden genehmigt. Denn öffentliche Belange wie Schifffahrt und Naturschutz sind zu berücksichtigen.

Wie das Ökosystem auf die Offshore-Anlagen reagiert, ist kaum einschätzbar. Werden die Vogelzüge, die

Fische, die Fauna und Flora des Meeresbodens durch die riesigen Anlagen gestört? Wie steht es um den Schutz des vor Sylt und Amrum liegenden Walschutzgebietes?

Wale und Windräder

Die Schweinswale orientieren sich unter Wasser durch Ultraschall-Ortung, sie sind folglich besonders empfindlich gegenüber Unterwasserlärm. Im August 2008 wurde 80 km westlich von Sylt der Fundamentpfahl der Windkraft-Forschungsplattform Fino 3 in den Meeresgrund gerammt. Auf ihr werden unterschiedlichste Forschungsvorhaben durchgeführt, deren Ergebnisse der effektiveren Realisierung von Offshore-Windparks dienen sollen.

Jedoch befindet sich mit vier bis fünf Schweinswalen pro qm in diesem Gebiet die höchste Schweinswaldichte deutscher Meeresgebiete. Umweltorganisationen warnten beim Start des Projekts davor, dass die mit dem Baugeschehen einhergehende Schallemission die Schweinswale vertreiben, sie verletzen oder töten könnte. Um die Schallwellen abzudämpfen, legte das Ölbekämpfungsschiff Vilm einen durch Druckluft erzeugten Blasenschleier von 70 m Radius um den Pfahl. Auch versuchte man, die Schweinswale mit akkustischen Verbrämern (sogenannten Pingern und Sealscarern) zu vertreiben, um die Tiere vor und während der Rammarbeiten aus dem Bereich herauszuhalten.

Der Bürgerwindpark

Ein weiteres Projekt ist der Bürgerwindpark Butendiek 34 km westlich von Sylt. Er wird von ca. 8000 Kleinanlegern vorfinanziert. Das Vorhaben, für das seit 2002 die Baugenehmigung für 80 Windturbinen mit insgesamt 288 Megawatt Leistung vorliegt, kämpfte mit technischen Schwierigkeiten und explodierenden Kosten. 2006 gewann man den irischen Windparkbetreiber Airtricity als finanzstarken Partner, die Inbetriebnahme des Bürgerwindparks ist nun für 2012 angepeilt. Die Frage der Netzanbindung ist noch nicht endgültig geklärt.

Die Bundesregierung möchte bis 2030 den Anteil der Windenergie an der Stromerzeugung von 5 % auf mindestens 25 % erhöhen. Rund 15 % des deutschen Strombedarfs, schätzt man, könnte dann durch offshore-Anlagen gedeckt werden. Dafür wurden die finanziellen Anreize verbessert. Laut jüngster Novelle des Erneuerbare-Energien-Gesetzes (EEG) von 2009 gibt es 15 Cent je Kilowattstunde aus Meereswind, das sind 6 Cent mehr als für Landwindstrom.

Die Suche nach Rungholt

In der Mandränke von 1362 versank ein Teil der Edomsharde zwischen Pellworm und Nordstrand mit sieben Orten unter Wasser- und Schlammmassen, unter ihnen Rungholt. In Erzählungen und Dichtungen wurde die kleine Hafensiedlung im Verlauf der Jahrhunderte zu einer goldprächtigen Metropole, bis man sie am Ende für reine Legende hielt. Lange wies keine materielle Spur auf ihre Existenz hin, doch dann gab das Meer sie wieder frei.

»Heut bin ich über Rungholt gefahren/ Die Stadt ging unter vor sechshundert Jahren.« Mit diesen Worten beginnt die Ballade »Trutz, Blanke Hans« von Detlev von Liliencron (1883), in der er den Untergang der einstmals blühenden Hafenmetropole beschreibt.

Dichtung und Wahrheit

Der Dichter hat sich bei seiner Zeitrechnung allerdings um 100 Jahre vertan, aber das spielt keine Rolle. Seine Verse kennt noch heute jedes Kind an der Westküste Schleswig-Holsteins. Rungholt bewegte schon vor Liliencron die Gemüter. Der Dichter legte nur nieder, was ihm in den Uthlanden erzählt wurde. »Rungholt ist reich und wird immer reicher/Kein Korn mehr faßt selbst der größeste Speicher/Wie zur Blütezeit im Alten Rom ...« Das reiche Rungholt versank wegen der Sündhaftigkeit seiner Bewohner, eine altbekannte Geschichte, die viele an seiner Existenz zweifeln ließen. Rungholt selbst wird erstmals 1345 in einem Testament erwähnt, ebenso in späteren Dokumenten. Ohne Zweifel existierte der Ort vor der großen Flut, aber wo? 1635 verortete der Chronist Matz Paysen Rungholt als »kleines Städtchen« auf Strand bei Pellworm – wo heute die Hallig Südfall liegt. Er hatte Recht, Beweise für seine Behauptung sollten erst Jahrhunderte später auftauchen.

Ein Bauer als Archäologe

Seit dem 19. Jh. kamen durch Uferabbruch nach und nach immer mehr Siedelreste unter der Hallig Südfall zum Vorschein, auf die der Nordstrander Landwirt Andreas Busch aufmerksam wurde. Von 1921 bis zu seinem Tod im Jahre 1972 dokumentierte er zahlreiche Deiche, Warften, Sodenbrunnen, Pflugfurchen, zwei Schleusen, einen Hafen und mit großer Wahrscheinlichkeit auch die Reste einer Kirchwarft mit Friedhof. Seine Funde sind im NordseeMuseum in Husum ausgestellt.

Für Dr. Hans Joachim Kühn vom Archäologischen Landesamt in Schleswig ist das ein Glücksfall für die historische Küstenforschung, denn heute ist von den Siedlungsresten kaum noch etwas zu sehen. Ein tiefer Wattstrom hat sich durch das Gebiet gegraben und die meisten Spuren abgetragen, während ein anderer Teil der Siedelplätze unter der Hallig ruht, die sich – seit sie in den 1930er-Jahren mit einer Steinkante befestigt wurde – vom Meer keine Geheimnisse mehr entreißen lässt.

Tonscherben, kein Gold

Wer aber kann genau sagen, ob das von Bauer Busch untersuchte Gebiet überhaupt Rungholt war? Den sagenhaften Reichtum Rungholts bestätigten die Funde nicht, man fand keine mit Gold und Silber gefüllten Schatztruhen. Das ins 13. und 14. Jh. datierte Fundgut bestand überwiegend aus Tongefäßen und Keramikscherben, Tierknochen sowie einigen Waffen und Metallgefäßen. Doch sowohl die Dichte der Siedelplätze als auch die durch Importwaren belegten Fernhandelskontakte sprechen für eine Ansiedlung des Rungholt-Komplexes in diesem Gebiet. Das sagenhafte Rungholt war keine große Stadt, sondern ein bäuerlicher Hafen mit einfachen Häusern aus Grassoden und Holz und einem schiffbaren Zugang zum Meer.

Kulturspuren im Watt

Das sagenhafte Rungholt war nur einer von vielen Orten, die in den Sturmfluten verloren gingen. Seit über 30 Jahren durchstreift der Heimatforscher Hellmut Bahnsen das Wattenmeer rings um Pellworm auf der Suche nach Spuren versunkener Siedlungen. Was er zusammengetragen hat, ist im Rungholtmuseum auf Pellworm zu besichtigen (s. S. 241). Die Funde: Keramiktöpfe, bemalte Teller, Fliesen, glasierte Reste mächtiger Kachelöfen, Glasfenster, Bernstein. Sie vermitteln einen ergreifenden Einblick in das Leben der untergegangenen Uthlande. In der Saison bietet Hellmut Bahnsen Führungen zu den Kulturspuren an. Viele Wattwanderer finden tatsächlich die eine oder andere Kleinigkeit.

Hellmut Bahnsen holt Verschollenes an Land und gibt es so den Menschen zurück

Lebendige Geschichte – Steine, die reden

Hohe schmale Grabsteine schmücken seit alter Zeit die Friedhöfe der Geestinseln Föhr und Amrum. Mit ihren von einheimischen Steinmetzen in den Sandstein gemeißelten Inschriften stellen sie einzigartige historische Dokumente dar.

Seit dem frühen Mittelalter betrieben die Friesen Handel auf der Nord- und Ostsee. Als erfahrene Seeleute sind sie seit Beginn des 17. Jh. von Holländern und Hamburgern für den Walfang angeheuert worden.

Über die Weltmeere

Als sich im 18. Jh. immer mehr nordeuropäische Nationen überseeische Kolonien aneigneten und den weltweiten Handel erschlossen, wuchs die Zahl der Inselfriesen, die im Dienste von Reedern aus Antwerpen, Amsterdam, Lon-

Spannende Lebensgeschichten in Stein verewigt – auf dem Friedhof von St. Laurentii

don, Hamburg, Altona und Kopenhagen die Weltmeere befuhren. Aus der frühen Zeit der Handelsfahrten sind nur wenige Zeugnisse überliefert, seit dem 17. Jh. gab es mehr schriftliche Nachrichten über die Seefahrten.

Zu den herausragenden schriftlichen Dokumenten zählen die ›sprechenden‹ Grabsteine auf Amrum und Föhr. In knapper, eindrucksvoller Sprache – meist auf Hochdeutsch, selten auch im gelehrten Latein – berichten ihre Inschriften von ergreifenden Schicksalen, die die Männer in ihrem Leben ereilten.

Als Sklave verkauft

Faszinierend ist das Leben des jungen Hark Olufs. Der 16-jährige Amrumer gehörte zur Besatzung des Handelsschiffes Hoffnung, das 1724 im Kanal zwischen England und dem Kontinent von Seeräubern des Osmanischen Großreiches gekapert wurde. Die vor allem aus Föhrer und Amrumer Seeleuten bestehende Mannschaft wurde gefangen genommen und auf dem Sklavenmarkt von Algier verkauft.

Mehrere Jahre diente Hark Olufs dem Bey zu Constantine zunächst als Schatzmeister, dann als Anführer einer berittenen Kriegerschar. Nach zwölf Jahren schenkte ihm der Bey die Freiheit. Der verloren geglaubte Sohn kehrte als freier Mann nach Amrum zurück – reich genug, um sich nach seinem Tod einen prachtvollen Grabstein leisten zu können. Außer seiner Lebensgeschichte schmücken ein Türkensäbel und ein Türkenhelm den kunstvoll gemeißelten Grabstein auf dem Friedhof der St. Clemens-Kirche in Nebel auf Amrum.

Schiffe vor Anker

Die häufig rundbogigen Giebel der auch Stelen genannten Grabsteine sind mit Barockornamenten und umrankten Reliefbildern reich verziert. Ein häufiges Motiv ist das Schiff. Es ist nicht nur Berufssymbol für die Commandeure (Führer der Walfangschiffe) und Kapitäne (Führer der Handelsschiffe), sondern auch Sinnbild für das menschliche Leben: So kann ein abgetakeltes Segelschiff darauf hinweisen, dass der Verstorbene ein langes Leben hatte, ein Schiff in voller Segelpracht kündet von einem frühen Tod. Allerdings ist das keine Regel, wie Grabstelen auf Föhr belegen.

Hier findet man auf dem Friedhof von St. Laurentii Gräber von Schiffsführern, die im hohen Alter verstarben und deren Grabstein ein Schiff unter vollen Segeln schmückt. In diesem Fall könnte das Schiff als Sinnbild der Seele gedeutet werden, die dem Himmel als Hafen zustrebt. Dies trifft auf den 1753 in Süderende geborenen Schiffskapitän Jacob Marcussen zu. Dessen Grabstein erzählt eine typische Lebensgeschichte jener Zeit: 55 Jahre lang war er zur See gefahren und 33 Jahre lang Bürger von Amsterdam gewesen. Seine letzten zwei Lebensjahre verbrachte er in Süderende mit seiner Frau. Dort legten die beiden einen prachtvollen Blumengarten nach holländischem Vorbild an.

Die Sprache der Bilder

Grabsteine von Frauen wurden oft mit Blumen verziert. Sie waren Symbol für ein erfülltes Leben. Abgeknickte Blüten deuteten auf einen frühzeitigen Tod. »Wie die Blume bald vergehet/So ist unser Leben, sehet« steht im Giebel der Stele der Amrumer Müllerstochter Kerrin Quedens, die im Alter von 26 Jahre im Wochenbett starb, nachdem sie acht Tage zuvor einen Sohn geboren hatte. Inschriften wie diese machen deutlich, dass nicht nur die daheimgebliebenen Seefahrerfrauen mit dem Tod ihrer Männer rechnen mussten, sondern dass auch so mancher heimkehrende Seefahrer am Grab seiner Frau stand.

Blumenornamente auf den Steinen stellen häufig auch Stammbäume dar: Dabei stehen Rosen oder Narzissen für Frauen, Tulpen oder Eicheln für Männer. Abgebrochene Blumen symbolisieren, dass der entsprechende Familienangehörige des Toten, für den die Stele errichtet wurde, bereits vor ihm gestorben war. So lässt sich an einigen Gräbern ablesen, wie viele Kinder der Verstorbene hatte und welche davon Vater oder Mutter überlebten.

Wenngleich die meisten Stelen aus dem 18. und 19. Jh. stammen, aus einer Zeit, in der durch Walfang und Schifffahrt ein gewisser Wohlstand auf den Inseln herrschte, wurden keineswegs nur die Lebensläufe vermögender Kapitäne verewigt. Den prächtigen Grabstein des Wrixumer Müllers Hans Christiansen auf dem Friedhof St. Nicolai auf Föhr schmücken drei Mühlen. Auf dem Stein des Kantors Claus Petersen ist der Verstorbene mit einem Gesangbuch in der Linken und einem Blumenstrauß, dem Lebensbaum, in der Rechten verewigt. Der Stein des Amrumer Küsters Hark Knudten zeigt einen Mann im Sonntagsrock, darüber steht der Vers: »Ich habe gesungen von der Gnade des Herrn mein Leben lang«.

Lebenswege

Auch das Eheleben der Verstorbenen spielt in den in Stein gehauenen Schriften eine Rolle: So heiratete der Kapitän Dirck Cramer in St. Johannis in Nieblum auf Föhr in Fernehe die tugendsame Eycke Jensen: »Ob er sie gleich nie gesehen/und siehe es gelang ihm, den er führete am 1. Nov. 1762 fast 7 Jahr in Ruhe die zärtlichste Ehe.« Nach dem Tod ihres Gatten heiratete Eycke erneut, doch in ihrer zweiten Ehe erfuhr sie »das Unbeständige und Kummervolle dieses Lebens« und flüchtete zurück in ihr Elternhaus. Auf einigen Grabsteinen liest man von einer »vergnügten« Ehe, womit nicht etwa eine lustige oder lustvolle Ehe gemeint ist. Das Vergnügen bestand nach altem Sprachverständnis vielmehr in einem Sich-Begnügen – man nahm die Dinge so, wie sie kamen und konnte das Leben damit gut meistern.

Badeurlaub an der Nordsee – damals und heute

Noch vor 250 Jahren wäre es niemandem in den Sinn gekommen, sich in die Nordsee zu stürzen – egal, ob aus medizinischen Gründen oder aus Spaß. Die Zeiten haben sich geändert. Heute sind die Nordfriesischen Inseln staatlich anerkannte Heilbäder und Urlaubsorte, die mit den Heilkräften der Nordsee werben und fast ausschließlich von Badegästen leben.

Als Dame und Herr, keusch voneinander getrennt und in Badekarren vor frechen Blicken geschützt, erstmals ihre entblößten Zehen in das salzige Nass der südlichen Nordsee hielten, war schon beträchtliche Überzeugungsarbeit für die Gründung eines deutschen Seebades geleistet worden. Den Weg bereitet hatten Philosophen wie Jean-Jacques Rousseau, der im 18. Jh. die Rückkehr zum einfachen Leben in Naturverbundenheit propagierte, und Johann Wolfgang von Goethe, der ausgerufen hatte: »Das freie Meer befreit den Geist!«

Kraft aus dem Meer

Zu den wirkungsvollsten Argumenten für die Errichtung eines Seebades zählten die wertvollen Heilkräfte der Nordsee. Der Göttinger Philosoph und Mathematik-Professor G. C. Lichtenberg (1742–1799), der auf mehreren Reisen das englische Badeleben kennengelernt hatte, forderte in zahlreichen Zeitungsartikeln die Einrichtung eines Seebades in Deutschland. Er unterließ es nicht, immer wieder darauf hinzuweisen, dass sogar die englische Königsfamilie das Badeleben wohl zu schätzen wisse.

Nicht an der von ihm favorisierten Nordsee, sondern in Heiligendamm/Bad Doberan an der ›friedfertigeren‹ Ostsee wurde 1793 das erste deutsche Seebad errichtet. Gegenüber der Nordsee waren Bedenken wegen des in Wind- und Gezeitenabhängigkeit schwankenden Salzgehaltes geäußert worden. Doch bereits wenig später erfolgten auch hier die ersten Seebadgründungen: 1797 auf der Ostfriesischen Insel Norderney. Das erste Seebad in Schleswig-Holstein wurde 1819 in Wyk auf Föhr gegründet.

Bademoden

Der Sylter Badearzt Dr. A. O. L. Jenner war seiner Zeit weit voraus, als er Mitte des 19. Jh. aus medizinischen Gründen das Nacktbaden empfahl. Schon die Griechen wussten um die Heilkraft des Meeres: »Das Meer wäscht alle Übel vom Menschen ab«, schrieb Euripides Ende des 5. Jh. Doch auch nach der Gründung der ersten Seebäder Ende des 19. Jh. kam das heilsame Meer kaum an die Menschen heran – sie waren nämlich vom Hals bis zu den Knien in dicht gewebte Kostüme gehüllt.

Die Badesitten jener Zeit waren streng. Man badete getrennt im Damen- und Herrenbad, dazwischen lag in der Regel ein breiter, neutraler Strand. Erst 1902 wurde in Westerland ein Familienbad gegründet: Ehepaare, Mütter, Väter und ihre Kinder durften nun erstmals zusammen baden. Die Sylter Zeitung kommentierte wohlwollend: »Das Gemeinsame Baden verlief in fröhlichster Stimmung und in tadelloser Ordnung … und es bot sich ein Bild vollkommener Harmlosigkeit … Viele werden erstaunt gefragt haben, warum diese Einrichtung nicht schon früher bestand? …«

Gebadet wurde von Badekarren aus, die ans Wasser gezogen wurden und als Umkleidekabine dienten. Wenn die Flut kam, wurde der Badende wieder hereingeholt. Nachdem der Badekarren ausgedient hatte, kam der Strandkorb, der bis heute etabliert ist. Denn er bietet Schutz vor Sonne und Wind, Platz zum Schmökern und die wunderbare Möglichkeit, still übers Meer zu schauen.

FKK – Baden ohne alles

Das Baden im Meer ist übrigens keine Erfindung der Badegäste. Die Sylter badeten schon immer im Meer – und zwar so, wie Gott sie geschaffen hatte. Chronist C. P. Hansen berichtete Mitte des 19. Jh., dass sich die Bauern nach der staubigen Drescharbeit die Kleidung auszogen und allen Schmutz und Staub im Meer abspülten. Und König Christian VIII. von Dänemark war anlässlich einer Stippvisite auf Sylt so angetan vom Badeleben der Einheimischen, dass er ebenfalls seine Gewänder ablegte und in die Fluten sprang. Der erste offizielle FKK-Strand wurde 1920 in Westerland abgegrenzt.

Die Freikörperkultur – kurz FKK – sollte das Markenzeichen Sylts werden. Seit den 1960er-Jahren gibt es entlang der gesamten Westküste ausgewiesene FKK-Strände mit so klingenden Namen wie Abessinien, Samoa und Sansibar. Der berühmteste Sylter FKK-Strand war die Buhne 16 in Kampen. Die Zeiten, in denen der Jetset hier Schlagzeilen machte, sind jedoch lange vorbei. FKK ist kein Thema mehr, die Grenzen zwischen und innerhalb der ausgewiesenen Strandabschnitte sind fließend. Auch an der Buhne 16 hat man die Wahl, ob man ohne oder lieber mit Klamotten baden möchte.

Nicht nur Platt am Watt

Thomas Steensen, Direktor des Nordfriisk Instituut

Nordfrieslands Kulturlandschaft beeindruckt durch einen außerordentlichen Reichtum, der sich auch in der sprachlichen Vielfalt des Landes niederschlägt. Spätestens seit den großen Mandränken waren viele Landstriche der Uthlande durch sumpfige Niederungen, Priele und Flüsse räumlich voneinander getrennt, sodass sich die Dialekte jeweils unabhängig weiterentwickelten. Die intensive Pflege der mittlerweile gesetzlich geschützten Minderheitensprachen ist beredter Ausdruck eines stolzen Selbstbewusstseins.

In einem Dorfladen auf Amrum oder Föhr fühlt man sich gelegentlich wie im Ausland. Einheimische sprechen miteinander eine für den Zugereisten unbekannte Sprache – allerdings mit einigen bekannten Elementen. Friesisch, die ursprüngliche Sprache der Insel- und Halligbewohner, ist kein Dialekt, sondern wie Englisch, Deutsch (Niederdeutsch und Hochdeutsch) und Niederländisch eine eigenständige westgermanische Sprache.

Friesisch an der Nordsee

Das Friesische gliedert sich in drei Zweige: Westfriesisch wird in der niederländischen Provinz Friesland heute noch von etwa 400 000 Menschen gesprochen. Ostfriesisch hat sich nur außerhalb seines ursprünglichen ostfriesischen Kernlands in der oldenburgischen Gemeinde Saterland erhalten und wird von rund 2000 Menschen gesprochen. Das Nordfriesische ist die

Muttersprache von rund 10 000 Menschen, es ist in zwei Hauptdialekte unterteilt, die wiederum in neun Unterdialekte gegliedert sind: Zum inselnordfriesischen Zweig gehören Syltring (sölring), Föhring-Amring (fering-öömrang), Helgoländisch (halunder). Zum Festlandsnordfriesischen zählen Wiedingharder (freesk), Nordergoesharder (fräisch, freesch), Bökingharder (frasch), Karrharder (fräisch), Mittelgoesharder (freesch) und Halligfriesisch (freesk).

Kerngebiete des Nordfriesischen sind heute Amrum, Westerlandföhr, Ost-Sylt, Helgoland und auf dem Festland die Gemeinde Risum-Lindholm südlich von Niebüll. Auf den Inseln Pellworm und Nordstrand wird schon seit Jahrhunderten kein Friesisch mehr gesprochen. Nach der Sturmflut von 1634, die die alte Insel Strand zerstörte, wanderten viele Bewohner ab, zugleich kamen des Deichbaus kundige Niederländer nach Nordstrand.

Individualisten

Die zum Teil enormen Unterschiede zwischen den einzelnen friesischen Dialekten sind historisch begründet. Das Land an der Küste wurde in zwei großen, voneinander unabhängigen Schüben von Friesen aus dem Raum der südlichen Nordsee besiedelt, im 7. Jh. zuerst die höher gelegenen Inseln und erst im 11. Jh. das tiefer gelegene, häufig überschwemmte Marschland. Der amphibische Charakter der Landschaft förderte regionale Eigenentwicklungen, auch gab es kein übergeordnetes nordfriesisches Staatswesen, kein politisches, kulturelles Zentrum, das vereinheitlichend hätte wirken können. Das früheste, relativ isoliert dastehende Sprachdenkmal des Nordfriesischen ist eine Übersetzung des Kleinen Katechismus von Martin Luther aus der Zeit um 1600. Da das Friesische nie Kirchen- oder Amtssprache war, tat es sich schwer mit der Verbreitung der Schriftsprache.

Seit den 1970er-Jahren engagieren sich die Friesen verstärkt für ihre Traditionen und Sprache, die vielerorts bereits vom Aussterben bedroht war. Das Interesse an der Regionalkultur fand seinen Niederschlag in neuen Gesetzen: Der Artikel 5 in der Landesverfassung von Schleswig-Holstein von 1990 sagt der friesischen Volksgruppe Schutz und Förderung zu. 1997 unterschrieb die BRD das Rahmenübereinkommen des Europarates zum Schutz nationaler Minderheiten, das auch die Friesen miteinbezieht. Am 1. Januar 1999 trat die Europäische Charta der Regional- oder Minderheitensprachen in Deutschland in Kraft, somit ist jetzt auch der Bund verantwortlich für den Schutz und die Förderung der Minderheiten. Und schließlich beschloss 2004 der Schleswig-Holsteinische Landtag ein Gesetz zur Förderung des Friesischen im öffentlichen Raum. Das Gesetz legte die Grundlage für die Zweisprachigkeit von Orts-, Straßen- und Stationsschildern.

Der Stolz Nordfrieslands

Die Sprachpflege auf den Inseln tragen örtliche Heimatvereine: auf Sylt die Söl'ring Foriining (Sylter Vereinigung), auf Föhr der Fering Ferian (Föhrer Verein) und auf Amrum der Öömrang Ferian (Amrumer Verein). Bereits seit 1965 gibt es das Nordfriisk Instituut in Bredstedt, die zentrale Einrichtung für Pflege und Erforschung der friesischen Sprache und Kultur. Hier entstanden zuletzt zwei Sprachkurse für das

Selbststudium des Fering (Föhringer Friesisch) und des Mooringer Frasch (der am meisten verbreitete Dialekt auf dem Festland). An der Landesuniversität in Kiel wurde eine Friesisch-Professur eingerichtet, Friesische Philologie ist Studienfach. Am Friesischen Seminar der Universität Flensburg studieren angehende Friesischlehrkräfte. Heute wird in vielen Kindergärten und an fast allen Grundschulen des Sprachgebiets wieder Friesischunterricht angeboten. Auf dem Wyker Gymnasium gibt es das Fach Friesisch auch in der Oberstufe. In der dänisch-friesischen Schule in Risum ist Friesisch sogar Unterrichtssprache.

Platt und Dänisch

Zu den gesetzlich geschützten und geförderten Minderheitensprachen gehören in Nordfriesland auch Niederdeutsch und Dänisch. Das Nieder- oder Plattdeutsche drang im späten Mittelalter in die Region vor. Die Sprache der Hanse genoss hohes Ansehen und diente als Kirchen- und Schulsprache, bis es in der Mitte des 17. Jh. vom Hochdeutschen abgelöst wurde. Plattdeutsch ist in Nordfriesland nach wie vor stark verbreitet, es gibt viele niederdeutsche Veröffentlichungen in den Medien, niederdeutsche Gottesdienste und plattdeutsche Theaterstücke.

Die offizielle Sprache der dänischen Minderheit südlich der Grenze zu Dänemark ist Dänisch. In eigenen Schulen, Kindergärten und Kirchengemeinden wird Dänisch heute gefördert. Das Süderjütische, ein dänischer Dialekt, der sich vom Hochdänischen jedoch so stark unterscheidet, dass eine Verständigung mit ›normalen‹ Dänen schwierig ist, war im frühen Mittelalter die Umgangssprache im Ostbereich des Kreises Nordfriesland, einer eher kargen Geestregion. Das sogenannte ›Kartoffeldänisch‹ wurde nie als Schriftsprache genutzt. Heute sprechen es nur noch wenige Menschen.
Am Schluss sei noch anzumerken, dass die Nordfriesen natürlich auch Hochdeutsch können.

Trinambai
Ein Buch in mehreren Dialekten zu drucken, die jeweils nur von ein paar hundert oder tausend Menschen verstanden werden, zeugt von einem bemerkenswerten Idealismus. Das weltweit verbreitete Bildwörterbuch »Meine ersten tausend Wörter« wurde in sechs nordfriesischen Dialekten und auf Plattdeutsch vom Nordfriisk Instituut herausgegeben. Schmetterling heißt beispielsweise *flenerk* (Sylt, Föhr und Amrum), *Kualflagger* (Helgoland), *schrubföögel* (Bökingharde und Nordergoesharde) und *Botterlicker* (Plattdeutsch). Der Gedanke, eine Art ›Standardnordfriesisch‹ zu entwickeln, um die Möglichkeiten der Förderung der Sprache zu verbessern, steht nicht ernsthaft zur Debatte, da sich die Nordfriesen jeweils sehr stark mit ihrem eigenen Dialekt identifizieren. Das hat die Arbeitsgemeinschaft Sprache und Literatur des Nordfriisk Instituut nicht davon abgehalten, 2009 das schönste nordfriesische Wort zu wählen: *trinambai.* Es bedeutet ›rundherum‹, aber auch ›Umgebung‹ und alles, was damit zusammenhängt: Menschen, Tiere, Häuser – eine Bedeutung, die nichts und niemanden ausschließt.

Friesenhäuser – typisch nordfriesisch und voll im Trend

Die Nordfriesische Inselwelt gilt in der schleswig-holsteinischen Kunst- und Kulturgeschichte seit jeher als besondere Region. Vom Festland durch das Wattenmeer getrennt, fortwährend vom Meer bedroht, hat sich hier eine besondere Architektur und Wohnkultur entwickelt und bewahrt. Der Friesenhausstil steht heute auch fern der Küste ganz hoch im Kurs.

Das in den Uthlanden typische Haus, das Wohnung und Wirtschaft unter einem Dach vereint, wurde nicht von den Friesen erfunden. Archäologische Ausgrabungen ergaben, dass dieser Haustyp seit über 2000 Jahren existiert.

Das Original

Das uthländische Haus war ursprünglich ein Ständerbau. Das weit herabgezogene Reetdach ruhte auf Ständerbalken, die tief im Boden verankert waren. Im Falle einer Sturmflut wurden die relativ dünnwandigen Backsteinfüllungen von den Wogen herausgeschlagen, während das schützende Dach mit dem Dachboden stehenblieb. Erst ab Mitte des 18. Jh. legte man die Dachbalken direkt auf die nun wesentlich stabiler gebaute Mauer. Über der Haustür befand sich ein Spitzgiebel, durch dessen Luke die Ernte auf den Dachboden gebracht werden konnte. Auch bot er bei Feuer oder Flut einen Fluchtweg.

Friesenhäuser aneinandergeschmiegt

Das Blau des Himmels

Im Innern des uthländischen Hauses teilte eine Diele, die quer durch die Mitte des Hauses lief, den Wirtschaftsbereich mit Tenne, Heuschober und Stall von der Wohnseite mit Küche, Kammer, Wohnstube und Pesel ab. Der Pesel war die ›gute Stube‹ zum Repräsentieren, er war der größte Raum des Hauses und häufig nicht beheizbar. Ursprünglich diente er als Aufbewahrungsort für Aussteuerwäsche und Lebensmittelvorräte und wurde nur für festliche Anlässe freigeräumt. Der eigentliche Wohn- und Aufenthaltsraum war der Dörnsk, der von der Küche aus über einen Beilegeofen geheizt wurde, den sogenannten Bilegger. Dieser aus Gussplatten zusammengefügte Ofen war mit biblischen Motiven oder Ornamenten verziert und diente gleichzeitig als Raumschmuck.

Im 17. und 18. Jh. verkleideten viele Insulaner, die zu Wohlstand gekommen waren, die Zimmerwände mit Fliesen. Die mit Muschelkalk befestigten Kacheln schützten vor der Feuchtigkeit. Sie zeigen meist in blauen und braun-violetten Farben Motive aus der Bibel und aus dem Leben, Menschen, Tiere, Schiffe, Mühlen, Brücken. Besonders beeindruckend sind die Bilder von Schiffen und vom Walfang – aus vielen einzelnen Kacheln zusammengesetzt.

Die ursprünglich aus dem Orient stammende Sitte, Wände mit Fliesen zu verkleiden, brachten die Holländer im 17. Jh. aus China mit. Die Hauptfarbe der chinesischen Porzellanmalerei war Blau. Als der chinesische Kaiser Schi Tsung (954–960 n. Chr.) befragt wurde, was für eine Farbe das Porzellan haben sollte, antwortete er: »Wie das Blau des Himmels nach dem Regen, wenn es durch die Risse der Wolken sichtbar wird.«

Unter Reet

Friesenhäuser sind mit Reet gedeckt. Unter dem regensicheren, frostbeständigen und atmungsaktiven Weichdach, wie es im Fachjargon genannt wird, ist es im Winter warm, im Sommer kühl. Ein weiterer Vorteil ist die lange Lebensdauer des Daches: Die windgeschützte Seite kann 100 Jahre halten, die Wetterseite immerhin 30–50 Jahre. Mittlerweile hat sich der ehemals preiswerte Dachbelag zu einem Statussymbol für eine gut betuchte, naturverbundene Oberschicht entwickelt. Während das Reet bis weit in das 20. Jh. hinein in Feuchtgebieten entlang der Nordseeküste geerntet wurde, ist es heute überwiegend Importware aus Rumänien, der Ukraine und Ungarn. Die Preise sind enorm – das liegt nicht nur an den Transportkosten. Allein die Feuerversicherung verschlingt jährlich ein Vermögen.

Seit einigen Jahren sind zunehmend mehr Reetdächer von Feuchtigkeits- und Fäulnisschäden betroffen. Angeb-

Friesenwälle
Um die Häuser und Hausgärten vor Wind, Sand und frei laufendem Vieh zu schützen, wurden sie von Mauern umgeben. Die eingegrenzte freie Grünfläche wurde genutzt, um eine Kuh oder ein paar Schafe am Haus zu halten. Da es in den friesischen Marschgebieten kaum Holz gab, das sich für den Bau von Zäunen eignete, sammelten die Küstenbewohner Steine. Diese Findlinge waren in der Regel durch das Meer bearbeitet und entsprechend abgerundet. Der echte Friesenwall ist eine Trockenmauer, die Steine wurden nicht verfugt, sondern kunstvoll aufeinandergelegt und oben mit einer Erdschicht versehen, die bepflanzt wurde. Friesenwälle sind nach wie vor beliebt – nicht nur auf den Inseln, sondern auch in vielen Neubaugebieten.

Während Altes mit Charme verfällt, entsteht Neues für viel Geld

lich eingeschleppte Pilzarten, die in den Medien zu ›Killer-Pilzen‹ stilisiert wurden, konnten bisher nicht nachgewiesen werden. Als Ursache für den schlechten Zustand vieler Dächer werden von Fachleuten die Nichteinhaltung der Grundprinzipien des Dachaufbaus (z. B. der Dachschräge) und die Verwendung von minderwertigem Reet genannt. Aufgrund des Klimawandels wird das Rohr immer öfter nicht mehr bei knackigem Frost, sondern auch schon mal bei Plustemperaturen im Nieselregen geerntet.

Neue Friesenhäuser

Die alten Friesenhäuser verschwinden rapide. Dramatisch ist die Entwicklung vor allem auf Sylt, wo sich die Grundstückspreise in den vergangenen Jahren in gigantische Höhen geschraubt haben. Beim Eintritt eines Erbfalls ist der Verkauf einer Immobilie häufig nicht zu umgehen, vor allem dann nicht, wenn mehrere Erben vorhanden sind. In den seltensten Fällen kann es sich einer der Erben leisten, seine Miterben auszuzahlen. Der Verkauf an familien-, in der Regel auch inselfremde Investoren geht oft mit dem Abriss des Altbestandes einher, um auf diese Weise Platz für mehr und moderneren Wohnraum zu schaffen.

Wie die alten Friesenhäuser werden die neuen Gebäude aus rotem Backstein errichtet, die Dächer sind mit Reet gedeckt und mit Gauben versehen. Damit hört die Ähnlichkeit aber schon auf. Auch in ›echten‹ Neubaugebieten auf dem Festland schwört man seit Langem auf Bauten im friesischen Landhausstil – ein Begriff, den kein Architekt oder Planer wirklich erklären kann.

Prominenter Imagewandel auf Sylt

Viele Jahrzehnte prägten Schriftsteller, Maler, Musiker und Verleger das Prominentenleben auf Sylt. Sie schätzten die grandiose Natur ebenso wie inspirierende Begegnungen. In den 1960er-Jahren entdeckten Jetset und Schickeria die Insel. Die Schönen und Reichen prägen seither das Image der Insel. Schade eigentlich, findet so mancher Kulturfreund.

Der erste Fremde, der sich im Dorf auf der Heide ein Haus errichten ließ, war der Maler und Publizist Ferdinand Avenarius (1856–1923), der in Dresden lebte. 1903 baute er das legendäre Haus Uhlenkamp und verlegte im Sommer die Redaktion seiner Zeitschrift »Der Kunstwart« hierher.

Schweigende Glückseligkeit

Unter Avenarius' Einfluss entwickelte sich Kampen zu einem Geheimtipp für Schriftsteller, Philosophen und Maler, die wie berauscht waren von der Einsamkeit zwischen offener Nordsee und stillem Wattenmeer. Namhafte Schriftsteller wie Hans Fallada, Thomas Mann, Hermann Hesse, Christian Morgenstern und Stefan Zweig kamen nach Kampen. Auch zahlreiche Maler griffen hier zum Pinsel. Erich Heckel und Käthe Kollwitz beispielsweise. Emil Nolde notierte in sein Tagebuch: »Wie ein Trunkener lief ich stundenlang den Strand entlang oder durch den flüssigen Sand der Dünen. Es war, als ob die freie Luft, der salzige Geschmack, die tosenden Wogen mich spornten und beglückten.«

Die Natur – Meer, Brandung, Luft, Strand, Kliff und Heide – spielte in den Syltbeschreibungen stets die Hauptrolle. Auch der Berliner Schriftsteller Julius Rodenberg schwärmt in seinem 1861 veröffentlichten Sylter Tagebuch von der Einsamkeit der Insel.

Spurensuche

An das Haus Uhlenkamp (an der Ecke Wattweg/Hans-Hansen-Weg) erinnert heute nur noch eine Inschrift, es wurde 1968 trotz erheblicher Proteste abgerissen. Erhalten blieb dagegen das Haus Kliffende, in dem sich Thomas Mann, Emil Nolde und Ernst Rowohlt einquartierten (s. S. 99). Hausherrin war die legendäre Carla Tiedemann (1891–1979), die neue Gäste nur annahm, wenn ein alteingesessener Gast eine Empfehlung aussprach. In ihr Gästebuch schrieb Thomas Mann die viel zitierte Zeile: „An diesem erschütternden Meere habe ich tief gelebt."

Auch der Verleger Peter Suhrkamp schätzte Sylt als Ort der Inspiration. Seine Frau Annemarie Seidel (Schwester der Schriftstellerin Ina Seidel) besaß ein Haus in Kampen (Hobokenweg 18), in dem Autoren wie Max Frisch, Walter Jens, Robert Musil und Carl Zuckmayer zu Gast waren. Als Suhrkamp 1959 starb, ließ er sich – wie später übrigens auch der Herausgeber des Spiegel, Rudolf Augstein – auf dem Friedhof in Keitum beisetzen. Damit ging eine Ära zu Ende. Zwar kamen weiterhin Prominente nach Sylt, Galerien und Kunsthandwerkstätten profitierten von der kapitalen, konsumfreudigen Kundschaft, Bestsellerautoren wurden zu Lesungen eingeladen, aber die Insel war nicht mehr Lebenselexier für freischaffende Künstler und Schriftsteller.

Neue Wege zur Kunst

Mit einem stillen Kunstpfad will Kampen die Erinnerung an vergangene Zeiten wachrufen und neues Interesse an der Kultur und an Sylt wecken: Insgesamt 30 Stelen sollen vor jenen Häusern ihren Platz finden, in denen Künstler lebten oder zu Gast waren. Jede der 1,30 m hohen Stelen ziert eine Bronzetafel mit einem Zitat des betreffenden Künstlers. Die erste, im November 2008 vor der Galerie des verstorbenen Malers Siegward Sprotte aufgestellte Stele, stimmt den Kanon an: »Die Kunst ist kein Lückenbüßer, sie ist eine Lebensnotwendigkeit.«

Im Rahmen des Kampener Kultursommers sucht man heute mit Literaturlesungen und Konzerten an die Tradition des Ortes als Sommerresidenz und Inspirationsquelle der Künstler anzuknüpfen. Mit der Gründung der Kulturstiftung Kunstraum Syltquelle in Rantum wurde 2008 ein Ort geschaffen, an dem Maler, Fotografen und Schriftsteller sich treffen, arbeiten und ausstellen können (s. S. 154). Wer mag, kann sich dort um ein Stipendium bewerben, u. a. für die Position des Inselschreibers. Das Stipendium bietet acht Wochen freie Unterkunft, frische Meeresluft und viel Raum für kreatives Schaffen. Sylt soll nicht nur ein Mekka für kunstbegeisterte Kulturkonsumenten sein, sondern wieder Heimat für Künstler werden.

Einstige Herberge der Dichter und Denker des Landes – Haus Kliffende in Kampen

Regional ist erste Wahl – Sterneküche in den Uthlanden

Ganz klar – es muss auf den Inseln nicht immer ein Fischbrötchen sein, besternte und unbesternte Köche zaubern raffinierte Köstlichkeiten aus Algen und Blüten, doch auch die bürgerliche Küche ist in den feinsten Gourmettempeln wieder gefragt – bevorzugt mit regionalen Produkten aus den Uthlanden.

Nach einem langen Spaziergang am Meer hat man Hunger, dann steht einem der Sinn nicht nach feinen Appetithäppchen, zumindest nicht nur. Keine Sorge, deftige Leckereien wie Rouladen, Ochsenbacke, Sauerbraten, Leber mit Zwiebeln und Apfelscheiben oder Dorsch mit Senfsoße findet man auch bei den Spitzenköchen auf der Speisekarte. Das Geheimnis und das Fundament dieser alten und neuen Liebe zur rustikalen Küche ist die erstklassige Güte der Produkte, wie die Meisterköche gerne betonen.

Aroma von Salzwiesen und Strandflieder

Von zunehmender Bedeutung sind dabei regionale Lebensmittel. Unter dem Markenzeichen Uthlande vermarkten die Nordfriesischen Inseln und Halligen mit einem eigenen Label ihre land-

Kann man das essen? Eine geschmacksnervliche Entdeckung ist mit Algen garantiert

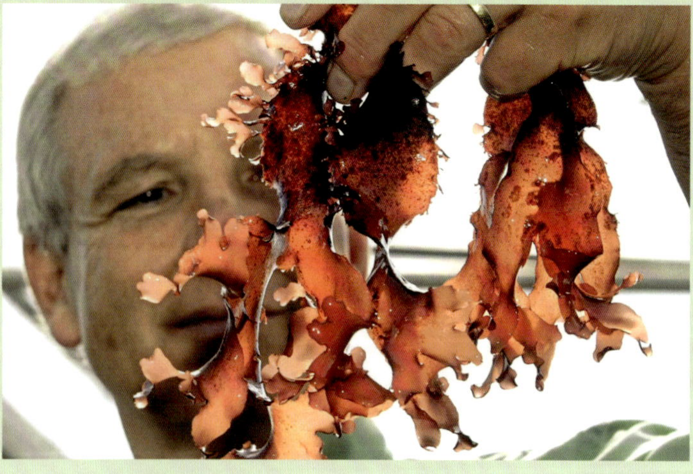

wirtschaftlichen Erzeugnisse. Das ist nicht ganz selbstverständlich. Die Etikettierungsverordnung der Europäischen Union schreibt vor, was auf einem Etikett zu stehen hat. Inselrindfleisch konnte noch vor wenigen Jahren auch in einem Lebensmittelgeschäft vor Ort bestenfalls als Deutsches Rindfleisch ausgezeichnet werden. Erst nach langen Mühen erhielten die Inseln und Halligen die Genehmigung, ihr Rindfleisch mit einem eigenen Label zu vermarkten. Seither ist die Nachfrage nach dem Aroma von Wattenmeer, Salzwiesen und Strandflieder stetig gestiegen. Regional ist erste Wahl – darin sind sich Urlauber, Insulaner und Halligbewohner einig. Unbedingt probieren!

Um die Verbreitung und den Bekanntheitsgrad einheimischer Produkte zu fördern, hat die Insel- und Halligkonferenz eine Broschüre mit Adressen von Fleischereien und Feinkostladen herausgegeben, die Uthlandeprodukte führen, (www.inselund halligkonferenz.de). Ihre Fleisch- und Wurstwaren stammen ausschließlich von Tieren, die auf den Nordfriesischen Inseln und Halligen geboren und auf grünen Wiesen in gesunder Nordseeluft mitten im Nationalpark aufgewachsen sind.

Austern und Algen

Unter den Produkten, die in der Region, in diesem Fall auf Sylt produziert werden, gibt es zwei, die nicht jeder mag, aber doch irgendwann einmal probieren sollte: Austern und Algen. Die Auster war früher in der Nordsee beheimatet, dann starb sie aus, jetzt ist sie wieder da. Seit 1986 züchtet Dittmeyer's Austern-Compagnie mit großem Erfolg in der südöstlich von List auf Sylt gelegenen Blidselbucht die Sylter Royal (s. S. 89).

Auf dem Gelände der Austern-Compagnie hat sich ein pensionierter Professor für Meeresbiologie etabliert: In großen runden Bottichen züchtet er nährstoffreiche, essbare Algen, die er an Gourmetrestaurants, Teehändler und Produzenten von Meereskosmetik liefert. Das Teekontor Jansen in Westerland bietet z. B. Algentee an, der neben Johanniskraut, Kornblumen und Rosenblüten auch Jungalgen von der Sylter Algenfarm beinhaltet. Teekenner schwärmen von der exklusiven Mischung und beschreiben ihren Geschmack als fruchtig, stimmungsaufhellend und mildherb im Nachklang.

Vitaminreiche, junge Stars auf den Sylter Speisekarten sind handgepflückte Kräuter und frisch geerntete Blüten: Zartblauer Borretsch, Blütenblätter von Sonnen- und Ringelblumen im Salat, Himbeer-Vinaigrette, in Eiswürfel eingefrorene Mini-Stiefmütterchen – der Fantasie und Freude am Kreieren sind keine Grenzen gesetzt.

Bier mit Champagnerseele
Die Geschichte ist großartig und typisch für Sylt: Zwei junge Flensburger Unternehmer haben in Keitum eine Wiese kultiviert, Hopfen gezüchtet und ein Bier aus 100 % natürlichen Rohstoffen entwickelt. Der Clou bei der Zubereitung des exklusiven Getränks: die Verwendung von Champagnerhefe. Der Sylter Hopfen ist in einigen Sylter Restaurants und Läden, aber auch im Onlineshop unter www.sylter-hopfen.de erhältlich. Das exklusive Getränk der Ernte 2008 kostet in der 0,75 l-Flasche 19,95 €.

Unterwegs auf Sylt, Föhr und Amrum

Auf den Inseln aussteigen und entspannen – wie hier in Steenodde auf Amrum

TEICHPIRAT

Das Beste auf einen Blick

Sylt

Highlights!

Ellenbogen: Sylts und damit Deutschlands nördlichster Zipfel bietet Naturschönheit ohnegleichen: wildes Meer, einsame Dünen, viele Schafe, einen naturbelassenen Surfstrand und zwei Leuchttürme. S. 91

Keitum: Ein bildhübsches Dorf am Watt, hohe Laubbäume überragen reetgedeckte, alte Friesenhäuser, die viele Kunsthandwerker beherbergen. S. 116

Morsum-Kliff: Eine spektakuläre, farbenreiche Steilküste, an der sich bis zu 10 Mio. Jahre erdgeschichtliche Entwicklung ablesen lassen. S. 128

Auf Entdeckungstour

Stille Sylter Schönheit – durch die Braderuper Heide: Hinreißend ruhig und schön ist die Heidelandschaft. Sie wird seit Jahrzehnten aktiv geschützt und gepflegt. S. 112

Bei Emil Nolde in Seebüll – Haus und Garten des Malers: Wie eine Festung thront das einstige Wohnhaus-Atelier auf der Seebüller Warft über der Marsch. Bezaubernd ist der Blumengarten. S. 144

Von Leuchtturm zu Leuchtturm – die Wegweiser auf Sylt: Fünf Leuchttürme prägen die Insel zwischen Hörnum im Süden und List im Norden. Ein Radwanderweg führt entlang der alten Inselbahntrasse durch großartige Dünen- und Heidelandschaften. S. 156

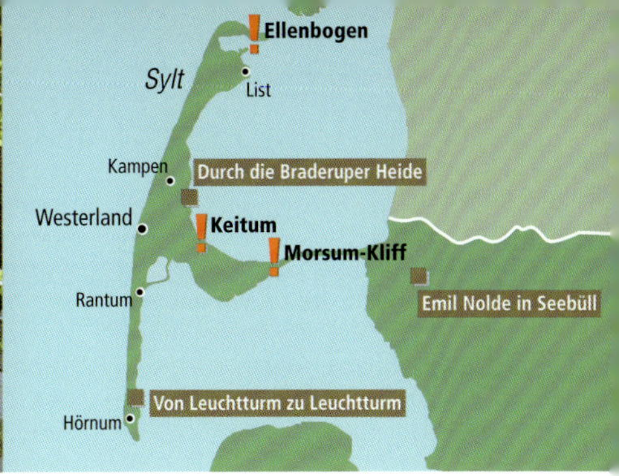

Kultur & Sehenswertes

Naturgewalten: Das auch für Kinder interessante Erlebniszentrum Naturgewalten in List beantwortet Fragen zu Klima, Wetter und Natur. S. 88

Altfriesisches Haus: Der einstige Wohnsitz des Chronisten C. P. Hansen in Keitum zeigt die Lebensweise der Inselfriesen im 18./19. Jh. S. 119

Aktiv & Kreativ

Yoga am Kampener Meer: Es ist ein besonderer Genuss, beim Entspannen vom Meeresrauschen am La Grande Plage begleitet zu werden. S. 103

Themenführungen: Unterhaltsam und ausgesproche sachkundig mit Silke von Bremen, u. a. durch Keitum. S. 124

Umrundung der Hörnum-Odde: Einer der schönsten Spaziergänge führt um die meerumspülte Südspitze Sylts. S. 155

Genießen & Atmosphäre

Zur Kupferkanne: Ein wunderbares Ausflugsziel in Kampen. Zum Rhabarberkuchen gibt es Weitblick über Heide und Watt. S. 102

Sansibar: Die Holzhütte am Meer in Rantum ist seit drei Jahrzehnten in aller Munde. S. 153

Abends & Nachts

Pony und Club Rotes Kliff: Zwei legendäre In-Treffs in Kampen. S. 106

Cohibar: Exklusive Cocktails in kubanisch entspannter Atmosphäre. Einer der nettesten Plätze, um in Westerland den Abend zu verbringen. S. 149

Die Königin der Nordsee

Sobald der Zug kurz hinter Klanxbüll das Festland verlässt und auf dem Hindenburgdamm durch das Wattenmeer zuckelt, beginnt der Urlaub auf Sylt. Schafe grasen auf von Prielen durchzogenem Vorland, Vögel staksen im schlickigen Watt. Am Horizont die Silhouette der lang gestreckten Insel: hell leuchtende Dünenketten im Norden, der schwarz-weiße Leuchtturm von Kampen, der ehrwürdige Kirchturm von Keitum, das Hochhausensemble von Westerland, eine weiße Sanddünenlandschaft und der rot-weiße Leuchtturm von Hörnum im Süden. Auf der Insel dann, im äußersten Osten, flache, von geraden Straßen durchzogene Marschwiesen, verein-

Infobox

Informationen

Sylt Marketing GmbH: Stephanstr. 6, 25980 Westerland, Tel. 04651 820 20, www.sylt.de, Mo–Fr 9–16 Uhr.

TV Sylt: Die 14-tägig erscheinende, kostenlose Zeitschrift TV Sylt informiert über Veranstaltungen, Fahrpläne und Adressen auf der Insel (www.tvsylt.de).

Sylt im Netz: www.sylter-fernsehen.de bietet aktuelle Syltbilder, Interviews und Reportagen.

Anreise und Weiterkommen

Bahn: Westerland ist IC-Station (www.bahn.de). Die Nord-Ostsee-Bahn fährt stdl. zwischen Westerland und Hamburg-Altona (über Morsum und Keitum), Tel. 0180 1 01 80 11 (Ortstarif), www.nord-ostsee-bahn.de.

Sylt Shuttle: Nonstop-Autozug von Niebüll nach Westerland, 6–21 Uhr alle 60 Min., in der Hauptsaison alle 30 Min., Fahrtdauer 35 Min., Auto (bis 6 m Länge inkl. Insassen) einfache Fahrt 45 €, Hin- und Rückfahrt 83 €, Di–Do-Fahrkarte, Hin- und Rückfahrt 70 €. Info: Tel. 0180 5 93 45 67 (0,14€/Min.), www.bahn.de/syltshuttle.

Fähre: Autofähre von Havneby/Rømø nach List/Sylt, in der Hauptsaison stdl., Fahrtdauer ca. 45 Min., s. S. 19.

Flug: tgl. nationale und internationale Flugverbindungen, s. S. 20.

Mit dem Rad: Alle Inselorte sind bequem per Rad zu erreichen (Gesamtstrecke ca. 200 km). Fahrradvermieter gibt es überall. Fahrradverleih inkl. Kofferservice bietet die Firma Veloquick: Nach der Ankunft geht es mit dem Fahrrad zur Unterkunft, das Gepäck wird geliefert. Tagespreis für die Räder 7–9 €, Lieferservice 1,50 €/Leihrad, Transfer 3,50 €/Koffer. Tel. 04651 215 06, www.veloquick.de.

Linienbus: Von Westerland aus verkehren regelmäßig Linienbusse über die Insel: Wenningstedt–Kampen–List (Linie 1), Rantum–Hörnum (Linie 2), Keitum–Wenningstedt (Linie 3 und 3 a), Morsum (Linie 4).

Inselrundfahrten mit dem Bus: große Inselrundfahrt Westerland–List–Sylt-Ost–Hörnum, tgl. 14 Uhr, Dez., Jan. 13 Uhr, 15 €, März–Nov. zusätzlich die kleine Rundfahrt (ohne den Inselsüden), tgl. 11 Uhr, 13 €. Start am ZOB Westerland, Sylter Verkehrs-Gesellschaft, Tel. 04651 83 61 00, www.svg-busreisen.de.

zelte Spaziergänger oder Radfahrer, ein paar Autos am Bahnübergang, Hünengräber, Streusiedlungen mit Bauernhöfen, das Einkaufsgebiet von Tinnum, dann die Inselmetropole Westerland selbst, die mit dem Rest Sylts nicht zu vergleichen ist.

Die mit 99 km^2 größte der Nordfriesischen Inseln liegt wie ein Wellenbrecher schützend vor der Festlandküste. Im Westen rollen die donnernden Wogen der offenen Nordsee an einen makellos weißen Sandstrand, im Osten prägen sanfte, stille Buchten die vom Wechsel der Gezeiten geprägte Wattenmeerküste. Die Insel ist gesegnet mit landschaftlichen Schönheiten, die in dieser Fülle und Vielfalt auf kleinem Raum ihresgleichen suchen.

Inselgeschichte(n)

Ob es sich bei dem Namen Sylt um die verkürzte Form von *Silendi* (Seeland) handelt, ist ungeklärt. Ebenso offen ist, ob Sylt oder Silt etwas mit *sild*, dem dänischen Wort für Hering, zu tun hat – seit dem 17. Jh. schmückt dieser Fisch das Sylter Wappen.

Bittere Armut prägte jahrhundertelang das Leben der wenigen Menschen auf der sandigen Insel. »Nom de Dieu, rien que le sable et la mer!« (Mein Gott, nichts als Sand und Meer!), lautete 1935 der Stoßseufzer eines französischen Offiziers, der auf der Insel strandete. Die Insulaner fanden ihr kärgliches Auskommen in der Landwirtschaft. Sie hielten ein paar Schafe und Kühe, bauten ein wenig Getreide an, doch die kargen Geestböden brachten nur magere Ernten. Über ihre Felder und Dörfer peitschte der feine, alles erstickende Flugsand der Wanderdünen, die niedrig gelegenen Marschwiesen auf der Osthalbinsel wurden bei jedem Orkan überflutet und versalzen. Im 14. und 15. Jh. rissen gewaltige Sturmfluten Alt-Wenningstedt, Alt-List, später auch noch Eidum, den Vorläufer Westerlands, und Rantum ins Meer.

Nach der Katastrophenflut von 1634 heuerten viele Insulaner auf holländischen, hanseatischen und dänischen Walfangschiffen an. Mit den neuen Arbeitsverhältnissen kehrte erstmals ein gewisser Wohlstand auf der Insel ein. Ab Mitte des 18. Jh. lohnte sich die Grönlandfahrt immer weniger, die Inselfriesen wandten sich verstärkt der Seefahrt zu. In der Zeit von 1824 bis 1914 segelten allein auf Hamburger Schiffen 90 Sylter Kapitäne.

Neue Zeiten

Mit der Gründung des ersten Sylter Seebades 1855 in Westerland begann eine neue Zeit. Unter den ersten Syltbesuchern befand sich Dr. Gustav Ross, ein Arzt aus Altona bei Hamburg, der von der heilsamen Wirkung eines Aufenthaltes an der Nordsee überzeugt war. Bei der Grundsteinlegung zur Dünenhalle hielt er 1857 eine viel zitierte Festrede, in der er dem jungen Seebad eine glänzende Zukunft prophezeite. Er sprach davon, dass die vielen Vorteile der Insel wie der Strand »meilenweit ausgebreitet wie der köstlichste Samtteppich«, die Dünen und die Sylter selbst die Insel bald zu dem Nordseebad schlechthin machen würden.

Seine Prophezeiung erfüllte sich. Jahr für Jahr strömten mehr Gäste auf die Insel. Einen enormen Aufschwung brachte die Eröffnung des Hindenburgdammes im Juni 1927. Mittlerweile ist der Fremdenverkehr die Haupterwerbsquelle der Sylter. Die Insel ist das beliebteste Ferieneiland der Deutschen. 1995 wurde die Bürgerinitiative Rettet Sylt gegründet. Kern ihrer Forderungen war es, den Landschaftsverbrauch im Zuge des stetig wachsenden Tourismus einzudämmen und die ausgewiesenen Naturschutzgebiete zu bewahren.

Die Tourismusbranche aber boomt weiter und mit ihr das Baugeschäft. Ohne vorausschauende, nachhaltige Planung wurden in den vergangenen Jahren Hotelgroßbauten hochgezogen. Die Sylter Grundstückspreise gehören zu den höchsten Europas. Im Sommer 2009 stand in Kampen ein nur 30 m^2 großes Haus für 6,3 Mio. € zum Verkauf. An Interessenten mangelte es nicht. Dass das reetgedeckte Kleinod nur über einen einzigen Raum mit Kochnische und Badzeile verfügt, spielte angesichts seiner attraktiven Lage direkt am Naturschutzgebiet an der ruhigen Wattseite keine Rolle.

Die Einheimischen sind auf dem Rückzug, viele können sich den Wohnraum auf der Insel nicht mehr leisten und gehen aufs Festland, wo die Mieten erschwinglicher sind. Tausende Berufstätige pendeln in der Saison täglich zwischen ihrem Wohnort auf dem Festland und ihrem Arbeitsplatz auf Sylt. Viele Sylter sind entgegen der landläufigen Meinung nicht reich – ebenso wenig wie ein Großteil der Sylturlauber. Aber höchstwahrscheinlich doch reicher, als sie ahnen. Emil Nolde notierte während seines Syltaufenthalts im Jahre 1930 beglückt: »Die Wogen, ihr Grollen, die Wolken vor und über mir, der Strand, die Dünen, das graue Gras, es war alles mein.«

List und Umgebung

▶ E–F 1–2

Deutschlands nördlichster Ort liegt in unmittelbarer Nähe zu unberührter, atemberaubender Natur. Die Lister Wanderdüne im größten zusammenhängenden Dünengebiet Deutschlands und der schmale Ellenbogen mit dem vogelreichen Königshafen sind nach Meinung vieler Inselliebhaber das schönste Stück von Sylt.

Bis weit ins 19. Jh. hinein sprach man hier oben Dänisch. **Listland** – so wird das Gebiet im Norden Sylts genannt – unterstand bis 1864 der dänischen Krone, während der Rest der Insel zu Schleswig-Holstein gehörte, das sich zwar unter dänischer Oberherrschaft befand, aber von den Schleswiger Herzögen verwaltet wurde. Eine alte Redewendung drückt die Distanz zwischen den dänischen Listern und dem übrigen Teil der Insel aus. Wer in Richtung Kampen oder Westerland aufbrach, sagte: »Ich gehe nach Sylt.«

In älterer Zeit gab es auf Listland zunächst zwei Erbfestehöfe, die als erbli-

ches Lehen vom dänischen König an ihre Besitzer vergeben waren. Bis heute sind die Königsbauern und ihre Nachfahren Eigentümer des Listlandes, das mit 1286 ha immerhin ein Achtel der Inselfläche einnimmt. Bereits 1923 wurde auf Betreiben des Vereins Naturschutz Insel Sylt der Bereich nördlich der Kampener Vogelkoje unter Naturschutz gestellt. Schwerwiegende Eingriffe in das Schutzgebiet erfolgten im Zuge der militärischen Befestigung der Insel: In der Ortschaft List wurde ein Zeppelinhafen angelegt, in den 1920er-Jahren kam eine der Lufthansa angegliederte Verkehrsfliegerschule hinzu. 1934 wurde List Garnisonsort, man setzte Kasernen in die Dünen und baute eine Betonstraße nach Kampen.

Diese Baumaßnahmen erfolgten ohne Einwilligung der Eigentümer, denen als Wiedergutmachung neben einer Barabfindung das Recht eingeräumt wurde, Bereiche des Naturschutzgebietes im Listland und an der Blidselbucht als Bauland zu verkaufen. Die Erbengemeinschaft verkaufte das Land an auswärtige Investoren, die dort Mitte der 1960er-Jahre mehrere Ferienhauskolonien errichteten: Hier stehen reetgedeckte Friesenhäuser mit Blick aufs Wattenmeer in bevorzugter Wohnlage mitten im Naturschutzgebiet.

2007 wurde die Marineversorgungsschule geschlossen, die letzten Soldaten verließen den Marinestützpunkt in List, viele Arbeitsplätze gingen damit verloren. Der Ort inklusive Hafen hat in den vergangenen Jahren sein Gesicht verändert, den Ortseingang prägt das 4-Sterne-Grand-Spa-Resort A-Rosa, ein luxuriöses 360-Betten-Hotel mit Restaurants und großem Wellnessbereich.

Lister Hafen – im Strandkorb ein wenig Sonne tanken, bevor es wieder aufs Rad geht

Mein Tipp

Wird Sylt untergehen?

Was ist dran an der globalen Erwärmung? Wie schnell wandern Wanderdünen? Wie überleben die Vögel einen Orkan? In dem 2009 eröffneten **Erlebniszentrum Naturgewalten** in List kann man alleine oder mit der ganzen Familie viele Stunden verbringen, und jede einzelne ist den Eintritt wert. Hier werden spielerisch und unterhaltsam alle Fragen zu den drei großen Themen Kräfte der Nordsee, Klima und Wetter sowie Leben mit Naturgewalten beantwortet (Hafenstr. 37, Tel. 04651 83 61 90, www.naturgewalten-sylt.de, tgl. 10–18, Juli/Aug. 10–22 Uhr, Erw. 11/12 € (mit/ohne Gästekarte), Kinder 4–15 J. 6,50 €).

Neben dem Neubau der Wattenmeerstation des Alfred-Wegener-Instituts für Polar- und Meeresforschung entstand das grandiose Erlebniszentrum Naturgewalten.

List ► F 1

Der Hafen ist die Seele des Ortes: Hier kommen die Fähren aus Rømø/Dänemark an, legen Ausflugsdampfer ab, liegt ein Seenotkreuzer der Deutschen Gesellschaft zur Rettung Schiffbrüchiger vor Anker. Mehrmals im Jahr strömen die Passagiere internationaler Kreuzfahrtschiffe an Land.

Lange Zeit war der Lister Hafen kein Aushängeschild für den 2500-Seelen-Ort: Eine kirmesartige, etwas abgewrackte Budenstadt, brachliegende Wirtschaftsgebäude und Betonpisten prägten sein Image. Zu Beginn des neuen Jahrtausends war Schluss damit, es wurde umgestaltet, abgerissen und neu gebaut. Die alten Buden wurden durch skandinavisch anmutende Holzhäuschen ersetzt. Aus der berühmten ›nördlichsten Fischbude‹, der Keimzelle für das Imperium des Krabben- und Scampi-Spezialisten Gosch, wurde ein Fischpalast mit Aussichtsplattform und Blick über den Hafen. In der maritim ausgestatteten Alten Bootshalle nebenan geht es nicht nur in der Saison so munter zu wie in einem bayerischen Bierzelt im Oktober. In der neu errichteten Alten Tonnenhalle locken Läden und Restaurants zum Bummeln und Verweilen. In ihrem Vorgängerbau waren die Seezeichen, auch Tonnen genannt, untergebracht.

Dittmeyer's Austern-Compagnie

Hafenstr. 10–12

Bis in die Mitte der 1920er-Jahre war die Austernfischerei für die Listlandbewohner von großer wirtschaftlicher Bedeutung, dann machten ihr Überfischung und ein paar strenge Winter den Garaus. Seit 1986 gibt es nun wieder Austern – aus Zuchtanlagen. Eine importierte pazifische Austernart wächst in Netzsäcken heran, die auf Eisengestellen in der Blidselbucht südöstlich von List verankert sind. Ihre Aufzucht ist ein Hand- und Knochenjob.

Damit die Austern nicht zusammenwachsen, müssen sie regelmäßig durchgerüttelt, gewendet und von Algenbewuchs befreit werden. Mit zunehmender Größe werden sie Stück für Stück in immer grobmaschigere Netze umgebettet. Im Winter müssen sie an Land geholt und in meerwasserdurchströmten Becken gehegt werden. Nach etwa drei Jahren sind die Austern dann reif zum Verzehr. In Dittmeyer's Austern-Compagnie wird die erntefrische Sylter Royal, die sich unter Gourmets zunehmender Beliebtheit erfreut, für den deutschlandweiten Versand, die örtlichen Restaurants oder Geschmacksproben vor Ort vorbereitet (s. unten).

Sylter Algenfarm

Hafenstr. 10–12, www.algenfarm.de, in der Saison Führungen Mo, Do um 11 Uhr, 4 €

Auf dem Gelände der Austern-Compagnie werden neben Austern auch Algen gezüchtet und erforscht (s. S. 79). Sie werden als Nahrungsmittel, in der Kosmetik oder auch als Deko-Artikel verwendet. Bei einer Führung erfährt man Wissenswertes über das vielseitige Meeresgemüse.

Friedhof

Abzweig von der Mövenbergstraße, kurz vor dem Ortsausgang Richtung Weststrand und Ellenbogen

Wenig besucht, aber doch sehenswert ist der kleine, mitten in den Dünen am Ortsrand gelegene Friedhof. 1977 wurde hier der legendäre Flugpionier Wolfgang von Gronau bestattet, der 1930 mit einem alten Flugboot den Atlantik überquerte und 1932 von List aus zu einer Weltumrundung aufbrach. Am Hafen ist ihm ein Denkmal gesetzt.

Strände

Für Wasserratten bietet der Weststrand von List beeindruckende Brandung und tideunabhängiges Baden. Der Oststrand, eine wellenruhige Badebucht am tideabhängigen Wattenmeer, liegt am südlichen Ortsrand. Am Ellenbogen, im Schutz des Königshafens auf der Südseite des Ostellenbogens, erstreckt sich ein wunderbarer Sandstrand mit einem unter Urlaubern und Einheimischen beliebten Surfgebiet.

Traumhaft schöner Strand und ein Blick hinaus aufs Meer warten am Lister Ellenbogen

Wanderdünen ► E/F 1/2

An der Listlandstr.

Unmittelbar an den Ort grenzt das **Naturschutzgebiet Nord-Sylt** mit beeindruckenden Dünenlandschaften. Thomas Mann verglich einst einen Ausflug zu den Wanderdünen mit einer Tour in die Sahara. Ursprünglich befanden sich auf Listland mehrere große Wanderdünen, von denen ein Großteil Mitte des 20. Jh. mit Strandhafer bepflanzt und festgelegt wurde, um die Militärbauten und vor allem die Straße von Kampen nach List vor Sandverwehungen zu schützen. Heute sind nur noch zwei Wanderdünen übrig geblieben. Die größte ist 2,8 km lang und 20–30 m hoch. In den letzten 70 Jahren ist sie im Durchschnitt um 3 bis 4 m pro Jahr weitergewandert, es waren aber auch schon bis zu 5 m. Durch Halmpflanzungen ließe sie sich befestigen, doch um die ursprüngliche Landschaft zu erhalten, wurde bislang auf eine Festlegung verzichtet. Solange sie weder Ort noch Straße zu nahe kommt, darf sie wandern.

Die Sylter Sahara lässt sich nur von der Autostraße aus bewundern. Die alte Listlandstraße führt in einem weiten Bogen im Nordwesten um das Naturschutzgebiet herum. Besondere Haltebuchten sind nicht ausgespart, an den Übergängen zum Weststrand befinden sich aber gebührenpflichtige Parkplätze mit bester Aussicht auf die Wanderdünen.

Königshafen ▶ E/F 1

Nördl. von Listland

Ein vom dünenreichen Ellenbogen schützend umfasster Naturhafen, der auf eine bewegte Geschichte zurückblickt, erstreckt sich im Norden von Listland. Am 16. Mai 1644 besiegten die Dänen unter König Christian IV. in der Schlacht im Lister Tief zwischen Sylt und Rømø die vereinigte schwedisch-holländische Flotte. Allein die Schweden sollen bei diesem Kampf 1100 Soldaten verloren haben. Zum Gedenken an den Sieg verlieh der König dem Schauplatz seines Sieges, der Reede von List, den Namen Königshafen.

An seinem Eingang liegt die **Vogelschutzinsel Uthörn.** Sie ist Brutgebiet von Eiderenten, Brandgänsen, Austernfischern, Mittelsägern, Sand- und Seeregenpfeifern sowie Küsten- und Zwergseeschwalben und gehört zur Schutzzone 1 des Nationalparks Wattenmeer (s. S. 57). Das Betreten der Insel und ihrer Vorländereien ist verboten, vom Deichweg bietet sich aber eine gute Sicht auf das Eiland.

Ellenbogen! ▶ E 1

Ca. 6 km nördl. von List, Mautgebühr 5€

Der Ellenbogen ist Sylts und damit auch Deutschlands nördlichster Zipfel: Brandung, Watt und einsame Dünen – eine hinreißend schöne Landschaft. An der Ostspitze treffen die offene Nordsee und das Wattenmeer aufeinander, deutlich an den schaumgekrönten Wirbeln zu erkennen – mit jeder Tide werden hier mehr als 500 000 m^3 Wasser ins Watt hineingepumpt. Baden ist in diesem von Strömungen bewegten Wasser an der Nordküste der Halbinsel nicht ratsam (Achtung auch vor den Buhnen). Im Schutz des Königshafens auf der Südseite des Ostellenbogens erstreckt sich ein naturbelassener, ausgedehnter Sandstrand.

Motorisierten Besuchern wird seit einigen Jahren in der Saison an der Zufahrt zum Ellenbogen, kurz hinter der Abzweigung zum Weststrand, eine Maut abverlangt – die Eigentümer bitten zur Kasse. Der ›Eintritt‹ lohnt.

Schafe weiden in den Dünen und auf den ausgedehnten Heideflächen, schöne Fotomotive bieten die beiden Leuchttürme. Vom Parkplatz am Ostende des Ellenbogens empfiehlt sich eine halbstündige Rundwanderung um die Ostspitze.

Übernachten

Freundlich – **Landhaus Silbermöwe:** Süderhörn 7, Tel. 04651 952 20, www.landhaus-silbermoewe-sylt.de, DZ ab 154 €. Individuell eingerichtete Zimmer in Deutschlands nördlichstem Hotel garni, familiär und persönlich geführt. Es gibt Liegestühle im Garten, Sauna und eine kleine Hotelbar.

Blick übers Meer – **Hüs bi See:** Frischwassertal 17 b, Tel. 04651 87 05 91, www.huesbisee.de, FeWo 130–200 € für 2–4 Pers. Reetgedecktes Nichtraucher-Haus auf einer Randdüne am Wattenmeer oberhalb eines netten Badestrandes. Sauna im Haus, Liegekörbe auf den Strandterrassen.

Mitten im Naturschutzgebiet – **Üthörn-Ellenbogen:** Tel. 04651 87 02 18, www.uethoern.de, FeWo 89–165 €. Das 1936 als Austernfischereianlage der Biologischen Anstalt Helgoland erbaute Haus beherbergt seit 1976 den nördlichsten Beherbergungsbetrieb Deutschlands. Elf zweckmäßig eingerichtete Ferienwohnungen für 2–6 Pers. in traumhafter Lage direkt am Königshafen mit Surf- und Badestrand in nächster Nähe. Spielplatz, Sauna ebenfalls vorhanden.

Zwischen Ost und West – **Jugendherberge:** Mövenbergstr., Tel. 04651 87 03 97, www.djh-nordmark.de, ab 19,70 €. Schöne Lage zwischen Dünen und Königshafen, allerdings etwas abseits, ungefähr in der Mitte zwischen List und dem Weststrand. Die 336 Betten sind auf drei Häuser überwiegend in 4- bis 8-Bettzimmern verteilt. Gleich nebenan befindet sich der Jugendzeltplatz Mövenberg (www.jugenderholung-sylt.de).

Essen & Trinken

Traditionsreich – **Über 200 Jahre Alter Gasthof:** Alte Dorfstr. 5, Tel. 04651 87 72 44, www.alter-gasthof.com, Küche 13–22 Uhr, Hauptgerichte ab 11 €, die meisten Gerichte liegen um 20 bis 30 €. Anheimelnd historisches Gourmetrestaurant in der ehemaligen fiskalischen Austernstube von 1804. Die Spezialität des Hauses sind Austern und Hummer, aber auch Currywurst steht auf der Speisekarte.

Holzhütte am Meer – **Weststrandhalle List:** am Strandübergang zum Weststrand, Tel. 04651 87 02 66, Küche von 11.30–22 Uhr. Hat was von einer Skihütte mit der großen Terrasse und dem weiten Blick über die Sandberge. Tagsüber herrscht Trubel vom Strand. Tagesgerichte ab 11 €, abends à la carte ab 19 €, viele österreichische Spezialitäten.

Für Austernfans – **Bistro der Dittmeyer's Austern-Compagnie:** Hafenstr. 10–12, Tel. 04651 87 75 25, www.sylter-royal.de, Küche 12–22 Uhr, im Winter nur bis 20.30 Uhr, Gerichte ab 11,50 €. Freundliches, in Gelbtönen gehaltenes Bistro mit Strandkörben vor der Tür – ein Treffpunkt für Austernfans oder solche, die es werden wollen. Das Team leistet gerne Starthilfe auf dem Weg zum Austerngenuss. Alternativen sind eingelegter Schafskäse, Lammschinken und Blaubeerpfannkuchen.

Mal was anderes als Fisch – **Voigt's Alte Backstube:** Süderhörn 2, Tel. 04651 89 05 12, www.altebackstube.de, Küche 12–21 Uhr. Die Friesentorte gilt als eine der besten der Insel, es gibt leckere Eintöpfe und eine unglaubliche Auswahl an Pfannkuchen (5–19 €). Kleine Gäste freuen sich über den hauseigenen Funpark.

Heute schon gegoscht? – **Die Alte Bootshalle:** Hafenstr. 16, www.gosch-sylt.de, 11–22 Uhr, Gerichte ab 5 €. Am Lister Hafen nahm die Erfolgsgeschichte des Fischgiganten Gosch ihren Anfang. In der alten Bootshalle herrscht immer Volksfeststimmung. Man sitzt auf Hockern und Holzbänken unter Fischernetzen sowie anderem maritimem Kitsch und ist doch immer wieder angetan. Fisch gibt's in allen Variationen und Preisklassen. Zum Fischimperium Gosch gehört in List auch das etwas feinere Restaurant Hafendeck nebenan, der Gosch Fischmarkt und Gosch Shop in der Alten Tonnenhalle sowie das Lister Glashaus in der Hafenstraße.

Wohin zuerst gucken? – Die Alte Bootshalle in List wartet mit reichlich Kitsch auf

Mein Tipp

Frische Krabben, solange der Vorrat reicht
Im Lister Hafen gibt's Krabben direkt vom Kutter. Einfach mal gucken, ob der Fischer gerade vom Fang gekommen ist, ansonsten Di, Fr 12–16 Uhr im Hafen oder ab 17 Uhr Alte Bahnhofstr. 12, Tel. 04651 87 71 68.

Einkaufen

Alles Mögliche – **Alte Tonnenhalle:** am Hafen, ab 10 Uhr, http://alte-tonnenhalle.com. Das Shoppingcenter beherbergt eine Vielzahl kleinerer Läden. Hier findet man einfach alles: maritime Souvenirs, Strandkörbe, Gartenmöbel, Kindermode, Schuhe, Bücher, Antiquitäten und eine Gosch-Filiale für den kulinarischen Genuss.

Antiquitäten – **Mylin:** Listlandstr./Ecke Dünenstr. 1, Tel. 04651 87 08 45. Wunderschöne Kachelöfen und Kamine, dazu historische Fliesen und Bodenmaterialien aus Holz, Naturstein und Terrakotta.

Edles für Garten und Terrasse – **Strandkorb & Co:** Listlandstr. 14, Tel. 04651 46 09 60, www.strandkorbundco.de, Mo–Fr 10.30–18, Sa 10.30–16 Uhr. Neben stilvollen Strandmöbeln gibt es hier für Einrichtungsfreunde Kunst, Möbel und Lampen.

Africa calling – **Skulpturengalerie:** Listlandstr. 12, Tel. 04651 87 10 09, www.skulpturengalerie-sylt.de. In der Galerie sind faszinierende Steinskulpturen aus Zimbabwe zu sehen, aber auch moderne und zeitgenössische Malerei und Metallobjekte. Wechselnde Ausstellungen.

Aktiv & Kreativ

Am Meer – **Strandsauna:** beim FKK-Strand, Tel. 04651 87 71 74, www.strandsauna-list-auf-sylt.de, April–Okt. tgl. 11–18 Uhr, 14 €. Drei finnische Blockhaussaunen stehen in einem geschützten Dünental für Saunafreunde bereit. Zur Abkühlung geht's dann direkt in die frische Nordsee.

An die Säbel, kleine Piraten! – **Piratenfahrten.** Infopavillon am Hafen (Termine und Tickets), Tel. 04651 987 00, www.adler-schiffe.de, Erw. 19, Kinder 14 €. Kult für die kleinen Seebären sind die Piratenfahrten mit dem umgebauten Krabbenkutter Gret Palucca. Die Fahrt garantiert ein zweistündiges Abenteuer für Kinder von 4–8 J. Die ›Verwachsenen‹ dürfen mit an Bord, allerdings nur, um Handlangerdienste zu leisten.

Vielseitiges Kulturprogramm – **Akademie am Meer:** Klappholttal, Tel. 04651 95 50, www.akademie-am-meer.de. Im Süden des Lister Gemeindegebietes liegt die 1919 gegründete und seit 1993 staatlich anerkannte Volkshochschule Klappholttal. Sie bietet ein facettenreiches Programm an Vorlesungen, Seminaren und Workshops. Viele dieser Kurse sind als Bildungsurlaub anerkannt. Hier kann man Plattdeutsch lernen, vogelkundliche Kurse belegen, malen, meditieren und einiges mehr.

Abends & Nachts

Ein Hauch von Karibik – **Bam-Bus:** Weststrand 13, www.bam-bus.de. Eine nordfriesische Reggae-Pinte an der Bushaltestelle am Strandparkplatz zum Weststrand. Geöffnet ist, solange noch Leute vom Strand kommen. Legendär sind die Vollmondpartys (s. S. 31).

Infos & Termine

Information

Kurverwaltung List: Am Brünk 1, 25992 List, Tel. 04651 952 00, www.list.de.

Verkehr

Inselverbindungen: s. S. 84
Bus zum Strand: Regelmäßig fährt ein Bus von List-Ort zum Weststrand mit Station an der Jugendherberge Mövenberg.
Schiff: Autofähre Havneby/Rømø nach List/Sylt s. S. 19.

Termine

Lister Hafenfest: im Juli oder Aug. Abwechslungsreiches Programm mit viel Musik. Den Abschluss bildet ein Höhenfeuerwerk.

Kampen ► D/E 3

»Ach Sylt, schön muß es hier einmal gewesen sein, auch im Sommer, bevor die Spekulation über die Kampener Heide und der Kapitalismus, Anschauungsunterricht erteilend, über das Land zwischen den Meeren triumphierte«, sinniert der Literatur-Professor Walter Jens, der 15 Jahre lang seine Sommerferien in Kampen verbrachte, angesichts der Westerländer Skyline. Es waren vor allem Ruhe suchende und Natur liebende Intellektuelle und Künstler, die über die Jahre ihr Quartier in dem 6 km nordöstlich von Westerland, idyllisch inmitten ausgedehnter Heidelandschaften gelegenen Kampen aufschlugen (s. S. 76). In den 1960er-Jahren zog Kampen Heerscharen von Schönen und Berühmten an. Bilder von champagnerseligen Partys an der Buhne 16 wurden von der Boulevardpresse in den entferntesten Winkel des Landes getragen – bis heute prägen sie das Schickeria-Image Kampens bzw. ganz Sylts.

Das Dorf

Kampen (ca. 620 Einw.) ist in architektonischer Hinsicht bodenständig geblieben. Reetgedeckte Friesenhäuser säumen die Straßen, ducken sich zwischen Dünen und Heidehügel. Schon früh waren die Kampener daran interessiert, den malerischen Charakter ihres Ortes zu erhalten. Nach der heute noch gültigen Bauordnung von 1913 dürfen die Häuser nicht höher als 8 m gebaut werden, der Abstand zwischen ihnen soll mindestens 25 m betragen – ein beachtliches Maß, zieht man die Kampener Grundstückspreise in Betracht. Bei vielen der schicken Immobilien handelt es sich um Zweitwohnsitze gut betuchter Zeitgenossen.

Die Möglichkeit, in Kampen auf Prominenz zu stoßen, erhöht den Reiz eines Bummels durch den mondänen Ferienort. Wohl nirgendwo in Nordeuropa sind auf so kleiner Fläche so viele Luxuslimousinen, Nobellokale, Edelboutiquen und Galerien zu finden. Es gibt nur wenige Orte, die so viele Sehnsüchte nach einem vermeintlich schillernden Leben nähren, das sich nur die Wenigsten leisten können. Aber gerade hier, im ›St. Tropez Deutschlands‹, dämmert die Erkenntnis, dass auch die Reichen und Schönen der Natur wegen nach Sylt kommen. In der begünstigten Lage zwischen brandender Nordsee und stillem Wattenmeer liegt der eigentliche Reiz des Nordseebades Kampen.

Kaamp-Hüs 1

Hauptstr. 12
Die viel befahrene Hauptstraße teilt das ›berühmteste Dorf Deutschlands‹

Nordsee
FKK-Strand ↗
9 ↗
8
List ↗
↗ 8
Naturschutzgebiet Nord/Sylt
5
Lister Str.
L24
4
Aussichtsplattform
P
P
Hundestrand
5
Hoogenkamp
Hauptstr.
Naturschutzgebiet Dünenlandschaft auf dem Roten Kliff
Rieperstieg
Norderheide
Hans-Hansen-Wai
Erika-
3
Kroghooger Wai
P
Kurhausstr.
Parkweg
2
Westerweg
Strönwai
1 6 1
Wattweg
1
Bergentenweg
2
Mittelstg.
Jürgen-Kamp-Wai
Zur Uwe-Düne
P
4
Uwe-Düne
52,5 m
6
1 3
Lerchenweg
2
Kiebitzweg
Reimert-Hansen-Weg
Drosselgang
Sjip
1
Wall
Hauptstr.
Kirchenstig
Wuldeweg
Alte Dorfstr.
4
Brunnenweg
Braderuper Weg
Ginsterweg
Swarte-
Osewea
2
Wulde
P
Möwenweg
Finkenweg
3
Süderweg
L24
Esling-Wung
Naturschutzgebiet Dünenlandschaft auf dem Roten Kliff
4
Börder Wai
Wenningstedter Weg
Brönshooger Weg
7
Leuchtturmweg
0
250
500 m
↓ Wenningstedt, Westerland

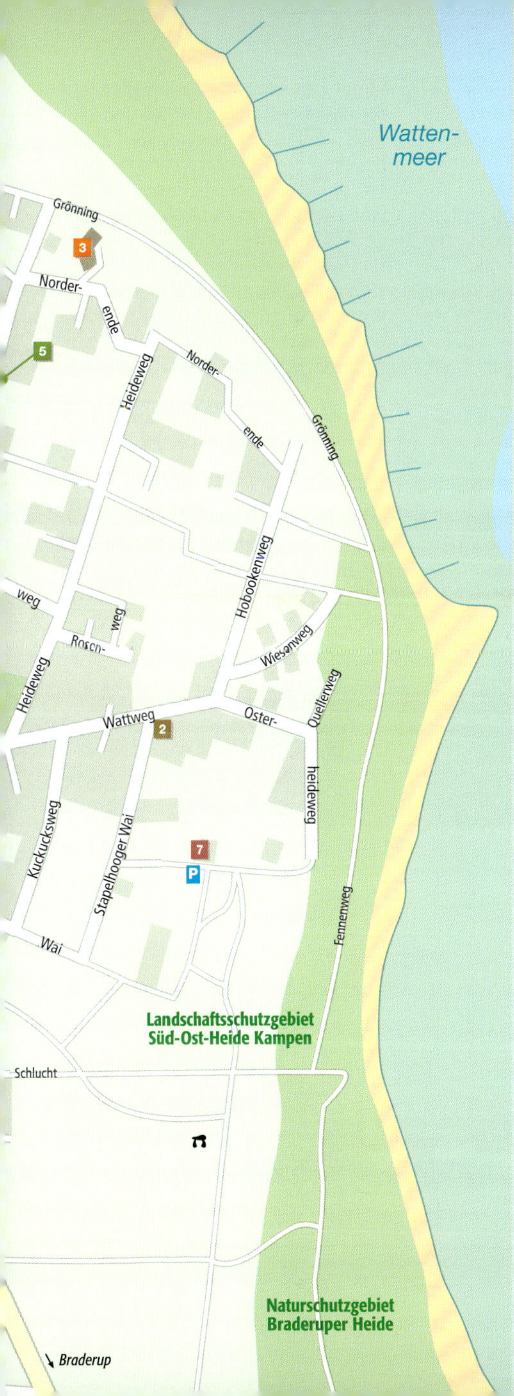

Kampen

Sehenswert
- 1 Kaamp-Hüs
- 2 Park
- 3 Klenderhof
- 4 Kliffende
- 5 Quermarkenfeuer
- 6 Uwe-Düne
- 7 Leuchtturm
- 8 Vogelkoje

Übernachten
- 1 Landhaus Südheide
- 2 Lotsenhof
- 3 Haus Rechel
- 4 Campingplatz Kampen

Essen & Trinken
- 1 Gögärtchen
- 2 Manne Pahl
- 3 Jens'ns Tafelfreuden
- 4 Dorfkrug Rotes Kliff
- 5 Sturmhaube
- 6 Odin, das kleine Leysieffer
- 7 Kupferkanne
- 8 La Grande Plage
- 9 Buhne 16

Einkaufen
- 1 Lebensmittelladen
- 2 Bäckerei Speck
- 3 Galerie Herold
- 4 Falkenstern Fine Art & Atelier Sprotte
- 5 Galerie Iris Eckert

Abends & Nachts
- 1 Pony
- 2 Club Rotes Kliff

in zwei Hälften. Mitten im Zentrum befindet sich das 1956 erbaute und 1993 aufwendig restaurierte Kaamp-Hüs, in dem der Tourismus-Service untergebracht ist und die Dorfführungen beginnen (s. S. 103). Hier werden im Rahmen des Kampener Jazzklubs, des Kampener Musiksommers und des Kampener Literatursommers Konzerte und Lesungen bekannter Künstler sowie wechselnde Ausstellungen geboten. Das Bistro Sanders im Haus ist ein schöner Treff, hier kann man sich für einen gemütlichen Dorfbummel stärken.

Kampen-Ost

Östlich der Hauptstraße führen alle Wege durch traumhaft ruhige Wohngegenden. Prachtvolle Anwesen verbergen sich inmitten grüner Gärten hinter bewachsenen Steinwällen und sorgfältig gestutzten Hecken und Bäumen. Bemerkenswert viele dieser traumhaften Immobilien sind Neubauten im Friesenhausstil, wobei in den wenigsten Fällen neues Bauland ausgewiesen wurde. Häufig fielen die alten Vorläuferbauten der Abrissbirne zum Opfer, um mehr und moderneren Wohnraum zu schaffen. So manches echte Friesenhaus ging auf diese Weise verloren. Und der Prozess schreitet fort.

Ein Kleinod ist der Dorfteich inmitten eines kleinen **Parks** 2 mit verschlungenen Wegen und einem Bouleplatz – (einfach Kugeln mitbringen oder beim Tourismus-Service gegen Gebühr leihen). Der Park ist nach Ferdinand Avenarius benannt, der dazu beitrug, dass Kampen wohlhabend

Sturmerprobt? Die Sturmhaube trägt den Namen bereits versunkener Vorgänger

wurde. Fünf Minuten entfernt liegt das legendäre Café **Kupferkanne** 7 (s. S. 102). Es gehört zu den Highlights eines Sylturlaubs, hier an einem sonnigen, warmen Nachmittag einen Rhabarberkuchen mit Sahne zu verzehren, während der Blick über unbebaute Heidelandschaft in die Ferne über das Wattenmeer schweift.

Klenderhof 3

Grönning/Norderende 1

Am nordöstlichen Rand des Ortes liegt der (nicht zugängliche) Klenderhof. Das reetgedeckte Gebäude mit dem markanten Rundturm wurde 1933 für die Familie des Cellisten Max Baldner erbaut, die das Haus aber nur wenige Jahre nutzen konnte, da nach der Machtergreifung der Nationalsozialisten Juden auf der Insel nicht mehr erwünscht waren. Später diente das Anwesen dem Zeitungsverleger Axel Springer fast drei Jahrzehnte als Gäste- und Tagungshaus. Nach einem Brand 1973 wurde die ›Springer-Burg‹, wie sie auf Sylt mitunter noch heute genannt wird, wieder aufgebaut. Bis 1982 war sie im Besitz des Verlegers, danach hat sie mehrfach den Besitzer gewechselt. Zuletzt soll ein Schweizer Unternehmer über 20 Mio. € für die kernsanierte Top-Immobilie auf den Tisch gelegt haben.

Zur Sturmhaube

Am südwestl. Ortsrand, Weststrand

Zwischen Dorf und Nordsee im Westen erstreckt sich weites offenes Heideland, das seit 1952 unter Landschaftsschutz steht. Mittenhindurch führt die Kurhausstraße, deren Bebauung vom Rest der Architektur des Ortes abweicht (kein Reet), direkt ans Meer. In traumhafter Lage rund 30 m über dem Strand befindet sich das Restaurant **Sturmhaube** 5 (s. S. 101) – bereits die dritte dieses Namens. Die erste Sturmhaube befand sich dort, wo heute die Brandung an den Strand tobt. Die Reste des Betonfundaments der zweiten, 1936 erbauten und bereits 30 Jahre später abgerissenen Sturmhaube befinden sich unmittelbar an der Abbruchküste. Man sollte es sich nicht entgehen lassen, hier einen Blick über die Kliffkante zu werfen, bevor man weiterwandert.

Kliffende 4

Am südwestl. Ortsrand, Weststrand

Interesse erweckt sicherlich das direkt an der Abbruchkante gelegene, 1923 erbaute Haus Kliffende. Als es noch gut 100 m vom Strand entfernt lag, bewirtete hier die legendäre Schauspielerin Clara Tiedemann Größen aus Kultur, Kunst und Politik, u. a. den Dichter Thomas Mann, die Maler Emil Nolde und Max Liebermann, Außenminister Gustav Stresemann und den Verleger Ernst Rowohlt. Seit 1955 diente das Anwesen 42 Jahre lang einer Bank als Feriendomizil für ihre Mitarbeiter, bis es 1997 für 8 Mio. DM verkauft wurde – trotz Sturmflutgefahr offenbar ein für die neuen Eigentümer akzeptabler Kaufpreis. Im Dezember 1999 schlug allerdings der Orkan Anatol zu und riss das Land bis dicht ans Kliffende ins Meer. Ohne die regelmäßig vorgenommenen Strandvorspülungen wäre die traditionsreiche Luxusimmobilie längst »über den Strand gegangen« – so nennt man das auf Sylt, wenn ein Bauwerk durch Unterhöhlung des Kliffs abstürzt. Von Kliffende führt ein Bohlenweg zu dem kleinen, 1912 errichteten **Quermarkenfeuer** 5 (s. S. 158).

Uwe-Düne 6

Vom Parkplatz Sturmhaube aus in 10 Min. erreichbar

Der Parkplatz an der Sturmhaube ist ein guter Ausgangspunkt für eine Wanderung zur höchsten Düne Sylts. Rund 52 m über dem Roten Kliff erhebt sich die Uwe-Düne, benannt nach dem 1793 in Keitum geborenen Sylter Freiheitshelden Uwe Jens Lornsen. Von der Aussichtsterrasse bietet sich ein grandioser Rundumblick. Infotafeln erläutern die Landschaftsformen, beschreiben Flora und Fauna auf Sylt. Der Blick schweift über zwei Meere, nach Süden über die Dünen bis zur Skyline von Westerland, im Osten erhebt sich der **Leuchtturm** 7 von Kampen inmitten grüner Weiden (s. S. 158).

Vogelkoje 8

Lister Str., April–Okt. Mo–Fr 10–17, Sa, So 11–17 Uhr, Info: Söl'ring Foriining, Tel. 04651 87 10 77, www.soelring-foriining.de, Erw. 3/4 € (mit/ohne Kurkarte), Kinder 1,50 €

In einem dschungelartigen Wäldchen an der Straße Richtung List verbirgt sich die Kampener Vogelkoje, für die der dänische König Christian VII. am 20. Oktober 1767 die Konzession erteilte. Bis zur Stilllegung im Jahre 1921 wurden hier nahezu 700 000 Stock-, Spieß-, Pfeif- und Krickenten gefangen. Am Ende waren es nur noch 99 Enten – das schlechte Fangergebnis führte man auf die Störungen durch das anwesende Militär, den Ausbau der Inselbahn von Kampen nach List und den mit dem Badebetrieb zunehmenden Lärm zurück. 1935 wurde die Koje unter Naturschutz gestellt, Teile der Fanganlage sind rekonstruiert. Ein kleiner Rundweg mit angegliedertem Naturlehrpfad führt zum Hide (Beobachtungsstand) am Teich. Ein Tipp für Genießer ist das Restaurant an der Vogelkoje.

Strände

Für Strandurlauber ideal: Jedes Jahr im Juni sprudelt Sand aus dicken Rohren an Kampens Strand. 2009 waren es 1,03 Mio. m^3 auf einer Strecke von 6,8 km. Zu Beginn der Hochsaison präsentiert sich der Strand wunderbar sandig und gut gepolstert. Eine Skigondel am Strandübergang bei der Sturmhaube verweist auf Kampens österreichische Partnerstadt Lech am Vorarlberg. (Dort steht dafür ein reetgedecktes Sylter Bushäuschen mitten im Ort.)

Übernachten

Geschmackvoll und komfortabel – **Landhaus Südheide** 1: Sjip-Wai 4, Tel. 04651 945 90, www.landhaussuedheide.de, DZ ab 215, Studios und Suiten für 2–4 Pers. 260–320 €. Persön-

lich geführtes Hotel garni in einem 1763 erbauten Kapitänshaus. Im gemütlichen Pesel kann man nachmittags Tee, abends ein Glas Wein trinken.
Am Watt – **Lotsenhof** 2: Stapelhooger Wai 1, Info: Tel. 040 86 78 80, www.lotsenhof.de, FeWo 140–550 €. Reetgedeckter Hof in ruhiger, freier Lage, drei Wohnungen für 2–4 Pers. Es werden zusätzliche Zimmer im Dachgeschoss in Kombination mit einer Wohnung, ein großer Garten mit Strandkörben, ein Wellnessbereich mit Sauna, Whirlpool und Solarium angeboten.
Friesenhaus auf der Heide – **Haus Rechel** 3: Kroghooger Wai 3, Tel. 04651 984 90, www.haus-rechel.de, DZ 98 €. Reetgedecktes, gastliches Haus mit Garten, acht individuell eingerichtete Zimmer und ein Apartment ohne Küche, aber mit eigener Terrasse (130 €).
Ruhige Lage – **Campingplatz** 4: Möwenweg 4, Tel. 04651 420 86, www.campen-in-kampen.de, Ostern–Sept. Überschaubarer Platz am Südrand von Kampen.

Essen & Trinken

In Kampen geht es gehoben zu. Es wird, wie es heißt, »nicht gekocht – sondern kreiert«.
Ein legendärer Promitreff – **Gogärtchen** 1: Strönwai 12, Tel. 04651 412 42, www.gogaertchen-sylt.de, tgl. ab 13 Uhr, im Winter geschl., Vorspeisen ab 17, Hauptgerichte ab 29 €. Café, Restaurant und Bistro mit langer Tradition, viel Flair und Freiluft-Champagner-Bar. Serviert werden köstliche Kuchen aus der hauseigenen Patisserie, eine leichte, zeitgemäße Bistroküche und abends à la carte. Die Speisen sind mediterran und asiatisch inspiriert.
Beliebtes Urgestein – **Manne Pahl** 2: Zur Uwe Düne 2/Hauptstr., Tel. 04651 425 10, www.manne-pahl.de, tgl. ab 10 Uhr, Hauptgerichte ab 14 €. Gaststube in friesischem Landhausstil mit Schweizer Charme, lichtdurchflutetem Wintergarten und nettem Service. Hochgelobtes Frühstück bis 12 Uhr, Kuchen vom eigenen Konditor und herzhafte Speisen wie Matjes nach Hausfrauenart sowie Steaks vom Keitumer Galloway.
Jung und ambitioniert – **Jens'ns Tafelfreuden** 3: Süderweg 2, Tel. 04651 440 41, ab 14 €. Farbenfrohes, ›unfriesisches‹ Ambiente und eine ebenso kreative wie bodenständige Küche, die man im Sommer auf der großen Außenterrasse genießen kann.
Schmackhafte, feine Hausmannskost – **Dorfkrug Rotes Kliff** 4: Braderuper Weg 3, Tel. 04651 435 00, www.dorfkrug-kampen.de, tgl. 12–1, außerhalb der Saison ab 17 Uhr, Hauptgerichte ab 13 €. Gemütlicher Treffpunkt für Insulaner und Zugereiste in der ehemaligen Poststation, in der seit 1876 Badegäste und Fuhrleute verköstigt werden. Cafégarten. Im Haus befindet sich auch der Club Rotes Kliff.
Am Roten Kliff – **Sturmhaube** 5: Riperstig 1, Tel. 04651 99 59 40, www.sturmhaube.de, Küche tgl. 10–23 Uhr, Hauptgerichte ab 12,50 €. Ein Haus mit bewegter Vorgeschichte und grandiosem Panoramablick über Dünen und Meer. Die Karte deckt zwischen Frühstück und Cocktail zum Sonnenuntergang alles ab. Vor dem Haus gibt es einen Spielplatz für die Lütten.
Logenplatz an der Whiskymeile – **Odin, das kleine Leysieffer** 6: Strönwai 10, Tel. 04651 454 55, www.leysieffer.de, tgl. 10 Uhr bis open end, im Winter 11–17 Uhr, wechselnde Tagesgerichte ab 9 €. Das trendige Bistro mit großer Außenterrasse lockt von morgens bis abends mit delikaten Speisen vom Büfett, einem Gläschen Champagner und ausgesuchten Confiserie- und Konditoreispezialitäten.

Eine eigene Welt – **Kupferkanne** 7: Stapelhooger Wai 7, Tel. 04651 410 10, www.kupferkanne-sylt.de, tgl. ab 10, im Winter ab 12 Uhr. Die Lage in einem 28 000 m² großen Landschaftspark, eingebettet in ruhige Heidelandschaft, die sich bis ans Wattenmeer erstreckt, ist ein Traum. Bei schönem Wetter sitzt man im nischenreichem Cafégarten unter großen Sonnenschirmen, bei schlechtem Wetter in den verschachtelten Räumlichkeiten des ehemaligen Flakbunkers am Kaminofen. Ein Platz zum Genießen. Knusprig-saftige Kuchen 3,70 €, mittags Kleinigkeiten und wechselnde Tagesgerichte ab 9 €.

Chillout on the beach – **La Grande Plage** 8: Riperstig/Weststrand, Tel. 04651 88 60 78, www.grande-plage.de. Strandbistro auf Stelzen mit umlaufender Holzveranda und Sauna direkt am Kampener Strand (s. S. 103). Für jeden ist etwas dabei: Frühstück, tagsüber Kuchen, Snacks, sehr lecker die Spaghetti mit Walnusspesto (8,50 €), abends à la carte, Grillabende und Partystimmung zum Sonnenuntergang.

Legendärer Treffpunkt – **Buhne 16** 9, s. Lieblingsort S. 104.

Einkaufen

In Kampen findet man lediglich noch einen **Lebensmittelladen** 1 (Hauptstr. 4), den die Einheimischen liebevoll Apotheke nennen. In der **Bäckerei Speck** 2 (Süderweg 1) wird noch selbst gebacken. Berühmt ist Kampen für die exklusive Auswahl namhafter Modeboutiquen, Juweliere und Antiquitätenläden. Mehr als ein Dutzend Galerien und Kunstateliers verlocken zum Gucken und Kaufen.

Kunst aus Norddeutschland – **Galerie Herold** 3: Haus Meeresruh, Braderuper Weg 4, Tel. 04651 451 35, www.galerie-herold.de, in der Saison tgl. 11–18 Uhr. Die Sylter Dependance der Hamburger Galerie bietet wechselnde Ausstellungen norddeutscher Vertreter des Impressionismus und Expressionismus sowie der Klassischen Moderne.

Ein halbes Jahrhundert vor Ort – **Falkenstern Fine Art & Atelier Sprotte** 4: Alte Dorfstr. 1, Tel. 04651 424 13, www.Falkensternfineart.com, Di–So 11–19 Uhr. Gezeigt wird zeitgenössische und internationale Kunst sowie die Sammlung Siegward Sprotte mit Werken des 2004 verstorbenen Potsdamer Malers. Er lebte seit 1953 auf Sylt (s. S. 77). Im Atelierhaus finden Konzerte und Vorträge statt.

Der Mix macht's – **Galerie Iris Eckert** 5: Hans-Hansen-Wai 30, Tel. 04651 414 60, www.galerie-iris-eckert.de, tgl. 11–18 Uhr. Iris Eckert eröffnete ihr Haus in einer ruhigen Wohnstraße im Osten des Ortes bereits 1960 mit Werken von

Eine Oase der Entspannung – die Terrasse der Kupferkanne

Chagall, Dix, Heckel, Miró und Picasso. Heute werden in wechselnden Ausstellungen die Werke junger Künstler ganz unterschiedlicher Kunstrichtungen gezeigt.

Aktiv & Kreativ

Mit schönem Panorama – **Strandsauna am La Grande Plage 8**: Tel. 04651 88 60 79, ganzj. Do–Mo 12–18 Uhr, Tageskarte 18 €. Gepflegte Anlage auf Stelzen. Es werden Massagen angeboten.
Durchatmen am Meer – **Yogakurse vor La Grande Plage 8 und Buhne 16 9**: Katja Thomsen, Tel. 04651 835 66 90, www.yogaammeer.de; Susanne Chinnow, Tel. 04651 295 98, www.yogaauf sylt.de. Im Sommer bis Mitte Sept. finden regelmäßig Kurse direkt am Strand vorm La Grande Plage (Di und Mi) und bei der Buhne 16 (Do) statt.
Zwischen Whiskymeile und Alter Dorfstraße – **Dorfführungen vom Kaamp-Hüs 1**: in der Saison um 11 Uhr. Mo zeigt Kapitän Falk Eitner sein Kampen. Fr erzählt Silke von Bremen Geschichten über Kneipen, Künstler und Kapitäne. Genaue Termine sind im Veranstaltungskalender www.sylt.de aufgeführt.
Abwechslung für Kinder – **Kamp'ino Kinderklub im Kaamp-Hüs 1**: In den Ferien wird den Kleinen von 3–13 J. in Kampen viel geboten: Kinderfeste, Kochen, Kunst, Theater, Zauberei und Strandspiele.

Abends & Nachts

Im Strönwai, besser bekannt als ›Whiskystraße‹, die beim Kaamp-Hüs in Richtung Strand abzweigt, befinden sich viele der legendären Szenetreffs, in de-

Lieblingsort

Die Leichtigkeit des Seins

Man könnte vielleicht denken, die **Buhne 16** 9 sei kein besonders origineller Tipp. Stimmt! Aber es ist doch ein besonderer Ort, mein Lieblingsort auf Sylt,wenn ich einen entspannten Strandtag verbringen möchte, mit einer Portion Pasta zwischendurch und einem Gläschen Wein zum Abend hin, wenn der Strand sich leert. Hier gibt es fast keine Spur von Schickimicki, denn eigentlich ist die legendäre Buhne 16, die in den 1970er-Jahren Kultstatus erlangte, nichts weiter als ein einfacher Strandkiosk (von den Strandparkplätzen nördlich von Kampen sind es 10–15 Min. durch die Dünen, Tel. 04651 49 96, www.buhne16.de, März–Okt. tgl. 10 Uhr bis open end, Gerichte ab 8,50 €).

hen Gang wieder hinaus ans Tageslicht krabbeln.

Braderup ► E 3

Ruhig und beschaulich wohnt man im Ortsteil Braderup am Wattenmeer. Reetgedeckte Häuser ducken sich am Rande der ausgedehnten Braderuper Heide oberhalb des Weißen Kliffs. Die Preise für die gepflegten Reetdachanwesen mit Meerblick stehen denen in Kampen in kaum etwas nach. Spazierwege führen über die Heide zum bis zu 15 m hohen Weißen Kliff. Es trägt sei-

Wenningstedt

Sehenswert

1 Dorfteich
2 Friesenkapelle
3 Denghoog
4 Naturzentrum Braderup

Übernachten

1 Hotel Strandhörn
2 Gartenhotel Wenningstedt
3 Ulenhof Residence
4 Friesenhaus Sara
5 Wenningstedt Camp
6 Landgasthof Weißes Kliff
7 Haus Uthland

Essen & Trinken

1 Fitschen am Dorfteich
2 Wonnemeyer
3 Blum
4 Kliffkieker
5 Gosch am Kliff

Einkaufen

1 Körnerladen
2 Manufaktur

Aktiv & Kreativ

1 Minigolfplatz
2 Trampolinanlage
3 InselCircus
4 Bodils Ponyfarm
5 Mini-Cross-Bahn-Sylt
6 Reiterhof Volquardsen
7 Surfschule Camp One
8 Golf-Club Sylt

nen Namen zu Recht, denn es besteht fast ausschließlich aus hellem Kaolinsand. Die durch das Kliff vor den Westwinden geschützten Sandbuchten am Fuße der Heide bieten schöne Picknick- und Buddelplätze für die Kleinen, zum Baden ist das Watt vor Braderup allerdings zu seicht und schlickig.

Naturzentrum Braderup 4

M.-T.-Buchholz-Stich 10, Tel. 04651 444 21, www.naturschutz-sylt.de, April–Okt. Mo–Sa 10–18 Uhr, Eintritt frei, Spende erwünscht

Eine sehenswerte naturkundliche Ausstellung am südlichen Ortsausgang Richtung Keitum. Mit kleinem Nordseeaquarium, Robben- und Walecke, vielen Spielen und Erlebnismöglichkeiten für Kinder und einem beschaulichen Kräutergarten hinter dem Haus. Sehr empfehlenswert sind die Führungen durch die Braderuper Heide und zum Morsum Kliff, die das Naturzentrum anbietet.

Übernachten

... in Wenningstedt

Strandnah wohnen und essen – **Hotel Strandhörn** 1: Dünenstr. 1, Tel. 04651 945 00, www.strandhoern.de, DZ und Suiten 200–395 €. Kleines, persönlich geführtes First-Class-Hotel, im Haus auch Wellnessbereich mit Pool und Beautyfarm sowie das feine Restaurant Olive. Im Wintergarten oder auf der Terrasse wird tagsüber eine leicht Bistroküche serviert, abends mediterran und regional geprägte Speisen, Menü ab 22 €.

Gepflegt und charmant – **Gartenhotel Wenningstedt** 2: Lerchenweg 10, Tel. 04651 94 66 20, www.gartenhotel.de, DZ ab 175 €. Ruhig gelegenes Hotel mit 13 Zimmern, die auf zwei Häuser verteilt sind. Der Garten bietet schöne Sitzgelegenheiten, nachmittags gibt es hausgebackene Kuchen, abends kleine Köstlichkeiten. Ein Wellnessbereich mit Schwimmbad, Sauna, Dampfbad und Solarium rundet das Angebot ab.

Komfortabel – **Ulenhof Residence** 3: Friesenring 14, Tel. 04651 945 40, www.ulenhof.de, FeWo 125–210 €. Geschmackvoll eingerichtete Wohnungen für 2–3 Pers. in einer neuen reetgedeckten Anlage mit hübschem Garten. Zum Strand sind es etwa 800 m, hauseigenes Badehaus mit Schwimmbad und Saunen.

Gemütlich – **Friesenhaus Sara** 4: Hauptstr. 6, Tel. 04651 411 65, www.friesenhaus-sara-sylt.de, FeWo 95–185 €. Sechs individuell eingerichtete Ferienwohnungen für 2–4 Pers. 600 m zum Strand. Das Friesenhaus aus dem 18. Jh. wurde mit alten Materialien neu aufgebaut. Auf dem gleichen Grundstück steht das älteste Friesenhaus des Dorfes von 1694. In ihm wohnen die Vermieter.

Ausgezeichnet zelten – **Wenningstedt Camp** 5: Tel. 04651 94 40 04, www.campingplatz.wenningstedt.de, April–Okt. Ein platzeigener Bohlenpfad führt durch die Dünen zum 300 m entfernten Strand. Das Restaurant auf dem Campingplatz wird, wie auch das Strandbistro, von Wonnemeyer betrieben (s. S. 111).

... in Braderup

Familiär – **Landgasthof Weißes Kliff** 6: M.-T.-Buchholz-Stich 7, Tel. 04651 430 08, www.weisses-kliff.de, DZ 92–98 €, 11 Betten. Einfaches, traditionsreiches Landgasthaus, das 1852 vom weit gereisten Kapitän Hansen im maurischen Stil erbaut wurde. Für das leibliche Wohl wird regionale Kost in der Gaststube serviert. Die Braderuper Heide und das Wattenmeer sind nur drei Gehminuten entfernt.

Unter Reet – **Haus Uthland** 7: Terpwai 12, Tel. 04651 425 54, www.sylt-friesenhaus.de, FeWo 80–115 €. Drei unterschiedlich große Wohnungen für 2–4 Pers. in einem alten reetgedeckten Bauernhaus, teils mit Handmalereien und Alkoven. Alle Gäste haben Zugang zum großen Garten mit altem Baumbestand.

Essen & Trinken

Ausgezeichnet – **Olive im Hotel Strandhörn** 1: s. oben.

Gehoben-regional – **Fitschen am Dorfteich** 1: Am Dorfteich 2, Tel. 04651

Leben in der Steinzeit in Wenningstedt – davon berichten die Funde Denghoog

321 20, www.fitschen-am-dorfteich.de, Mi–Mo ab 12 Uhr, Juli/Aug. tgl., Hauptgerichte ab 17,50 €, kleine Mittagskarte. Verführerische schwäbische Küche kombiniert mit Frischem aus der Nordseeküche. Im Sommer Strandkörbe im Garten mit Blick auf den Dorfteich.

Chillout am Meer – **Wonnemeyer 2**: Am Strand Nr. 1, Übergang Campingplatz, Tel. 04651 452 99, www.wonnemeyer.de, tgl. ab 11 Uhr, Hauptgerichte ab 14,50 €. Strandkiosk, Restaurant, Partylocation und Sauna – alles dabei. Hier kommt man nur zu Fuß hin. Für jeden Geschmack und Geldbeutel ist etwas dabei: Austern, Bier, Currywurst, Hummer. Ein Magnet für Kinder ist das große Abenteuerschiff am Strand.

Moderat – **Blum 3**: Westerlandstr. 8, Tel. 04651 47 10, www.fisch-blum.de, in der Saison tgl. Fischfachgeschäft mit Bistro. Hauptgerichte, z. B. Scampi vom Grill, ab 9 €. Auch Sylter sind mit dem Preis-Leistungs-Verhältnis zufrieden.

Tanz am Abgrund – **Kliffkieker 4**: Strandstr. 28, Tel. 04651 428 31, tgl. ab 11 Uhr, Hauptgerichte ab 9 €. Deutsch-bürgerliche Küche. Mit Aussicht auf die brandende Nordsee, ab 22 Uhr Danz op de Deel. Auf der Terrasse geschützte Spielecke für die Kleinen.

Grandiose Lage – **Gosch am Kliff 5**: Strandstr. 23, Tel. 04651 456 88, in der Saison tgl. ab 11 Uhr, Hauptgerichte ab 9 €. Fisch-Edelimbiss auf dem Kliff an der Abbruchkante, also mit Meerblick – der Sonnenuntergang wird hier regelrecht zelebriert.

Auf Entdeckungstour

Stille Sylter Schönheit – durch die Braderuper Heide

Zwischen Braderup und Kampen erstreckt sich hoch über dem Wattenmeer die Braderuper Heide, die man auf eigene Faust oder im Rahmen einer geführten Tour erkunden kann. Diese hinreißend ruhige und schöne Landschaft wird seit Jahrzehnten nicht nur geschätzt, sondern auch aktiv geschützt und gepflegt.

Reisekarte: ► E 3

Ausgangspunkt: für Führungen im Naturzentrum Braderup 4

Heidewanderung: April–Sept. Di, Do 10 Uhr, Dauer: ca. 1,5 Std., Spende erwünscht

Naturkundliche Fahrradtour: Mai–Okt., jeden 1. und 3. Mo im Monat um 14 Uhr, ca. 2 Std.

Wer an Sylt denkt, denkt an weiße Strände, Dünen, eine beeindruckende Brandung und vielfarbige Kliffs. Spätestens bei einem Spaziergang in der Braderuper Heide erkennt man, dass Sylt noch mehr Superlative zu bieten hat. Auf der Insel liegen 50 % der Heidelandschaften Schleswig-Holsteins. Urwüchsig und natürlich wirken sie, doch bereits bei einem Rundgang durch das Naturschutzzentrum in Braderup wird deutlich, dass die Braderuper Heide – ebenso wenig wie die Lüneburger Heide – eine natürliche Landschaftsform ist. Ursprünglich entstand sie durch die Rodung von Wäldern. Bodenerosion und damit einhergehende Nährstoffverarmung begünstigten die Entwicklung von Geestheiden, die von den Menschen jahrhundertelang als Brennmaterial, Stallstreu und als Viehweide genutzt wurden. Nur durch diese intensive Form der Nutzung und Pflege bleibt sie erhalten.

Up de Hiir

Mit einem Zivildienstleistenden oder einem sogenannten FÖJler, der ein freiwilliges ökologisches Jahr im Naturschutzzentrum absolviert, geht die Tour los. Die Straße **Up de Hiir** zweigt von der Hauptstraße in Richtung Heide und Watt ab. Sie passiert zwei Prachtexemplare friesischen Hausbaus aus der 2. Hälfte des 18. Jh. Die ansonsten von jüngeren (Ferien)Häusern gesäumte Straße führt direkt auf die Heide am Watt.

Ein gelbes Schild mit einer Waldohreule verweist auf den Beginn des **Naturschutzgebietes.** Die Waldohreule aus der DDR hat nach der Wende den Weißkopfseeadler abgelöst, der die dreieckigen grünen Naturschutzschilder in Westdeutschland schmückte. Die Eule passt eindeutig besser, denn das Tier hat es schon immer auf Sylt gegeben, während der Weißkopfseeadler weder auf Sylt noch sonst irgendwo in Deutschland vorkommt. Nun wacht die Eule also über die Heide am Meer.

Früher Naturschutz

Gepflegt wird die Braderuper Heide heute durch die Naturschutzgemeinschaft Sylt e. V., die auch das Naturzentrum unterhält. Es ist der älteste Naturschutzverein Schleswig-Holsteins, dessen Gründung auf die Initiative von Ferdinand Avenarius zurückgeht. Als dieser 1877 das erste Mal nach Sylt kam, war Westerland bereits ein florierendes Seebad und kapitalkräftige Investoren hatten begonnen, die Insel zu verplanen bzw. zu verbauen. Avenarius erkannte, dass die Sylter Natur nur durch gesetzliche Maßnahmen zu retten sei. Auf seine Initiative hin wurden die Dünenlandschaften von Kampen bis List sowie das Morsum-Kliff 1923 unter Naturschutz gestellt. Seit 1979 steht auch die Braderuper Heide unter Naturschutz.

Das Wrack in der Braderuper Bucht

Über einen in die Heide gebetteten Bohlenweg geht es zunächst einmal hinunter in die hellsandige, durch das Weiße Kliff vor scharfen Westwinden geschützte **Braderuper Bucht.** Im Wechsel der Gezeiten geht und kommt hier das Wasser.

Ein paar hundert Meter Richtung Norden ragt bei Ebbe das Wrack eines ehemals stolzen Dreimasters aus dem Watt. 1903 war der Schoner als Britannia in einer dänischen Werft vom Stapel gelaufen, später in Mariann umgetauft worden. Pläne einer Sylter Wirtin, die den Oldtimer von einer Abwrackwerft in der Nähe von Göteborg an die Wattküste schleppen ließ, um dort eine Teestube einzurichten, scheiterten letztendlich an der Bürokratie. Fast zwei Jahrzehnte später entdeckten Jugendliche das verrottende, bei Ebbe zugängliche Wrack für sich als Abenteuerspielplatz und Partytreff. Als die Mariann im Mai 1981 in Flammen aufging, rückte die Feuerwehr nicht aus. Im Watt am Fuße der Heide kehrte wieder Ruhe ein.

Richtung Kampen geht der Strand nun in **Salzwiesen** über. Hier bauen Rotschenkel, Brandgans und Austernfischer ihre Nester. Auf ausgesuchten Flächen grasen Schafe, die mit ihrem Schäfer auch immer wieder in der Heide unterwegs sind.

Lebendige Heide

Bereits seit vielen Jahren unterstützen Schafe die Heidepflege auf Sylt. Zunächst wurden sie nur für die Sommermonate eigens auf die Insel geholt. Doch heute sind es Inselschafe, die hier grasen. Die aktive Nutzung und Pflege der Heide ist notwendig, damit sie nicht überaltert und verholzt. Zu den Pflegemaßnahmen gehört neben der Beweidung und dem Abbrennen auch das sogenannte Plaggen, bei dem – heute maschinell – die oberste, nährstoffreiche Humusschicht abgetragen wird. Auf dem verbliebenen Rohhumus wächst die Heide zwar, aber sie verholzt nicht, etwa 60 Jahre dauert es, bis sie wieder den gleichen Humusgehalt besitzt.

Die auf diese Weise gepflegte Landschaft ist Lebensraum für eine Vielzahl spezialisierter Pflanzen und Tiere. An die 2500 Tier- und etwa 150 Pflanzenarten (viele davon auf der Roten Liste) sind hier nachgewiesen worden. Außer den drei Hauptheidearten Krähenbeere (Blütezeit im April/Mai), Glockenheide (Blütezeit ab Juli) und Besenheide (Blütezeit ab Ende August) findet man Kostbarkeiten wie geflecktes Knabenkraut, Sonnentau, Arnika und Lungenenzian.

Feinde der Heide

Eine Bedrohung für die Heide ist die *Rosa rugosa* (Kartoffelrose), die in den 1920er-Jahren von der ostsibirischen Halbinsel Kamschatka eingeführt wurde. Sie breitet sich nicht nur stark über ihr Wurzelwerk aus, sondern auch durch Vögel, die die Hagebutten der Pflanze fressen und ausscheiden. Dort, wo der Samen abgesondert wird, wächst eine neue *Rosa rugosa,* die die Heidevegetation überwuchert. Ihre Verdrängung ist schwierig, die Pflanze abzustechen und rauszurupfen ist immer noch am wirkungsvollsten. Der einzige natürliche Feind der Rose ist Bodenfrost – metertief und monatelang –, aber damit kann auch das ansonsten vielseitige Sylt nicht aufwarten.

Am Ende lockt Erfrischung

Die Schafe dürfen und sollen querfeldein weiden, Wanderer bleiben auf den **Bohlenwegen,** die durch die Heide wieder hinauf ins Dorf führen. Die Führung endet am **Informationszentrum.** Hier erhält man als vertiefende Literatur u.a. die Broschüre »Denkschrift Sylt«, die von der Naturschutzgemeinschaft Sylt 2008 herausgegeben wurde und Aspekte wie Naturschutz, Bebauung, Tourismus, Landwirtschaft und Küstenschutz beleuchtet. Im Café des benachbarten Körnerladens kann man bei einem Stück Kuchen oder bei einem köstlichen Gemüsebratling in der Broschüre schmökern. Wer ohne Führung durch die Heide wandert, findet im Café Kupferkanne in Kampen ein ideales Ausflugsziel am Ende der Wanderung (s. S. 102). Nirgends schmeckt der Kuchen so gut wie hier mit Blick über Heide und Wattenmeer.

Einkaufen

Naturkost – **Körnerladen 1**: M.-T.-Buchholz-Stich 1, Braderup, Tel. 04651 444 75, www.koernerladen.de, im Sommer Mo–Fr 9–18, Sa 9–13 Uhr, im Winter Mo–Fr 9–12.30 und 14.30–18, Sa 9–13 Uhr. In Braderup neben dem Naturzentrum gelegen. Obst und Gemüse, Milchprodukte, Weine und Säfte, Körniges. Auf der kleinen Terrasse vor dem Laden wird Kaffee und Kuchen serviert.

Feines aus Leder – **Manufaktur 2**: M.-T.-Buchholz-Stich 9, Braderup, Tel. 04651 431 35, www.manufaktur-sylt.de, Mo–Fr 10–13, 14–18 Uhr. In einer alten Scheune am Ortseingang von Braderup (neben dem Hotel Weißes Kliff) werden natürlich gegerbte Häute zu Taschen, Sandalen, Koffern und Kleidung verarbeitet.

Aktiv & Kreativ

Wenningstedt macht seinem Ruf als Familienbad alle Ehre. Es gibt einen **Minigolfplatz 1** in der Dünenstraße, eine **Trampolinanlage 2** am Trampolinplatz am Wenningstedter Kliff und kostenlose Kinderbetreuung in der Saison, Info und Anmeldung in der Tourist-Information.

Für Zirkusfreunde – **InselCircus 3**: (s. Tipp).

Für Pferdefans – **Bodils Ponyfarm 4**: Terpwai 20, Braderup, Tel. 04651 424 44, www.bodils-ponyfarm.de, www.schulz-sylt.de. Unterricht, tgl. 1- bis 2-stündige Ausritte durch die Heide ans Wattenmeer. Kinder können bei Familie Schulz auch ohne Eltern Urlaub machen.

Für kleine Motorcracks – **Mini-Cross-Bahn-Sylt 5**: Sportplatz neben der Norddörfer-Halle, im Juli/Aug. bei trockenem Wetter tgl. 10–13, 15–20 Uhr, www.mini-cross.de, ab 6 J., nur mit langen Hosen und festen Schuhen, ca. 8 € für 10 Min.

Feldenkrais-Reiten – **Reiterhof Volquardsen 6**: Terpwai 17, Tel. 04651 443 69, www.sylt-feldenkrais.de. Der Hof bietet heilpädagogisches Reiten, mit Halle. Das eigene Pferd ist willkommen.

Surfen, Kiten und Wellenreiten – **Camp One 7**: Surfschule am Trampolinplatz, Tel. 04651 433 75, www.surfschule-wenningstedt.de, Mai–Okt. Kurse für Anfänger (ab 9 J.) und Fortgeschrittene.

Einlochen zwischen Dünen und Meer – **Golf-Club Sylt 8**: Norderweg 5, Tel. 04651 995 98 19, www.golf-club-sylt.de, Greenfee: 18 Loch 60 €. Gepflegter

Mein Tipp

Manege frei für Clowns & Co

Eine bunte und aufregende Welt nicht nur für Kinder. Im Juli/August wird der **InselCircus 3** auf einer Wiese am Ortsrand von Wenningstedt aufgeschlagen. Abends gibt es Aufführungen, doch vor- und nachmittags gehört das Zelt dem Nachwuchs: Die Kleinsten (3–5 J.) können sich im FlohCircus amüsieren, größere Kinder (6–14 J.) werden zu Artisten. Im Mitmachzircus dürfen sie eine Woche lang selbst Zirkus machen. Sie entscheiden selbst, ob sie Artist, Seiltänzer, Clown, Fakir oder Zauberer sein wollen. Festlicher Abschluss der Woche ist die Zirkusgala am Freitagnachmittag (Kampener Weg, Tel. 04651 29 94 99, nur Juli/Aug., sonst Tel. 040 32 08 28 02, Mo–Fr 9–16 Uhr, www.inselcircus.de, Flohzirkus/Mitmachzirkus Mo–Fr 9–13 Uhr, 90 €).

Watt entlang von Keitum an St. Severin vorbei nach Munkmarsch führt.

St. Severin 1

Kirchenweg, www.st-severin.de, tgl. 10–18 Uhr, So 10 Uhr Gottesdienst, Mi abends Orgelkonzerte, Do nachmittags Kirchenführung

Die berühmteste Sehenswürdigkeit Keitums ist die Seefahrerkirche St. Severin auf dem höchsten Punkt des Sylter Geestkerns. In alt-germanischer Zeit befand sich hier ein Odinheiligtum. Urkundlich erwähnt wird die Kirche seit 1240, ihr Ostteil ist aber mit Sicherheit älter. Der Turm entstand erst um 1450. Einer Sage zufolge haben zwei alte Damen, Ing und Dung, Turm und Glocke gestiftet – die beiden eingemauerten Findlingshälften an der Westseite des Gotteshauses sollen die Grabsteine der Stifterinnen sein. Ein Hochgenuss für Musikfreunde sind die Orgelkonzerte (s. S. 124). Die alte Orgel aus dem Jahre 1787 wurde 1999 durch ein neues Instrument von der Firma Mühleisen aus Leonberg in Baden-Württemberg ersetzt. Mit 46 Registern ist sie die größte Kirchenorgel Nordfrieslands und gehört zu den klangschönsten Instrumenten des Nordens. Eine Feldsteinmauer umgibt den Kirchhof, hier findet man noch 17 historische, unter Denkmalschutz stehende Grabsteine – neben der Kirche und hinter der Kapelle. Begraben sind an diesem Ort auch der Sylter Chronist Christian Peter Hansen, Ferdinand Avenarius und der Verleger Peter Suhrkamp.

Sylter Heimatmuseum 2

Am Kliff 19, Tel. 04651 316 69, April–Okt. Mo–Fr 10–17, Sa, So 11–17, im Winter Mi–Sa 12–16 Uhr, 3,50/5 € (mit/ohne Gästekarte)

Am Rande des grünen Kliffs liegt das schmucke Friesenhaus mit besuchenswertem Museum. Das 1759 errichtete Sylter Heimatmuseum beherbergt u. a. vorgeschichtliche Funde, friesische Handwerkskunst und Kostbarkeiten aus der Walfängerzeit. Viel Platz wird Uwe Jens Lornsen (1793–1838) eingeräumt, dem in Keitum geborenen Freiheitshelden von Sylt, dessen Großvater das Haus erbaute. Seine Biografie schrieb der in Keitum wirkende Lehrer und Chronist C. P. Hansen (1803–1879). Ohne dessen Sammel-, Forschungs- und Lehreifer wäre wohl vieles aus der Inselgeschichte in Vergessenheit geraten. Hansen verfasste die »Chronik der friesischen Uthlande«, schrieb die mündlich überlieferten Sagen auf und sammelte Fossilien sowie archäologi-

sche Fundstücke, die den Grundstock des Sylter Heimatmuseums in Keitum bilden.

Das Altfriesische Haus mit Museumsweberei 3

Am Kliff 13, Tel. 04651 311 01, Öffnungszeiten wie Sylter Heimatmuseum, Kombikarte beider Museen 6,50/10 € (mit/ohne Gästekarte)

Das Altfriesische Haus von 1739 liegt in unmittelbarer Nachbarschaft zum Sylter Heimatmuseum und ist ebenfalls sehenswert – von außen wie von innen. Das Haus war einst Wohnsitz von C. P. Hansen. Ausgestattet mit Möbeln aus dem 18. und frühen 19. Jh. vermittelt es einen guten Einblick in die damalige Lebensweise der Inselfriesen. Der Wiener Autor Ludwig Hevesi notierte 1894 nach einem Besuch: »So haben sie gelebt, da draußen im Nordmeer, auf ihrer zerfressenen Scholle, die immer kleiner wird. Einst wird sie ganz verschlungen sein, die Sylter glauben fest daran ...« In der Museumsweberei wird heute noch an historischen Webstühlen gearbeitet, die Produkte sind im Museum käuflich zu erwerben. Donnerstags können Interessierte live erleben, wie die Arbeit an den Webstühlen funktioniert: Dann klöppeln am Nachmittag die Damen aus dem Ort. Gäste sind willkommen. Sie können mitmachen, angelernt werden oder einfach nur zugucken.

My Friesenhaus is my castle – Keitum besticht durch schmucke Häuschen

Feuerwehrmuseum 4

C.-P.-Hansen-Allee 9, April–Okt. Di 10.30–13 Uhr, Eintritt frei, Spende erwünscht
Die Sammlung von Uniformen, Helmen, Fotos und verschiedenen Ausrüstungsgegenständen im früheren Keitumer Spritzenhaus dokumentiert 150 Jahre Sylt-Oster Feuerwehrgeschichte. Auf Fragen erteilen altgediente Feuerwehrmänner gerne Antwort.

Hünengräber

Am östlichen Ortsrand liegen zwei Hünengräber aus vorgeschichtlicher Zeit

Keitum

Sehenswert
1 St. Severin
2 Sylter Heimatmuseum
3 Das Altfriesische Haus mit Museumsweberei
4 Feuerwehrmuseum
5 Tipkenhoog
6 Harhoog
7 Schöpfwerk am Nössedeich

Übernachten
1 Hotel Benen-Diken-Hof
2 Kamp's Hotel
3 Mühlenhof
4 Keitumer Hafenhaus

Essen & Trinken
1 Karsten Wulff
2 Fisch-Fiete
3 Florian's Esszimmer
4 Salon 1900
5 Kleine Küchenkate
6 Nielsen's Kaffeegarten
7 Die kleine Teestube

Einkaufen
1 Witthüs Kunsthandwerk & Töpferei
2 Handweberei Silke Wessel
3 Glaskunst Westphal
4 Sylter Teekontor
5 Friesisches Käselädchen

Aktiv & Kreativ
1 Dorfführungen
2 Reitschule Grünhof
3 Reitstall Hoffmann

Abends & Nachts
1 Pius'

malerisch über dem Watt: Auf dem Hügel **Tipkenhoog** 5, auf dem lange Zeit zum Petritag das Biikefeuer brannte, soll der Sage nach der Riese Tipke begraben sein. Er hielt angeblich auf einem in der Nähe gelegenen Wachturm Ausschau nach Feinden. Der erste Grabungsleiter vermerkte im Jahre 1870, dass das Hünengrab aus der Jungsteinzeit »nicht das geringste Produkt menschlichen Kunstfleißes« aufwies. Im Zweiten Weltkrieg wurde hier eine Flakstation installiert. Ein paar Meter weiter liegt das Großsteingrab **Harhoog** 6. Die ursprünglich nordwestlich des Ortes gelegene Steinkammer wurde beim Aushub für den Deich des Nössekoogs entdeckt und wegen einer Flugplatzerweiterung verlegt.

Naturschutzgebiet Sandinseln

Die Sandinseln südlich von Keitum sind seit 1975 Naturschutzgebiet und dürfen nicht betreten werden. Sie entstanden bei der ersten Sylter Sandvorspülung im Jahre 1972 aus Abraummaterial – grober, unbrauchbarer Kies –, das von Baggern abgetragen werden musste, bevor man an den feinen Kaolinsand für die Sandvorspülung herankam. Ohne menschliches Einwirken entwickelten sich die liegen gelassenen Sandbänke rasch zu einem der bedeutendsten nordfriesischen Brutgebiete für Möwen und Seeschwalben. Andernorts wurden ihre Brut- und Rastplätze immer stärker durch Störungen – sei es durch Touristen oder das Eindringen der Füchse über den Hindenburgdamm – dezimiert. 1985 wurde der landnahe Bereich der Sandbänke abgetragen und damit der Inselcharakter wieder hergestellt. Ein Zivildienstleistender betreut die Sandinseln von März bis September. Die Schutzstation Wattenmeer unterhält südlich von Keitum eine Außenstelle im alten **Schöpfwerk am Nössedeich** 7. Hier beginnen die Wattwanderungen und vogelkundlichen Führungen.

Übernachten

Luxus – **Hotel Benen-Diken-Hof** 1: Süderstr. 3–5, Tel. 04651 938 30, www.benen-diken-hof.de. DZ 206–337, Apartments 290–427 €. Das Romantik-

Hotel im Landhausstil beherbergt 40 Zimmer und Apartments (bis 4 Pers.) im Kapitänshaus, Norderhaus und Westerhaus, die durch Galeriegänge miteinander verbunden sind. Wellnessbereich mit Pool, Beauty Studio, Kinderbetreuung sind im Angebot.

Hell und freundlich – **Kamp's Hotel 2**: Gurtstig 41, Tel. 04651 983 90, www.kamps-sylt.de, DZ 159, FeWo ab 175 €. Persönlich geführtes Haus mit hübsch eingerichteten Zimmern, drei Apartments, großem Garten. Im hauseigenen Galeriecafé mit Sonnenterrasse wird selbst gebackener Kuchen serviert.

Viel Garten, viel Ruhe – **Mühlenhof 3**: Kirchenweg 29, Tel. 04651 933 10, www.muehlenhof.de, FeWo 80–145 €. Zehn komfortable Wohnungen für 1–4 Pers. in einem reetgedeckten, alten Bauernhaus, das zu 100 % mit Ökostrom versorgt wird. Großes, freies Grundstück. Kleiner Spielplatz mit Sandkasten und Schaukel.

Am Wattenmeer – **Keitumer Hafenhaus 4**: Kirchenweg 28, Tel. 04651 960, www.keitumerhafenhaus.de, FeWo 80–135 €. Vom Keitumer Hafen blieb allein das 1829 erbaute Packhaus erhalten. Heute beherbergt es unterschiedlich große Ferienwohnungen für 2 Pers. (nur Nichtraucher), Parterrewohnungen mit Terrasse, Liegewiese mit Strandkörben.

Essen & Trinken

Erstklassig – **Karsten Wulff 1**: Museumsweg/Am Kliff, Tel. 04651 303 00, www.karsten-wulff.de, Mo–Sa 12–14.30 und ab 17.30 Uhr, Hauptgerichte ab 19 €. Für viele die beste Fischadresse auf Sylt. Inselweit geschätzte Gourmetküche in einer Gründerzeitvilla mitten in Keitum. Der Fisch kommt frisch vom Kutter. Auf der Karte stehen Klassiker wie Seezunge Müllerin und das Filet vom Nordsee-Kabeljau, aber auch Spezialitäten vom nordfriesischen Lamm.

Gut besucht – **Fisch-Fiete 2**: Weidemannweg 3, Tel. 04651 321 50, www.fisch-fiete.de, tgl. 12–14 und ab 18 Uhr, Hauptgerichte ab 16 €. Friesisch-gemütliche Einrichtung mit antiken Fliesen, Gartenterrasse unter schattigen Laubbäumen. Der Fisch wird nach alten Familienrezepten zubereitet. Für diejenigen, die keinen Fisch mögen, gibt's Steaks und Wildgerichte. Im legeren Fiete's nebenan werden den Gästen Kuchen und kleine Bistro-Gerichte geboten.

Treffpunkt für Genießer – **Florian's Esszimmer 3**: Gurtstig 2, Tel. 04651 318 84, www.esszimmer-sylt.de, Mittagstisch 12–14.30 Uhr, danach Kuchen, Abendkarte ab 18 Uhr, Hauptgerichte ab 11 €. Erlesene Küche in stilvollen, modernen Räumlichkeiten am Keitumer Ortseingang. Die Speisekarte bietet außergewöhnliche Tafelfreuden wie Teegeräucherte Entenbrust oder Krake und Gurke vom Grill, zum Dessert genießt man Schokowürfel und Zimtkrapfen.

Gesellig – **Salon 1900 4**: Süderstr. 40, Tel. 04651 93 60 00, www.salon1900.de, Küche tgl. 12–23 Uhr, Hauptgerichte ab 11 €. Café, Restaurant, Bar und Disco. Die Räume in dem 1854 erbauten Friesenhaus sind mit originalen Stücken à la 1900 ausgestattet. Cafégarten. Regionale Küche mit internationalen Einflüssen.

Moderat – **Kleine Küchenkate 5**: Hoyerstich, Tel. 04651 333 87, www.sylt-keitum.de, durchgehend Küche ab 11.45 Uhr, Mittagstisch ab 7 €. Serviert werden hausgemachte Spezialitäten und Gutbürgerliches: Kuchen, Salate, Eintöpfe, Matjes, Schnitzel, frischer Fisch und Scampi, alles auch zum Mitnehmen.

Tradition am Watt – **Nielsen's Kaffeegarten 6**: Am Kliff 5, Tel. 04651 316 85, www.nielsens-kaffeegarten-sylt.de, Mi–Mo 8–18 Uhr. Bäckerei und Konditorei, frische Brötchen gibt's tgl. ab 6.30, So ab 8 Uhr. Ruhige Terrasse mit Blick übers Wattenmeer. Frühstücksbuffet, kleine und größere Mittagsgerichte für zwischendurch, nachmittags gibt's köstliche Kuchen und Torten.

Echt friesisch – **Die kleine Teestube 7**: Gurtstig/Ecke Westerhörn 2, Tel. 04651 318 62, www.kleineteestube-sylt.de, Fr–Mi 10–18 Uhr. Gemütliches Ambiente zum Wohlfühlen. Leckere Kuchen, Waffeln, Blaubeerpfannkuchen, aber auch deftige Kleinigkeiten wie hausgemachte Eintöpfe, Salate und Krabbenbrot mit Spiegelei ab 5 €.

Einkaufen

Verlockende Vielfalt – **Witthüs Kunsthandwerk & Töpferei 1**: Am Kliff 5a, Tel. 04651 34 06, www.witthues-keitum.de. Bereits im Garten beginnt die Entdeckung des Schönen: Man findet Gartenkeramik sowie Klang-, Wind- und Wasserspiele, im Laden die Werke verschiedener Töpfer, Glasbläser, Goldschmiede und auch Bildhauerarbeiten.

Feine Stoffe – **Handweberei Silke Wessel 2**: Erich-Johannsen-Wai 1, Tel. 04651 302 09. Wunderbare Webarbeiten aus Wolle, Leinen, Baumwolle und Seide. Ein Traum sind die federleichten Mohairdecken und Schals.

Glaskunst – **Hans Jürgen Westphal 3**: Im Bahnhof, Tel. 04651 329 33, www.westphal-glas.de. Werkstatt und Gale-

Alles, was man über Tee wissen muss, verrät das Teekontor

rie mit ganz unterschiedlichen Glasarbeiten: Champagnerkelche, bunte Masken und Wandobjekte. Sie sind geblasen, gegossen, geschmolzen oder mit Holz kombiniert.
Schöne Mitbringsel – **Sylter Teekontor mit Töpferei 4**: Siidik 15, Tel. 04651 889 11 94, www.teekontorkeitum.com. Neben Tee und einer stattlichen Auswahl an Teegerätschaften gibt es Süßes und Leckeres und schöne Töpferwaren, Teeseminare Do 18 Uhr, 10 €.
Für wahre Genießer – **Friesisches Käselädchen 5**: Siidik 6, Tel. 04651 96 74 41. Käse von Sylter Ziegen, Wurst vom Schaf, Weine und feine Marmeladen.

Aktiv & Kreativ

Zu Fuß durch Keitum – **Dorfführung, ab Tourismus-Service 1**: Parkplatz Ortseingang West, ganzj. Di 10.15 Uhr, 4,50 €, April–Okt inkl. Besuch im Feuerwehrmuseum. Mai–Okt. zusätzliche Dorfführung inkl. Besuch des Altfriesischen Hauses, jeweils Do 10.15 Uhr, 6,50 €.
Frauengeschichten – **Bräute, Jungfern & Seemannswitwen, ab Sylter Heimatmuseum 2**: in der Saison Mi 11 Uhr, 12,50 €. Silke von Bremen schildert bei ihrer Führung anschaulich das harte Sylter Frauenleben im 18. Jh.
Mit 2 PS – **Dorfführung mit der Kutsche, ab Tourismus-Service 1**: Mai–Okt. Mo 11 und 13 Uhr, 8,50 €, Abfahrt am Parkplatz West. Zweistündige Tour durch Keitum, inkl. Besuch der St. Severin-Kirche und des Heimatmuseums. Wer kürzer unterwegs sein möchte: Eine Pferdekutsche zuckelt geruhsam Mi und So stdl. von 11–14 Uhr durchs Dorf (4,50 €).
Naturerlebnisse im Nationalpark – **Schutzstation Wattenmeer, Altes Schöpfwerk 7**: Koogstr., Tel. 0173 232 01 02. Wattexkursionen, Seevogelführungen, historische Deichspaziergänge, Treffpunkt ist das Schöpfwerk am Deich in Keitum oder auch der Parkplatz am Deichaufgang Dikwai in Morsum. Die Programme liegen in den Touristenbüros aus.
Reiten drinnen oder draußen – **Reitschule Grünhof 2**: Süderstr. 80, Tel. 04651 312 08, www.gruenhof-sylt.de. Unterricht und Ausritte. Der Hof bietet auch Gastpferdeboxen. **Reitstall Hoffmann 3**: Gurtstig 46, Tel. 04651 315 63, www.reitstall-hoffmann.de. Reiten am Strand, Watt und durch die Braderuper Heide, tgl. 10–12 Uhr.

Abends & Nachts

Für Genießer – **Pius' 1**: Am Kliff 5, Tel. 04651 889 14 38, www.pius-weine.de, tgl. ab 15, im Winter ab 17 Uhr. Gemütliche Weinstube, ungezwungene Atmosphäre. Auf der Vesperkarte stehen herzhafte Kleinigkeiten. Genuss für Zuhause: Weine, Olivenöle und Schokoladen zum Mitnehmen.
Gesellig – **Salon 1900 4**: Cocktails und Disco-Fox bis 2 Uhr und länger.

Infos & Termine

Informationen

Tourismus-Service: Parkplatz Ortseingang West, 25980 Sylt/Keitum, Tel. 0180 5 55 79 58 (0,14 €/Min.), www.sylter-friesendoerfer.de, www.keitum.de.

Termine

Orgelkonzerte: in der St.-Severin-Kirche, ganzj. Mi 20.15 Uhr.
German Polo Masters: an zwei Wochenenden im Juli und Aug. am Ortsrand von Keitum Siidik. Die internationale Elite der Polospieler liefert sich

Matches der Spitzenklasse, Info unter www.polomasters.de.

Keitumer Skulpturtage: Aug./Sept. Innerhalb einer Woche entstehen Formen und Figuren aus unterschiedlichen Materialien. Workshops sind für diejenigen im Angebot, die nicht nur gucken, sondern selber schaffen wollen, www.keitumer-skulpturtage.de.

Munkmarsch ► E 4

Einst war der kleine, zwischen Braderup und Keitum gelegene Hafenort der wichtigste Verkehrsknotenpunkt von Sylt. Von hier aus wurde das Mehl der 1744 errichteten Mühle aufs Festland verfrachtet, seit 1755 legten hier die Postboote an. Nachdem in Keitum ein neuer Hafen ausgebaggert und ein Zollbüro eingerichtet worden war, übernahm der Nachbarort ab etwa 1820 die führende Rolle.

Als die Keitumer den Hafen Ende der 1860er-Jahre jedoch wegen Verschlickung aufgeben mussten, baute der geschäftstüchtige Kapitän Thomas Selmer in Munkmarsch eine Mole und ein prächtiges Fährhaus. 1866 erhielt er die Genehmigung, Passagiere von Hoyer nach Munkmarsch zu befördern. Vom Hafen aus wurden die Badegäste dann per Pferdedroschke weiterkutschiert. Anno 1888 rollte der erste Zug von Munkmarsch nach Westerland. Mit der Eröffnung des Hindenburgdamms 1927 fiel der Hafenort in einen Dornröschenschlaf, der Hafen versandete. Noch immer aber steht hier das Fährhaus, das 1997 als Nobelrestaurant neu eröffnet wurde.

Übernachten, Essen

Genießen am Wattenmeer – **Fährhaus Sylt:** Heefwai 1, Tel. 04651 939 70, www.faehrhaus-sylt.de, tgl. 12 bis open end, Küche 12–17, 18–21.30 Uhr, DZ 298–346 €. Wunderschön restauriertes Fährhaus von 1880 (s. Lieblingsort S. 126) und ein moderner luxuriöser Hotelneubau. Edel eingerichtete Zimmern und Suiten. Das Restaurant Fährhaus ist mit einem Michelinstern ausgezeichnet, Fisch/ Fleisch ab 28 €. In den mit Fliesenwänden und Kachelofen ausgestatteten Käpt'n Selmers Stuben geht es preislich entspannter zu, vegetarische Gerichte ab 12 €.

Einkaufen

Schönes für Haus und Garten – **Marschentöpferei:** Munkhoog 47, Tel. 04651 93 53 34, www.marschentoepferei.de , Mo–Fr 10–18, Sa 10–14 Uhr. Formschönes Geschirr, frostbeständige Gartenkeramik, bemalte Wandfliesen (auch Türschilder und Hausnummern) sowie Urnen. Besucher können in der

Mein Tipp

Calles Beach ► E 4

Eine sanft geschwungene Sandbucht erstreckt sich neben bzw. hinter dem Munkmarscher Hafen. In den 1970er-Jahren wurde sie zuerst von Surfern entdeckt. Sie war Austragungsort für den ersten Windsurfing World Cup Sylt. Mittlerweile hat man die Wettkämpfe an die Brandungsküste vor Westerland verlegt. Calle Schmidt, Deutschlands erster Surfer, betreibt hier eine renommierte Surf- und Segelschule (s. S. 128). Die Bucht ist ein wunderbarer Platz für sonnige Strand- und Badestunden.

Lieblingsort

Das Leben ist schön ► E 4

Wenn die Sonne scheint und alle am Strand sind, ist es Zeit für die zauberhaft stille Seite der Insel. Nirgendwo sitzt es sich dann schöner als auf der viktorianischen Terrasse des **Fährhauses Sylt** in Munkmarsch (s. S. 125). Es muss nicht das große Menü sein, vielleicht nur ein Cappuccino und hausgemachte Waffeln oder ein leichter Sommersalat. Der Blick schweift über den Jachthafen, Möwen schreien, Segelringe klappern am Mast. Kaum eine Menschenseele weit und breit.

offenen Werkstatt beim Töpfern zuschauen.

Aktiv & Kreativ

Traditionsreich und vielseitig – **Syltsportiv:** am Hafen, Tel. 04651 93 50 77, www.syltsurfing.de. Hier kommt die ganze Familie auf ihre Kosten. Wenn das Wasser da ist: Jüngstensegeln ab 6 J., Catsegeln ab 12 J.; Surfkurse ab 6 J. und Funboardsurfen bis zur Brandungsreife. Wenn das Wasser weg ist: Golfunterricht für Anfänger und Könner ab 5 J.

Morsum ► F 5

Sylts östlichster Ort besteht aus mehreren Streusiedlungen: Großmorsum, Kleinmorsum, Schellinghörn, Osterende und Wall. Bis ins 18. Jh. bildete Morsum mit 140 Häusern den Hauptort der Insel, erst später liefen ihm Keitum, Munkmarsch und Westerland den Rang ab. Erstaunlich großzügig für das – trotz Bahnhof – überwiegend ländlich geprägte Morsum wirkt das 1989 in der Ortsmitte eröffnete Kulturzentrum Muasem Hüs, in dem auch der Tourismus-Service untergebracht ist.

St. Martin-Kirche

Haawerlön, tgl. 9–18 Uhr

Sehenswert ist die kleine, im 13. Jh. erbaute spätromanische Kirche. Das trutzige, weiß getünchte Gotteshaus blieb ohne Turm: Ein bescheidenes Holzgestell mit der 1767 in Hamburg gegossenen Glocke steht nebenan. Das meterdicke Mauerwerk der Kirche aus Back- und Feldsteinen ruht auf einem Sockel von Granitquadern. Der Flügelaltar an der Nordwand des Chores stammt aus der Zeit um 1500. Die Kanzel (1698) zeigt goldgetönte Reliefszenen aus dem Leben Jesu. Eine Holztafel erinnert an den 15. März 1744. An diesem Tag ertranken 84 heimkehrende Grönlandfahrer, darunter auch 50 Morsumer, in Sichtweite ihrer Heimatinsel.

Morsum-Kliff! ► F 5

An der Wattseite, Informationstafel vor Ort, naturkundl. Führungen ab Parkplatz Morsum-Kliff, April–Okt. Mo, Mi und Fr 11 Uhr, Di und Do 14 Uhr, ab 4,50 €. Geologische Führungen nur zu bestimmten Terminen, Info im Tourismus-Service

Östlich von Morsum erstreckt sich das Naturschutzgebiet Morsumer Heide mit seltenen Pflanzen wie Zwergbirke, Sonnentau und Ährenlilie. Hier finden sich mehrere vorzeitliche **Grabhügel** sowie weiter im Westen eine Hügelgruppe aus der Wikingerzeit.

Spazierwege führen durch die Heide zum spektakulären, 1800 m langen und bis zu 21 m hohen Morsum-

Mein Tipp

Auf grünem Deich ► F 5

Morsum hat eine eigene kleine, tideabhängige Badestelle am Wattenmeer. Auf dem grünen Deich im Süden des Ortes ist ein kleines Areal für Strandkörbe abgezäunt. Man ist unter sich, die Schafe bleiben draußen, ihr Blöken nicht. Eine kleine Treppe führt von der befestigten Steinkante in die Fluten – Wasser ist hier allerdings nicht immer anzutreffen. Den Gezeitenkalender erhält man beim Tourismus-Service.

Kliff, das bereits seit 1923 unter Naturschutz steht. Vom Jungtertiär bis zur Eiszeit lassen sich hier bis zu 10 Mio. Jahre erdgeschichtliche Entwicklung ablesen. In der Saale-Eiszeit wurden die im Tertiär entstandenen Schichtungen durch den gewaltigen Druck der Gletscher zusammengestaucht und gleichsam nebeneinander gestellt: blauschwarzer Glimmerton (10–5 Mio. Jahre alt), daneben rostfarbener Limonitsandstein (6–4 Mio. Jahre alt) und weißer Kaolinsand (3–2 Mio. Jahre alt). Am besten lässt sich das farbige Kliff von unten, also vom Watt aus betrachten, aber auch von der Aussichtsplattform an der oberen Kante der Steilküste ergeben sich faszinierende Einblicke in das geologische Bilderbuch.

Rundwanderung am Kliff

Wanderung vom Parkplatz Morsum-Kliff aus, 3,5 km, Dauer ca. 1 Std.
Eine etwa einstündige Wanderung führt vom Parkplatz vorbei am Gasthof Morsum Kliff. Hier zweigt ein ausgeschilderter Wanderweg nach links an die Steilkante mit Aussichtsplattform ab, weiter geht es ein Stück oben am Kliff entlang und dann hinunter ans Watt. Unterhalb des Kliffs spaziert man gen Westen am Wasser entlang, bis ein Weg in einem weiten Bogen zurück zum Parkplatz führt. Dieser Spaziergang ist auch für lauffreudige Kinder geeignet, mit Kinderwagen streckenweise etwas mühselig im Sand und nicht zu empfehlen.

Übernachten

In der Heide über dem Meer – **Morsum Kliff:** Nösistig 13, Tel. 04651 83 63 20, www.hotel-morsum-kliff.de, DZ 168–289 €, Kinder unter 12 J. kostenfrei. Eine der exklusivsten Adressen Sylts, das mitten im Naturschutzgebiet liegt. Zehn individuell eingerichtete Zimmer und ein gastfreundliches, ganztags geöffnetes Café-Restaurant. Tagesgerichte ab 9,50 €.

Campen – **Campingplatz Am Mühlenhof:** Melnstich 7, Tel. 04651 89 04 44, ganzj., ruhig gelegener Wiesenplatz, 15 Spazierminuten vom Deich und Watt entfernt.

Essen & Trinken

Gemütlich – **Fränkische Weinstuben:** Terpstig 87, Tel. 04651 89 04 40, www.fraenkische-weinstuben-morsum.de, Mi–Mo ab 12, Küche bis 21 Uhr, Hauptgerichte ab 10 €. Das Haus serviert bodenständige Küche mit fränkischem Einschlag. Es ist bekannt für Wildspezialitäten, aber auch für Lamm und Fisch. Nachmittags werden Zwetschgenkuchen und Apelstrudel in Uromas Cafégarten angeboten.

Kreative Küche – **Bistro Drei Hasen:** Terpstig 78, Tel. 04651 889 18 51, tgl. außer Mo, Hauptgerichte ab 10 €. Freundliches Restaurant, die Gartenterrasse nach hinten raus bietet den Schatten alter Bäume und einen angenehmem Blick über weite Felder.

Einkaufen

Unikate – **Edda Raspé:** Terpstig 15, Tel. 04651 89 02 58, www.edda-raspe.de. Die Goldschmiedin Edda Raspé verarbeitet handgeschliffene Granite vom Sylterstrand, teilweise kombiniert mit Edelsteinen, zu individuellen Schmuckstücken.

Qualität seit 1948 – **Friesland Strandkörbe:** Am Bahnhof, Tel. 04651 89 13 21, www.friesland-sylt.de, Mo–Fr 8.30–17, Sa 9–13 Uhr. Exklusive Strandkörbe und Möbel für Garten und Terrasse – auch individuell angefertigt.

Aktiv & Kreativ

Zwei Binnengewässer bieten Angelmöglichkeiten: Das Katrevel ist ein kleiner, bis zu 2 m tiefer See inmitten der Morsumer Wiesen in der Nähe des Deiches. Ein flussähnlicher Sielzug verläuft zwischen Tinnum und Morsum. Vertreten sind Hecht, Zander, Barsch, Aal, Karpfen, Schleie und verschiedene Weißfischarten. Info und Erlaubnisschein im Touristenbüro.

Abgelegen einputten – **Golf-Club Morsum:** Uasterhörn 37, Tel. 04651 89 03 87, Greenfee: 18 Loch 60 €. Ein für die Insel bemerkenswert windstiller Platz in den Wiesen vor Morsum.

Mit Reithalle – **Reiterhof Morsum:** Litjemuasem 16, Tel. 04651 89 02 39. Unterricht, Springen und Ausritte. Unterricht für Anfänger und Fortgeschrittene, Ausritte am Morsumer Watt entlang, durchs kleine Wäldchen und Wiesen, auch Beritt und Gastboxen.

Infos

Sylt Tourismus-Service im Muasem Hüs, Bahnhofstr. 4, 25980 Sylt/Morsum, Tel. 04651 89 07 32, www.morsum.de.

Archsum ► E 5

Kaum zu glauben, dass es einen so ruhigen, ländlich-bescheidenen Ort auf Sylt gibt. Bis zum Bau des Nössedeiches 1937 wurde das Bauern- und Seefahrerdorf häufig von Sturmfluten heim-

Morsum-Kliff – von hier oben verfängt sich der Blick im Nirgendwo

gesucht. Darum stehen die alten Friesenhäuser noch auf Warften, d. h. auf von Hand aufgeworfenen Erdhügeln, die Schutz vor den Fluten boten. Die Archsumer Geest ist seit der Steinzeit besiedelt, vor rund 2000 Jahren wurde ein **Ringwall** aufgeschüttet. Die minimalen Reste der Burg werden im Rahmen einer Dorfführung erläutert. An die Burg erinnert der Name einer Straße: Borig.

Hünengräber

Die ältesten erhaltenen Besiedlungsspuren sind rund 5000 Jahre alte Gräber. Bei Niedrigwasser sieht man im Watt südwestlich von Archsum Findlinge, die einst zu Großsteingräbern gehörten. Als sie errichtet wurden, lag der Meeresspiegel noch 10 m tiefer. Sie sind nicht ausgeschildert. Um fündig zu werden, folgt man am besten dem Deichweg zum Nössedeich und wendet sich auf der Deichkrone nach rechts. Nach einigen hundert Metern stößt man auf die jungsteinzeitliche Grabkammer Modjes Küül (Großmütterchens Kuhle/Keller) – wenig mehr als ein zusammengesunkener Haufen großer Findlinge, aber doch beeindruckend.

Übernachten

Alles vom Feinsten – **Hotel Christian VIII:** Heleeker 1, Tel. 04651 970 70, www.christianVIII.de, DZ/Suite 220–340 €. Luxuriöse Komfortsuiten unter Reet, zum Teil mit eigener Terrasse und

Kamin, im Haus befinden sich ein Wellnessbereich mit Sauna und Schwimmbad und ein Restaurant, das alles eingebettet in einen 7000 m^2 großen Park.

Mit Terrasse – **Friesenhaus Holst:** Norderende 12, Tel. 04651 89 07 18, www.friesenhaus-holst.de, FeWo 105 bzw. 320 €. Gepflegtes, schön renoviertes Friesenhaus mit vier gemütlich eingerichteten Wohnungen für 4 Pers. sowie einer großzügig geschnittenen Wohnung für 6 Pers. mit Sauna und Whirlpool. Alle Wohnungen mit eigenem Eingang und Terrasse.

Essen & Trinken

Mittendrin – **Alte Schule:** Dorfstr. 6, Tel. 04651 89 15 08, in der Saison 12–22, sonst 12–14, 17–22 Uhr, Mi geschl., Hauptgerichte ab 12,50 €, Mittagskarte um 10 €. Im ehemaligen Klassenzimmer und der Lehrerwohnung kommen norddeutsche Spezialitäten auf den Tisch.

Infos

Sylt Tourismus-Service: Dorfstr. 6, 25980 Sylt/Archsum, Tel. 04651 835 85 78, www.archsum.de.

Tinnum ▶ D 4

Der eher unspektakuläre Ort geht fast nahtlos in Westerland über. Die Reihen schlichter Einfamilienhäuser mit gepflegten Gärten in ruhigen Straßen, das große Gewerbegebiet am Ortsausgang mit Supermärkten, Reformhaus, Friseur, Getränkemarkt, Autowerkstatt usw. und die Eisenbahnlinie am nördlichen Ortsrand verleihen dem alten Bauerndorf den Charakter einer Vorstadt, wie man sie auch überall auf dem Festland finden könnte. Einst wohnten hier wohlhabende Bauern und es gab mehrere Mühlen. Noch 1850 wurden Tausende von Schafen gehalten – die Wollverarbeitung war eine der wichtigsten Erwerbsquellen. 1843 sollen mehr als 7000 in Tinnum hergestellte Jacken und fast 3000 Paar Strümpfe nach Hamburg exportiert worden sein.

Alte Landvogtei

Kampende, keine Innenbesichtigung

Im Dorfkern von Tinnum findet man noch einige alte Friesenhäuser wie die 1649 erbaute Alte Landvogtei, eines der ältesten Häuser auf Sylt. Zur Zeit der Dänenherrschaft war sie Sitz des höchsten Beamten der Insel, der für die Verwaltung und Einleitung rechtlicher Verfahren zuständig war. 1825 nächtigte hier der dänische König Friedrich VI. Der Sylter Landvogt Uwe Jens Lornsen residierte nur zehn Tage in der Vogtei , bevor er seines Amtes enthoben wurde.

Tinnumburg

Über den von Kampende abzweigenden Borigwai, frei zugänglich

Viele Straßen führen von Tinnum in die grüne Marsch. Ein beliebtes Ausflugsziel für Spaziergänger und Jogger ist die sagenumwobene Tinnumburg, die einzige erhaltene von drei Ringwällen Sylts. Sie misst im Durchmesser 120 m und ist 8 m hoch und wurde in der Zeit um Christi Geburt errichtet. Ihre Bedeutung ist nicht geklärt.

Tierpark Tinnum

Ringweg 100, Tel. 04651 326 01, April–Okt. tgl. 9–19 Uhr, Erw. 12, Kinder 6 €

Eine Attraktion für Familien mit Kindern ist der 30 000 m^2 große, privat geführte Wild- und Vogelpark etwas außerhalb des Ortes. Frei herumlaufende oder in Gehegen lebende Hirsche, Wildschweine, Affen und Waschbären, exotische Vögel sowie schwarze Schwäne gibt es dort. Auf einem Teich kann man im Tretboot in See stechen. Zum Austoben stehen ein großer Spielplatz und eine Hüpfburg bereit.

Übernachten

Luxuriös und edel – **Landhaus Stricker:** Boy-Nielsen-Str. 10, Tel. 04651 889 90, www.landhaus-stricker.de, DZ 270–295 €, Suiten 350–695 €. 5-Sterne-Hotel mitten im Ort, mit 38 erlesen eingerichteten Zimmern und Suiten. Das Hotel beherbergt einen großzügigen Wellness- und SPA-Bereich mit Pool. Auch kulinarische Genüsse kommen nicht zu kurz: Man hat die Wahl zwischen historischer Tenne und dem Kaminzimmer im Restaurant Stricker (Hauptgerichte ab 24,50 €) und dem mit einem Michelinstern ausgezeichneten Bodendorf's (Hauptgerichte ab 29 €).

Im ländlichen Stil – **Columbia – Reethof Tinnum:** Gartenweg 5, 7, 9, Info Tel. 040 361 30 48 60, www.columbia-sylt.de, FeWo 84–162 €. Die Wohnanlage besteht aus drei neu erbauten Reetdachhäusern, die mit insgesamt 13 komfortablen Ferienwohnungen für 2–6 Pers. ausgesattet sind. Die Wohnungen erstrecken sich über zwei Ebenen. Teilweise mit eigener Terrasse inkl. Gartenmöbeln und Strandkorb.

Ganzjährig – **Camping Südhörn:** Ziegeleiweg, Tel. 04651 36 07, www.campingplatz-suedhoern.de. Der familienfreundlich geführte Platz liegt am südwestlichen Rand von Tinnum. Hier fühlen sich viele Stammkunden und Dauercamper wohl. Das Restaurant Jankes befindet sich auf dem gleichen Gelände.

Mein Tipp

Für Leckermäuler

Lust auf Chili- oder Hanfschokolade? 300 verschiedene Tafelschokoladen werden in der Schokoladenmanufaktur im Tinnumer Gewerbegebiet von Hand gegossen. Schön anzusehen sind sie mit Sylt-Fotos von Hans Jessel. Hier finden auch Schokoladenseminare statt, in denen man nicht nur viele Tipps bekommt, sondern auch Pralinen selbst herstellt und köstliche Desserts zaubert. Die Schokoladenmanufaktur Tinnum ist Shop, Bistro und Produktionshalle (Zum Fliegerhorst 15, www.cafe-wien-sylt.de, tgl. 10–18 Uhr).

Essen & Trinken

Feine Genießeradressen – **im Landhaus Stricker** (s. oben).

Gutes Preis-Leistungs-Verhältnis – **Gaststube Jankes:** Ziegeleiweg am Campingplatz Südhörn, Tel. 04651 37 20, Küche Mi–Mo ab 17 Uhr, in der Saison auch Mittagstisch. Regionale, rustikale Küche, Hauptgerichte ab 10 €. Auch Einheimische kehren hier gerne ein. Bei schönem Wetter wird draußen gegrillt, Kinderspielplatz nebenan.

Ohne Schnickschnack – **Zur Eiche:** Zur Eiche 38, Tel. 04651 311 44, tgl. ab 17 Uhr, zusätzlich Fr–So 11.30–14 Uhr, Hauptgerichte ab 10 €. Ein beliebter Treffpunkt, in dem sich auch ältere Dorfbewohner wohlfühlen, hier halten sie ihre Versammlungen ab, trinken Bier und genießen die bodenständige Küche.

Familienfreundlich – **Al Dente:** Kiarwai 7, Tel. 04651 995 97 37, Mo Ruhetag, ab 7 €. Das im Gewerbegebiet von Tinnum (gegenüber einem Discounter) gelegene Restaurant wird von Sylter Familien mit Kindern geschätzt. Der Service ist freundlich, die Preise sind moderat. Es gibt Pizza, Pasta und spanisch inspirierte Köstlichkeiten, dazu regelmäßig Veranstaltungen für Kids.

Einkaufen

Für Leckermäuler – **Schokoladenmanufaktur Tinnum:** s. Tipp S. 133.

Aktiv & Kreativ

Ein professionelles Team – **Reitstall Wiesengrund:** Zum Wiesengrund, Tel. 04651 316 00, www.reiten-sylt.de. Mit Reithalle und Longierhalle. Ein Springplatz und eine Galoppstrecke von 1000 m Länge stehen privaten Reitern sowie Reitschülern zur Verfügung. Ausritte am Strand und Watt.

Für Groß und Klein – **Reitschule Olivenhof:** Ingewai 40, Tel. 04651 329 06, olivenhof.de. Reithalle, Springplatz und Galoppstrecke, Reitlehrgänge in den verschiedenen Leistungsklassen. Die Kleinen fangen mit dem Voltigieren auf einem Fjordpferd an. Urlaub mit dem eigenen Pferd ist möglich (FeWo 90 €/max. 5 Pers.).

Infos

Sylt Tourismus-Service: Dirksstr. 22, 25980 Sylt/Tinnum, Tel. 04651 98 37 11, www.tinnum.de.

Westerland ▶ D 4

Die ›trendige Metropole‹, die seit Anfang des Jahres 2009 ein Ortsteil der Gemeinde Sylt ist, zählt gut 9000 Einwohner, das ist fast die Hälfte aller Syltbewohner. Architektonisch ist die Endstation der deutschen Bahn kaum attraktiv zu nennen. Die Sehnsucht der Musikband Die Ärzte (»Ich will zurück nach Westerland«) lässt sich auf den ersten Blick nicht nachvollziehen.

Viel wird über alte Bausünden, das Verkehrschaos und den Massentourismus geschimpft und doch möchten weder Urlauber noch Insulaner die einzige Stadt der Insel missen: den Rummel in den Shoppingmeilen, den Trubel auf der Strandpromenade, die Beach-Partys der Surfer und die kulinarischen Genüsse – von der Pommesbude bis zum Gourmettempel mit Stern ist alles da. Aufwendige Bade- und Kureinrichtungen verkürzen lange Regentage. Einen fast 6 km langen Sandstrand vom Feinsten hat Westerland zu bieten. Weder Galerien, Kino noch Spielbank fehlen im Ort, und auch das Nachtleben hält für alle Geschmäcker etwas bereit. Nur ein paar Spazierminuten entfernt liegt **Alt-Westerland.** Ein Bummel durch dieses ruhige, beschauliche Viertel mit alten Friesenhäusern und schmalen Fußwegen gleicht einer Entdeckungsreise in eine ganz andere Welt, in eine ferne Zeit.

Das meistbesuchte deutsche Nordseeheilbad ist erst gut 500 Jahre alt. Es wurde gegründet, nachdem die Sturmflut von 1436 das Schicksal des 2 km südwestlich gelegenen Dorfes Eidum endgültig besiegelt hatte. Die Bewohner des neuen Dorfes im Westen des Ortes Tinnum – daher wohl der Name Westerland – ernährten sich mehr schlecht als recht vom Fischfang, von der Landwirtschaft und vom Strandgut. Erst als das armselige Dorf zum Seebad avancierte, änderten sich die kargen Lebensumstände. Vor dem Ersten Weltkrieg fand sich vor allem die feine Gesellschaft ein. Logierhäuser,

Indoor-Wasserspaß – die Sylter Welle in Westerland ist nicht nur an Regentagen toll

Villen und Hotels wurden in Strandnähe aus dem Boden gestampft.

Der Strand bildete den Mittelpunkt des sommerlichen Badelebens und wurde gleichzeitig durch die ewig nagende Nordsee immer schmaler. 1909 wurde eine 80 m lange Strandmauer unterhalb des Hotels Miramar gebaut, weil dieses bedrohlich nah an die Abbruchkante gerückt war. 1912 entstand die schützende Strandmauer mit Promenade, Pavillon und den Räumlichkeiten des Kurbetriebs, so wie sie im Wesentlichen heute noch bestehen.

In den 1950er-Jahren, als die Wirtschaft boomte, schritt die Betonierung der Stadt im Eiltempo voran. Ungeplant und wenig organisch wuchsen gesichtslose Bauwerke empor, ein Großteil der Bauten der Gründerjahre verschwand, Apartmentblocks, moderne Geschäftshäuser und Ladenzeilen schossen aus dem Boden – man betonierte und zementierte.

Die Wende kam 1971, als die Stadt grünes Licht für das Projekt Atlantis gab: Einen 80 m hohen Apartmentblock mit 3000 Betten in 28 Stockwerken wollte ein Baulöwe direkt an die Westerländer Strandpromenade setzen. Insulaner und Gäste riefen zum Aufstand. Mit Protestaktionen und Unterschriftensammlungen – es unterschrieben zwei Drittel aller Inselbewohner – wurde das monströse Bauvorhaben zu Fall gebracht. An den vergleichsweise harmlosen Hochhauskolossen, die sich mit bis zu 20 Stockwerken über dem Kurviertel erheben, hat Westerland dagegen bis heute zu knacken. Von fast jedem Punkt der Insel prägen sie die Skyline. »Wir müssen

Westerland

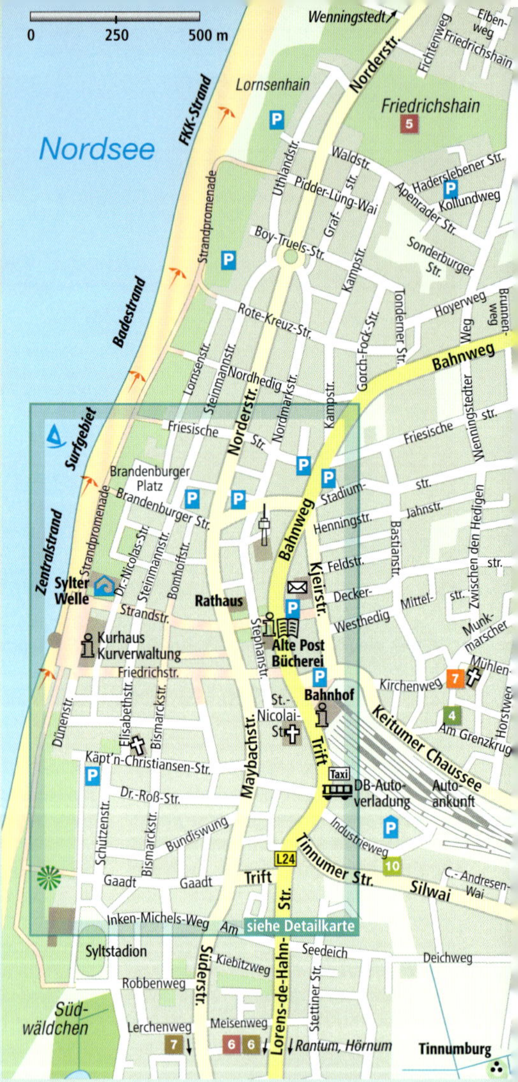

Sehenswert
1 Reisende Riesen im Wind
2 Wilhelmine
3 Musikmuschel
4 Nolde Lounge
5 Friedhof der Heimatlosen
6 Syltaquarium
7 St. Niels

Übernachten
1 Hotel Miramar
2 Hotel Stadt Hamburg
3 Long Island House
4 Hotel Diana
5 Friesenhaus Synje
6 Jugendherberge
7 Dünen-Camping Sylt

Essen & Trinken
1 Jörg Müller
2 Alte Friesenstube
3 Mariso
4 Rätzkes Restaurant
5 Waldidyll
6 Reiner's Osteria
7 Blum's Seafood Bistro
8 Culinarium
9 Leysieffer
10 Campo Sylt
11 Café Wien
12 Woyton

Einkaufen
1 Wochenmarkt
2 Teehaus Ernst Janssen
3 Wegst
4 Zur alten Dorfschmiede
5 Weinhaus Schachner

Aktiv & Kreativ
1 Surfschule Westerland
2 Sylter Welle
3 Alte Post/Stadtbücherei
4 ZOB/Ausflugsfahrten
5 Syltness Center
6 Marine Golf-Club Sylt
7 Paragliding
8 Villa Kunterbunt
9 Confetti-Kinderclub
10 Lucky's Bowling Center

Abends & Nachts
1 American Bistro
2 Irish Pub
3 Pablito/Wunderbar
4 Cave Club
5 Cheers
6 Cohibar
7 Thommy's Musikcafé
8 Kinowelt
9 Spielbank Westerland

uns mit dem, was nun einmal steht, abfinden«, meinte ein Westerländer Baudirektor. Ähnliche Gefühle hegte so mancher Westerländer, nachdem 2001 die bemerkenswerten und zudem knallgrünen Plastiken **Reisende Riesen im Wind** 1 auf dem Bahnhofsvorplatz platziert worden war. Ein anderes Kunstwerk findet breitere Zustimmung: Auf dem Weg zum Strand passiert man in der Wilhelmstraße die dicke **Wilhelmine** 2, die seit 1980 in einem Brunnen sitzt und sich vergnügt die Füße wäscht.

Lieblingsort

Draußen die donnernde Brandung …

… drinnen eine andere Welt. Was in den übrigen Inselorten schlicht Lesesaal genannt wird, heißt auf der Westerländer Seepromenade **Nolde Lounge** 4 – aber sie ist in der Tat etwas Besonderes. Großformatige Fotos und Bilder von Emil Nolde, dem berühmtesten Maler aus dem Land zwischen den Meeren, schmücken die Wände. Immer nehme ich mir die Zeit, von hier den windstillen Panoramablick auf die offene Nordsee zu genießen, eine heiße, süße Schokolade aus dem Automaten zu ziehen und die Sylter Nachrichten zu lesen (an der Strandpromenade, tgl. 9–19 Uhr, frei zugänglich).

Pizza unter Palmen – **Reiner's Osteria 6**: Fischerweg 32, Tel. 04651 298 19, www.reiners-osteria-sylt.de, tgl. ab 12 Uhr bis open end, im Winter geschl., Gerichte 8–34 €. Am Strandübergang auf dem Campingplatz in Westerlands Süden. Im Dünengarten mit Holzstegen und Strandkörben sowie auf verschiedenen Terrassen rund um die Bar herrscht eine entspannte, familienfreundliche Atmosphäre. Serviert werden regionale und italienische Leckereien von Pizza und Pasta bis Hummer, Sushi und Lamm. Spielplatz hinterm Haus.

Zentral – **Blum's Seafood Bistro 7**: Neue Str. 4, Tel. 04651 294 20, tgl. 11.30–22 Uhr. Hier gibt's frischen Fisch in allen Variationen. Blum's ist ein beliebter Treff, es herrscht moderne, lockere Bistroatmosphäre, die meisten Hauptgerichte liegen zwischen 10 und 15 €. Wer lieber selber kocht, versorgt sich in Blum's Fischfachgeschäft gleich nebenan.

Nicht nur für Weinliebhaber – **Culinarium 8**: Strandstr. 6, Tel. 04651 92 95 18, www.thomastimm-sylt.de, tgl. ab 12 Uhr, Nebensaison So Ruhetag. Ambitioniertes Restaurant und ein gut ausgestatteter Tabak- und Weinladen. Feine, vielseitige Küche von der RiesenCurryWurst bis zum Knieper von Helgoland, 8–49,50 €.

Süße Lebensart – **Leysieffer 9**: Friedrichstr. 38, Tel. 04651 82 38 20, www.leysieffer.de, tgl. 8–20 Uhr. Gourmet-Treff im Stehen: Eine Augenweide sind die Schlemmereien: üppiges Frühstück, traumhafte Torten, vielseitiger Buffet-Tresen mit Eintöpfen, Pastavariationen, kleinen Gerichten ab 6 €.

Einladend bei Tag und Nacht – **Campo Sylt 10**: Friedrichstr. 2, Tel. 04651 310 60, www.campo-sylt.de, tgl. ab 9 Uhr bis open end. Das Campo Sylt ist Bistro, Café und Cocktailbar – einfach ein netter Laden mit allem, was man im Tageslauf braucht: Frühstück, Kuchen, warme Speisen. Auf der Nachtkarte (bis 2 Uhr) stehen Salate, Sandwiches, Pizzen und Pasta, 6–13 €.

Süße Herrlichkeiten – **Café Wien 11**: Strandstr. 13, Tel. 04651 53 35, www.cafe-wien-sylt.de , tgl. 9–21 Uhr. Torten aus der eigenen Konditorei, aber auch Frühstück und herzhafte Speisen ab 5 € erhält man hier. Verlockend sind die in der Sylter Schokoladenmanufaktur in Tinnum selbst hergestellten Pralinen, Trüffel und Tafeln Schokolade (s. Tipp S. 133)

Hat was – **Woyton 12**: Friedrichstr. 44, Tel. 04651 449 62 97, tgl. 8–20 Uhr. Vom ersten Stock genießt man in großen gemütlichen Ledersesseln den Blick aufs Meer oder in die Friedrichstraße. Hier genehmigen sich auch Insulaner gerne einen Latte macchiato und einen Bagel. Kostenloser WLAN-Hotspot im Haus.

Einkaufen

Westerland bietet beste Shoppingmöglichkeiten. In den Fußgängerzonen Friedrichstraße, Strandstraße, Neue Straße und Paulstraße gibt es viele kleine Geschäfte und Cafés für die Shoppingpause.

Viel Frisches – **Wochenmarkt 1**: Andreas-Nielsen-Str., vor dem Rathaus, So, in der Saison auch Mi, 8–13 Uhr. Biogemüse, Spezialitäten von nordfriesischen Landwirten, aber auch Kunsthandwerk und Schaffelle.

Für Teefreunde – **Teehaus Ernst Janssen 2**: Strandstr. 28, Tel. 04651 29 98 11, www.teehaus-janssen.de. Viele hauseigene Teemischungen, u. a. Kräuter SPA-Tees, darunter eine mit Jungalgen von der Sylter Algenfarm in List (s. S. 89), Teeseminare (Mo 19 Uhr).

Kunstgewerbe und Nippes – **Wegst 3**: Friedrichstr. 33. Hier gibt es alles, was man sucht oder auch nicht sucht, als

Mitbringsel: Porzellan, Muschelkästchen, Gläser, Silber, Bernsteinschmuck.
Skandinavische Antiquitäten – **Zur alten Dorfschmiede 4**: Keitumer Chaussee 11, Tel. 04651 221 36, in der Saison Mo–Fr 11–18, Sa 11–13 Uhr. Versteckt im alten Dorf findet man wunderschöne alte Möbel aus dem Norden: Tische, Truhen, Schränke, aber auch Lampen, Kronleuchter und dazu passendes altes und neues Geschirr sind in der alten Dorfschmiede erhältlich.
Weine und mehr – **Weinhaus Schachner mit Vinothek 5**: Bismarckstr. 12, Tel. 04651 265 19, www.weinhaus-schachner.de, Mo–Sa 10–21 Uhr. Weine, darunter der neue Riesling für die Insel: 55° Nord (www.55-grad-nord.de), Brände und Liköre, dazu eine feine Käseauswahl, Kaviar, Trüffel und andere Schmankerl.

Aktiv & Kreativ

Am Brandenburger Strand im Norden der Westerländer Promenade pulsiert im Sommer das Leben. Der Strand bietet Beachvolleyball, Beachsoccer, man kann Bälle oder Frisbees ausleihen.
Beliebt – **Surfschule Westerland 1**: Brandenburger Str. 15, Tel. 04651 271 72, www.sunsetbeach.de. Die Surfschule bietet Kurse für Windsurfen, Kitesurfen, Wellenreiten, Catsegeln und vermietet auch Kajaks. Das Café der Surfschule am Sunset Beach ist ein angesagter Chillout.
Bade- und Wellnessvergnügen – **Sylter Welle 2**: Strandstr. 32, Tel. 04651 99 80, tgl. 10–22 Uhr, Frühschwimmen Di, Do, Sa 8–10 Uhr, 5 Std.-Tarif Erw. 11,50, Familie (bis 2 Kinder) 26 €. Meerwasser-Wellenbad mit Nordseeblick, opu-

Weit weg vom Wasser – Krokodile sitzen in der Friedrichstraße auf dem Trockenen

Auf Entdeckungstour

Bei Emil Nolde in Seebüll – Haus und Garten des Malers

Emil Nolde verbrachte im Jahre 1930 mehrere Monate auf Sylt. »Herzlich frisch und stärkend war der Wind«, schwärmte er. Auch Wogen, Wolken, Strand und Dünen waren ganz nach seinem Geschmack. Ein Tagesausflug nach Seebüll erfüllt heute noch die Sehnsüchte von Kunst- und Gartenfreunden.

Reisekarte: ► K 5

Planung: Nolde Stiftung Seebüll, Neukirchen, Tel. 04664 98 39 30, www.nolde-stiftung.de, März–Okt. tgl. 10–18 , Juni–Sept. Do bis 20 Uhr, 8 €

Anreise: Tageskombiticket »Emil Nolde« (inkl. Auto von Sylt für bis zu 4 Pers.) 69 €. Info: Tel. 01805 93 45 67 (0,14 €/Min.), www.bahn.de/sylt shuttle

Für Kunstfreunde ist kein Weg zu weit. Sie kommen aus der ganzen Welt nach Seebüll, um die Kunst des großen Expressionisten zu erleben. Wie eine Festung thront das einstige Wohnhaus-Atelier Emil Noldes auf der Seebüller Warft über der Marsch. Hier, nahe der Grenze zu Dänemark, erwarb er im Jahre 1926 die Warft und den benachbarten Bauernhof. 1927–1937 errichtete er nach eigenen Entwürfen ein Atelier-, Wohn- und Ausstellungsgebäude, das er Seebüll nannte. Auch seinen eigenen Namen hatte Nolde selbst gewählt.

Die Wanderjahre des Hans Emil Hansen

Bevor man durch das 2007 erbaute Eingangsgebäude (mit Restaurant und Museumsladen) in den Garten Seebüll tritt, an dessen Nordseite das historische Wohn- und Atelierhaus liegt, machen **im Obergeschoss** des eleganten gläsernen Forums der Nolde Stiftung eine Ausstellung und ein Film über Nolde neugierig. Sie zeigen Einblicke in das Leben des Künstlers mit seiner Ehefrau Ada Vilstrup auf der Ostseeinsel Alsen, in Berlin und Seebüll.

Als Hans Emil Hansen wurde der Maler 1867 in dem kleinen Dorf Nolde bei Tondern geboren. Seine Kindheit war geprägt von kargen, bäuerlichen Verhältnissen, harter Arbeit und einer ständig präsenten Lust am Malen und Gestalten. Der Beruf des Kunstmalers wurde aus finanziellen Gründen nicht in Erwägung gezogen. Stattdessen ließ sich der junge Emil 1884–1891 an der Kunstgewerbeschule in Flensburg zum Schnitzer und Zeichner ausbilden. Die vier, bis heute erhaltenen Eulen für Theodor Storms Husumer Schreibtisch gehören zu Emil Noldes Flensburger Schnitzarbeiten.

Nach unruhigen und einsamen Wanderjahren lernte Emil Hansen 1901 in Kopenhagen die junge Schauspielerin Ada Vilstrup kennen. Anlässlich ihrer Hochzeit änderte er seinen Namen nach seinem Geburtsort in Nolde um. Schön ist diese Zeit in seiner Autobiografie beschrieben (s. S. 15).

»Hier ist unser Platz«

Als Besucher ist man hin- und hergerissen zwischen der Lust auf den Garten der beiden und der Lust auf Noldes Bilder. Zuerst also das Haus, dann der Garten. Denn es war auch das Haus, dem der Maler sich zuerst zuwandte.

1927 begannen die Bauarbeiten in Seebüll. Emil Nolde war zutiefst davon überzeugt, dass er hier die schönsten seiner Bilder schaffen und auch ausstellen würde, überließ das Baugeschehen zeitweise aber lieber seiner Frau und nahm sich die besagte Auszeit auf Sylt. Nolde war 60 Jahre alt, als das Atelier – die sogenannte Werkstatt – als erster Raum fertig wurde. Zehn Jahre später ließ Nolde noch ein Obergeschoss auf die Werkstatt setzen: den **Bildersaal.** Hier empfing er seine Besucher und zeigte ihnen seine liebsten oder neuesten Bilder. Im ehemaligen Atelier sowie im Bildersaal sind auch heute seine Gemälde ausgestellt. Die dichte Hängung der Gemälde, die den Besucher überwältigt, entspricht dem Vorbild des Malers. Ein Foto aus dem Jahr 1948 zeigt Emil Nolde mit seiner zweiten Frau Jolanthe im Bildersaal beim Betrachten seiner dicht nebeneinander gesetzten Bilder in schlichten dunklen Holzrahmen, auch eines seiner berühmten Sonnenblumenbilder ist darunter.

»Vereinsamt und verschlossen«

In den an den Bildersaal anschließenden kleineren Räumen – den sogenannten Kabinetten – werden Noldes grafische Werke, Zeichnungen und Aquarelle gezeigt, darunter die während des Malverbots zwischen 1941 und 1945 entstandenen sogenannten Ungemalten Bilder.

Noldes Rolle im Nationalsozialismus war zwiespältig. Seit 1934 war er Mitglied der Nationalsozialistischen Arbeitsgemeinschaft Nordschleswig (NSAN), die später der dänischen Sektion der NSDAP eingegliedert wurde. Trotz dieser Mitgliedschaft wurden seine Arbeiten von den Nationalsozialisten als entartet diffamiert, über tausend Bilder beschlagnahmt, einige verkauft, andere zerstört. Aufgrund des 1941 verhängten Malverbots verlegte sich Nolde auf kleine Formate: In einer entlegenen Kammer seines Hauses entstanden heimlich etwa 1300 Werke, einige Ölbilder, meist aber Aquarelle oder Zeichnungen. »Unser schöner fertiggewordener Bilderraum, der die Erfüllung eines Lebenswunsches war, war durch die Verbote das Gefängnis meiner Bilder geworden, vereinsamt und verschlossen«, schrieb er später über diese Zeit.

Noldes künstlerischer Nachlass ist so umfangreich, dass vor allem die in den Kabinetten ausgestellten Werke immer wieder gewechselt werden. Hier ist auch immer wieder Neues zu entdecken, das zuvor noch nicht öffentlich zu sehen war.

Anfänge der Stiftung Seebüll

Anders als in der DDR, wo Nolde als Nazi-Mitläufer verpönt war, wurde er im Westen nach dem Krieg mit Ehrungen und Ausstellungsmöglichkeiten überhäuft. Bis zu seinem Tod malte Nolde weiter, hochgeachtet und verehrt starb er 1956 in Seebüll. Sein Testament enthielt die Gründungsurkunde für die Stiftung Seebüll Ada und Emil Nolde, die ein Jahr nach dem Tod des Malers Haus und Garten für die Öffentlichkeit zugänglich machte. Dort wird in jährlichem Wechsel eine Ausstellung aus dem reichhaltigen Fundus der Werke Noldes präsentiert.

Ein Fest der Farben – der Garten

Wer aus dem Atelierhaus auf der Warft tritt, sollte noch einmal im Erdgeschoss durch die Fenster in die ehemaligen Wohnräume des Künstlers gucken. Sie sind nicht geöffnet, weil sie dem Besucherandrang nicht gewachsen wären, hineingucken darf man gerne.

Am Ende eines Besuches in Seebüll steht immer der **Garten** von Ada und Emil. Unmittelbar unterhalb der Warft erstreckt er sich. Ein Weg führt an einem kleinen Teich vorbei hinunter in das kleine Paradies. Die miteinander verschlungenen Anfangsbuchstaben der Namen des Ehepaares bestimmen die Form der Gartenwege, die allerdings im Sommer unter der blühenden Pracht nicht zu erkennen ist.

Der große Garten zeugt von Noldes Freude an Blumen und an der Reinheit der Blütenfarben, die sich in vielen seiner Werke wiederfindet. Seine Gemälde sind geradezu ein Fest der Farben: legendär und berühmt sein Klatschmohnrot, sein Sonnengelb und das Blaugrün seiner Wiesen. Diese Farben findet man heute noch in seinem im Sommerhalbjahr üppig blühenden Garten wieder.

Ein Spaziergang durch den von hohen Bäumen geschützten Garten bietet zu jeder Jahreszeit andere Stimmungen. Eingefangen sind sie auf Noldes Bildern und in Büchern, die im Museumsladen erhältlich sind. Auch Buntstifte gibt es dort zu kaufen – für diejenigen, die inspiriert von diesem Besuch schon auf der Rückreise nach Sylt ihre (Blumen)-Eindrücke skizzieren wollen.

lente Saunawelt mit Outdoorbereich, Fitnessoase, Wikingerspielschiff und drei Riesenwasserrutschen für unterschiedliche Altersgruppen.

Zu Fuß auf Spurensuche – **Dorfführung ab Alte Post** 3: ganzj. Sa 10 Uhr. Treffpunkt im Tourismus-Zentrum, Alte Post, Stephanstr. 6, Preis 7 €.

Kenntnisreiche und unterhaltsame Führung – **Pracht & Prominenz auf der Promenade, bei der Spielbank** 9: Treffpunkt TV Sylt Shop, Stephanstr. 8 (neben dem Rathaus/Spielbank), in der Saison Do 11 Uhr, 10 €. Silke von Bremen führt Interessierte auf die Spuren der glanzvollen Zeiten des Seebads. Genaue Termine in den Veranstaltungskalendern.

Tour de Natur – **Radtour rund um den Inselkern ab Alte Post** 3: Start an der Alten Post, Stephanstr. 6, Mai–Sept. Fr 9.30 Uhr, Dauer ca. 3 Std., 12 €. Die Tour führt über Wenningstedt nach Kampen, Braderup, Munkmarsch, Keitum und Tinnum, eventuell auch noch nach Rantum und zurück an den Ausgangspunkt.

Mit dem Bus – **Ausflüge ab ZOB** 4: Info: Tel. 04651 83 61 00, www.svg-sylt.de. Außer den Inselrundfahrten (s. S. 84) gibt es Tagesfahrten nach Dänemark, Husum, Pellworm, Helgoland und zur Nolde Stiftung Seebüll (s. S. 144).

SPA und Sport – **Syltness Center** 5: Dr.-Nicolas-Str. 3, Tel. 0180 5 00 99 80 (0,14 €/Min.), www.westerland.de. Wellness- und Gesundheitsoase vom Feinsten. Im Wellnessbereich locken Rasul und Haman. Es gibt Fitnesskurse von Aquajogging, Nordic Walking bis Pilates und Qi Gong. Wie wär's mit einer Hot Chocolate-Anwendung (ca. 60 Min. 70 €) oder einer Meeres-Luxusbehandlung (ca. 90 Min., 111 €).

Golfen – **Marine Golf-Club Sylt** 6: Flughafen 69, Tel. 04651 92 75 75, www.golf-sylt.de, Greenfee: 18 Loch 55 €. Ein Links Course nach schottischem Vorbild, außerdem Golfakademie für Anfänger und Fortgeschrittene.

Dem Himmel ganz nah – **Paragliding** 7: Strandübergang Himmelsleiter, untere Strandpromenade, Tel. 0172 890 23 63. Juli–Mitte Sept., von 10 Uhr bis Sonnenuntergang. Küsten-Paragliding im Tandemsprung mit erfahrenen Piloten, wenn der Wind von Westen kommt.

Spiel und Spaß ohne Eltern – **Villa Kunterbunt** 8: Obere Strandpromenade. Ein- bis dreistündige Betreuung für Kinder von 3–13 J., Mai–Okt. Mo–Fr 9–17 Uhr, 8/11 € (mit/ohne Gästekarte), Nov.–März Mo–Fr 9.30–15 Uhr. Wenn die Eltern mal in aller Ruhe bummeln oder einen Cappuccino trinken möchten, sind die Lütten hier goldrichtig. Die Villa Kunterbunt bietet viele Aktivitäten, Thementage, Knigge für Kinder usw. Informationen über die Sylt-Service GmbH, Tel. 0180 5 00 99 80, (0,14 €/Min.), www.westerland.de – oder einfach vorbeigehen. Der Spielplatz mit Meeresblick und Trampolinen ist frei zugänglich.

Spiel, Spaß und Action – **Confetti-Kinderclub** 9: Gaadt 31 (direkt neben dem Aquarium), Tel. 04651 85 04 44, www.kids4sylt.de, April–Okt. tgl. 9–18, Nov.–März 10–17 Uhr. Spieleparadies mit 200 m² großer Erlebniswelt und professioneller Kinderbetreuung für Kids zwischen 3 und 13 J., 25 €.

Zum Ausleihen – **Stadtbücherei/Alte Post** 3: Stephanstr. 6, Tel. 04651 227 10, Mo, Di 10–12 und 15–18, Do 10–20, Fr 10–12, Sa 8.30–12 Uhr, www.buecherei-sylt.de. Hier gibt es Kinderbücher und Spiele, falls es einmal regnen sollte.

Große und kleine Kugeln – **Lucky's Bowling Center** 10: Industrieweg 10, Tel. 04651 98 68 98, tgl. 14–24 Uhr, www.luckys-sylt.de. Freizeitanlage mit Restaurant, Bowling, Kegeln, Dart, Bil-

Bei der Kitesurf Trophy in Westerland schlagen die Wellen alljährlich hoch

lard, Poker. Hier rollen auch kleinere Kugeln auf speziellen Kinderbahnen.

Abends & Nachts

Für Nachtaktive ist Westerland die richtige Adresse auf Sylt. Wer nicht weiß, wo er hin soll, bummelt erstmal durch die Paulstraße und lässt sich inspirieren, hier ist nämlich am meisten los.

Ausgehen, Essengehen, Tanzen – **American Bistro** 1: Paulstr. 3, Tel. 04651 70 50, tgl. ab 18 Uhr. Langer Bartresen, Musik von Oldies über Jazz zu Latino für ein gemischtes Publikum. Dazu bietet die Küche Gerichte mit Schwerpunkt Mexiko und Südstaaten bis 24 Uhr, danach Snacks, Burger, Croques ab 6 €.

Zum Wohlfühlen – **Irish Pub** 2: Paulstr. 13, ab 17 Uhr. Gemütliche irische Kneipe. Es gibt kleine Gerichte wie Irish Stew und andere landestypische Deftigkeiten. Am Wochenende häufig Livemusik.

Tapas & Wein – **Pablito** 3: Paulstr. 6, Tel. 04651 22 97 12, tgl. ab 16 bzw. 17 Uhr. Kleines, liebenswertes Lokal. Bei Kerzenschein genießt man Tapas und andere spanische Leckereien, Gerichte ab 7 €.

Beliebt – **Wunderbar** 3: Paulstr. 6, tgl. ab 21 Uhr: In der Wunderbar herrscht das ganze Jahr über prächtige Stimmung, warum, weiß eigentlich niemand so genau. Eingängige Partymusik, deutsche Schlager und ab und an ein Shanty animieren gelegentlich zum Mitschunkeln.

Klasse zum Tanzen – **Cave Club** 4: Standstr. 3–5, Tel. 04651 92 97 30, www.cave-club-sylt.de, tgl. ab 22 Uhr, im Winter nur Mi–Sa. Kellerdisco zum

Partymachen. Hier finden regelmäßig Mottopartys statt.

Immer voll – **Cheers 5**: Andreas-Nielsen-Str. 8, Tel. 04651 83 44 66, Mi–So ab 20 Uhr. Gemütliche, kleine Bier- und Cocktailbar mit guter Musik vom Plattenteller: Gespielt werden Rock, Pop, Soul und Blues.

Kubanische Lebensfreude – **Cohibar 6**: Bötticher Str. 10, Tel. 04651 226 73, www.cohibar.eu, tgl. ab 18 Uhr, im Winter Mi Ruhetag. Exklusive Rumsorten und Cocktails in entspannter Atmosphäre, dazu leckere Kleinigkeiten (bis Mitternacht) für den Hunger zwischendurch. Einer der nettesten Plätze, um in Westerland den Abend zu verbringen.

Urgestein – **Thommy's Musikcafé 7**: Bomhoffstr. 8a, Tel. 04651 12 21, Di–Sa ab 22 Uhr. Teenies, Touris und Thirties tanzen im Musikcafé zu Rock und Reggae. Seit über 20 Jahren ist die Stimmung im Musikcafé gut.

Aktuelle Filme – **Kinowelt 8**: Strandstr. 9, Tel. 04651 83 62 20, www.kinowelt-online.de. Modernes Kinocenter, nachmittags Kinderfilme.

Seit 1949 – **Spielbank Westerland 9**: Andreas-Nielsen-Str. 1, Tel. 04651 23 04 50, www.spielcasino.de, ab 18 Uhr. Im denkmalgeschützten Westerländer Rathaus befindet sich Deutschlands nördlichstes Casino. American Roulette, Black Jack, Poker. Tageskarte 3 €, Automatenspiel 1 €, keine Kleiderordnung.

Infos & Termine

Informationen

Sylt Tourismus-Service: Strandstr. 35, 25980 Westerland, Tel. 04651 99 80, www.westerland.de, Mo–Fr 9–17 Uhr.

Touristinformation/Zimmervermittlung: im Bahnhof, tgl. 9–18 Uhr; Friedrichstr. 44, Mo–Sa 9–18, So 11–18 Uhr; in der Alten Post, Stephanstr. 6 (s. S. 84)

Verkehr

Anreise und Inselverbindungen: s. S. 84.

Termine

Viele Surf- und Segelhighlights mit attraktivem Begleitprogramm sowie jede Menge Beachpartys finden am Sunset Beach (Brandenburger Strand) statt.

German Kitesurf Trophy: Im Juni zeigt die europäische Kitesurf-Elite eine Woche lang spektakuläre Manöver und Sprünge.

Deutscher Windsurf Cup: Im Juli kämpfen die besten deutschen Windsurfer um die Meisterschaft in den Disziplinen Slalom, Wave und Freestyle, dazu täglich Partyprogramm.

Super Sail Tour: im Aug., Regatta der Hobie-16-Catamaransegler. An den Start gehen Deutsche Meister, Europa- und Weltmeister.
World Cup Sylt: Ende Sept./Anf. Okt. treffen sich die besten Windsurf-Profis der Welt am Brandenburger Strand. Es werden die Weltmeister in den Disziplinen Slalom 42, Freestyle und Waveriding gekürt, www.worldcupsylt.de.
Westerland on Ice: Andreas-Nielsen-Platz an der Alten Post. Kurz vor Weihnachten wird im Zentrum Westerlands eine 600 m^2 große Eisbahn eröffnet. Bis Ende Jan. können sich hier kleine und große Schlittschuhläufer tummeln.
Westerländer Weihnachtsbaden: Am 26. Dez. kommen die Hartgesottenen an den Strand und lassen die Weihnachtsgans hinter sich mit einem Sprung ins kalte Nass.
Silvesterlauf: Zum Jahresausklang fällt in Westerland der Startschuss für Läufer in verrückten, fantasievollen Kostümen.

Rantum ► D 5–6

Nirgends ist Sylt so schmal wie in Rantum, nur zehn Spazierminuten sind es von den Dünen des Weststrandes bis zu den Salzwiesen am Wattenmeer. Wer in Rantum unterkommt, wohnt nie mehr als 300 m vom Meer entfernt.

Seit seiner Gründung war der Ort, der 1440 erstmals urkundlich erwähnt wird, durch seine Randlage besonders gefährdet – immer wieder wurden Häuser von der See verschlungen oder vom Dünensand zugeweht. 1725 zählte die Siedlung 40 Häuser, 1777 waren es 26, im Jahre 1858 standen hier nur noch fünf von Wasser und Sand bedrohte Hütten. Als der dänische König Friedrich VII. zur Besichtigung der Schäden nach der Sturmflut Mitte des 18. Jh. auf die Insel kam, nahm ihn eine Rantumerin bei der Hand und führte ihn in ihre elende Hütte in den Dünen: »Komm nur herein, kleiner König, und sieh, wie wir es haben!«

Das beschauliche Nordseebad zählt heute rund 560 Einwohner. Die Hauptstraße führt mitten durch den Ort, es überraschen die vielen reetgedeckten Friesenhäuser. Die meisten von ihnen sind Imitate – aber dennoch hübsch. Man findet eine Reihe stilvoller Restaurants, einen Kaufmannsladen, einen Bäcker und die reetgedeckte **Kirche St. Peter.** Das 1964 errichtete Gotteshaus hatte mindestens vier Vorgängerbauten, die wegen näher rückendem Meer und wandernden Dünen aufgegeben werden mussten. Aus dem Vorgängerbau stammt noch die 1757 entstandene, schlichte Abendmahlsdarstellung »Segen von Oben«. Auf der Wattenmeerseite, u. a. in der Alten Dorfstraße und im Merret-Lassen-Wai stößt man auf mehrere sehr schön restaurierte historische Häuser, so die zu Hotels umgebauten Kleinode **Raantem-Inge** (*Inge* ist das friesische Wort für Salzwiesen) und die **Alte Strandvogtei.**

Sylt-Quelle ► D 5

Hafenstr. 1, tgl. ganztags geöffnet
Seit 1993 verfügt Rantum über eine eigene Mineralwasserquelle: die Sylt-Quelle. Der gläserne Trinkpavillon auf dem Betriebsgelände im Rantumer Gewerbegebiet nördlich des Dorfes hat sich seither zu einem geschätzten Kunst- und Genuss-Haus entwickelt. Mit Blick auf das nahe Vogelschutzgebiet Rantumbecken werden hier raffinierte, frische Speisen kreiert. In der ersten Etage sind Ausstellungen zeitgenössischer Künstler zu sehen. In der Sylt-Quelle befindet sich zudem die private Stiftung Kunstraum Syltquelle,

die jedes Jahr etwa 50 Stipendiaten verschiedener Kunstsparten beherbergt (s. S. 154). Auch draußen vor der Tür – zwischen Rantumbecken und Hafenstraße – sind verschiedene Kunstobjekte zu sehen.

Der Hafen ▶ D 5
Von der Sylt-Quelle führt die Straße weiter durch das Gewerbegebiet zum kleinsten und jüngsten Sylter Hafen, er wurde erst 1977 angelegt. Muschelfischer landeten hier ihre Fänge an, heute liegen vor allem Freizeitkapitäne vor Anker. Radfahrer und Wanderer können am Hafenimbiss eine Rast einlegen, das ist schon fast alles. Mit der Gründung einer Hafen-GmbH soll das Areal belebt werden. Geplant ist u.a. der Ausbau einer Marina. Der Parkplatz ist ein guter Ausgangspunkt für eine Erkundung des Rantumbeckens.

Strände

12,5 km lang und bis zu 100 m breit ist der feinsandige Rantumer Strand. Die FKK-Bereiche liegen am südlichen Ende an den Strandübergängen Sansibar und Samoa.

Kunst am Strand ▶ D 6
Strandzugang zwischen den Strandabschnitten Sansibar und Samoa, www.kunst-am-strand.de
Von der Kirche sind es nur fünf Minuten an den Rantumer Strand. National und international renommierte Künstler zeigen hier alljährlich von Mitte Juli bis Anfang September ihre Projekte, der Eintritt ist frei, von der Kurtaxe einmal abgesehen. Premiere war 2008, der Erfolg machte Lust auf eine Fortsetzung. Und so verschönerten auch im Folgejahr wieder interessante Kunstwerke den Strand.

Vogelschutzgebiet Rantumbecken ▶ D 5

Nördlich des Hafens erstreckt sich mit dem Rantumbecken eines der größten und artenreichsten Vogelschutzgebiete Deutschlands. 1936/37 ließ die Wehrmacht 560 ha des Wattenmeers eindeichen und als Start- und Landeplatz für Wasserflugzeuge künstlich aufstauen. Nach dem Krieg haben sich hier Biotope entwickelt, die etwa 60 Vogelarten Brut- und Rastplätze bieten. Seit 1956 wird das Gebiet vom Verein Jordsand betreut. Probleme gab es 1960, als sich nach dem Bau des Klärwerks und dem Zufluss von Süßwasser Flora und Fauna drastisch veränderten. Durch den Bau einer Schleuse, die bei jeder Flut Meerwasser aus dem Watt ins Becken lässt, wurde das Salzwasserbiotop wiederhergestellt.

Eidumer Vogelkoje ▶ D 5
An der Straße Rantum–Westerland, Abzweig Klärwerk, Tel. 04651 58 12, www.jordsand.de/rantum, März–Okt. Di–So ab 10 Uhr, Eintritt frei, Spende erwünscht
Die Eidumer Vogelkoje, eine ehemalige Entenfanganlage aus dem 19. Jh., betreibt der Verein Jordsand. Auf schattigem verschwiegenem Weg gelangt man zum Informationszentrum am Teich, wo naturkundliche Führungen zum Rantumbecken starten.

Übernachten

Ein Fest für die Sinne – **Dorint Söl'ring Hof:** s. S. 153.
Wohlfühlen am Wattenmeer – **Alte Strandvogtei:** Merret-Lassen-Wai 6, Tel. 04651 922 50, www.alte-strandvogtei.de, DZ und Suiten 160–340 €. Aus einem alten reetgedeckten Frie-

Mein Tipp

Zu beiden Seiten Wasser und Vögel ▶ D 5

Die Umrundung des Rantumbeckens ist eine angenehme Radwandertour, die mit einer Streckenlänge von knapp 10,5 km auch für Familien mit Kindern geeignet ist. Mit Fernglas und Vogelbuch im Gepäck macht so eine aktive ›Piepshow‹ nicht nur den Kleinen richtig Spaß. Besonders artenreich ist die Vogelwelt im Frühjahr und Herbst. Gut 5 km lang ist der Außendeich, der das Vogelschutzgebiet vom Wattenmeer trennt, etwa gleichlang der landseitige Binnendeich, der am Campingplatz entlangführt. Als Startpunkt eignet sich der Parkplatz an der Sylt-Quelle (s. S. 150). Einkehren kann man im Hafenimbiss, auf dem Campingplatz oder in der Sylt-Quelle.

senhaus hat sich ein modernes Friesenhaus-Ensemble entwickelt. Die Zimmer und Suiten im Hotel garni der im August 2009 neu eröffneten Alten Standvogtei sowie im Apartmenthaus Merret-Lassen-Hof sind geschmackvoll eingerichtet. Der Wellnessbereich des Hauses mit Dampfbad, Sauna, Solarium ist sehr komfortabel. Dass der Service in dieser Preisklasse erstklassig ist, versteht sich von selbst.

Familienfreundlich – **Dorfhotel:** Hafenstr. 1 a, Tel. 04651 460 90, www.dorfhotel.com, FeWo 198–278 €. Neue häuserreiche Hotelanlage am Rande des Rantumbeckens. Wohnungen für 2–6 Pers. mit 1–3 Schlafzimmern, Terrasse oder einem Balkon. Viele Familienaktivitäten, Spielmöglichkeiten sowie ein großzügiger Schwimm- und Wellnessbereich bietet das Haus. Essen à la carte im Restaurant Törn oder im

Buffetrestaurant Achtern Diek mit großer Sonnenterrasse.

Schöne Aussichten – **Haus Ruusenhoog:** Dünemwai 1, Info Tel. 0 40 6 07 06 87, www.ruusenhoog.de, FeWo 50–113 €. Auf der Düne gelegenes, reetgedecktes Apartmenthaus mit hübsch eingerichteten Wohnungen für 1–3 Pers. 200 m sind es zum Strand.

Am Rantumbecken – **Campingplatz Rantum:** Hörnumer Str. 3, Rantum, Tel. 0465 807 55, Mitte April–Mitte Okt., www.camping-rantum.de. Der Platz ist ruhig gelegen, mit Restaurant, WLAN. Zum Strand sind es 400 m über die Straße und durch die Dünen.

Essen & Trinken

Ein Fest für die Sinne – **Söl'ring Hof:** Am Sandwall 1, Tel. 04651 83 62 00, www.soelring-hof.de. Wer nicht auf den Euro achten muss, wohnt und speist hier. Hausherr Johannes King ist einer der meistbeachteten Sylter Sterneköche. Viele der in seiner regionalen und schöpferischen Küche eingesetzten Kräuter werden in den Sylter Wiesen geerntet, Hauptgerichte ab 38 €. Das reetgedeckte 5-Sterne-Haus bietet auch 15 Zimmer und Suiten, 385–1050 €, mit Wellnessbereich und privatem Strandkorb in den Dünen.

Rustikal und gediegen – **Tadjem Deel:** Hörnumer Str. 60/Strandübergang Tadjem Deel, Tel. 04651 231 61, in der Saison tgl. ab 10.30 Uhr, Hauptgerichte ab 10 €. In dieser Holzbude in den Dünen geht es erstaunlich bodenständig zu, fast so als sei man nicht auf Sylt. Gutbürgerliche Küche, fangfrischer Fisch und selbst gebackene Kuchen stehen auf der Karte.

Kult seit drei Jahrzehnten – **Sansibar:** Hörnumer Str. 80, Tel. 04651 96 46 46, www.sansibar.de, tgl. 11–23 Uhr, Hauptgerichte 12–38 €. Legendär und entsprechend gut besucht ist die Holzhütte am Meer am Strandübergang Sansibar. Abends geht hier nichts ohne lange Vorbestellung. Der Trubel ist auch tagsüber enorm, in der Hochsaison ist der Parkplatz zum Strand schon mal wegen Überfüllung gesperrt. Vielseitige Küche, Currywurst und Milchreis stehen ebenso auf der Karte wie Sushirolle mit warmem Knuspergamba, Kaiserschmarrn und Nordseezunge. Erlesene Weine lagern im Hüttenfundament, das aus Stroh und Lehm besteht. Ein schöner Spielplatz für Kinder befindet sich in Sichtweite der draußen im Dünensand platzierten Bänke und Tische.

Genießen mit Meeresblick – **Seepferdchen:** am Strandübergang Samoa, Tel. 04651 55 79, ganzj. ab 12 Uhr, Hauptgerichte ab 12 €. Ein Genießerrestaurant mit ambitionierter, feiner Küche. Es geht ruhiger zu als im Sansibar einen Strandübergang weiter, aber auch hier gibt es in der Saison abends kaum einen Platz ohne Reservierung. Die Gaststube ist gemütlich und rustikal, draußen auf der Terrasse sitzt man im Strandkorb. Die Kleinen toben derweil auf dem Kinderspielplatz des Restaurants.

Einkaufen

Antiquitäten – **Alt-Angler:** Hafenstr. 3, Tel. 04651 234 49, www.alt-angler.de. Eine mit Trödel, Maritimem, Antikem und Kuriosem gefüllte Halle im Rantumer Gewerbegebiet.

Original – **Sylt-Strandkörbe:** Hafenstr. 10, Tel. 04651 228 43, www.sylt-strandkoerbe.de. Bereits in der dritten Generation werden hier Strandkörbe produziert. Man hat die Möglichkeit, zwischen 64 verschiedenen Modellen und 200 Stoffbezügen das passende Möbel zu finden.

Typisch Sylt – **Sansibar Stores:** Hafenstr. 6, Tel. 04651 96 46 56. Eine Sansibar-Strandtasche ist schon schick. Das Depot im Rantumer Gewerbegebiet bietet die aktuelle Kollektion und Outlet mit der Vorjahreskollektion. Ein riesiges Angebot an Sansibar-Fashion, Weinen und Präsenten auch online: www.sansibar.de.

Aktiv & Kreativ

Zum Abkühlen ins Meer – **Strandsauna Rantum:** Hörnumerstr. 3, Tel. 04651 83 41 86, www.strandsauna-sylt.de, Ostern–Okt. tgl. ab 11 Uhr, 14 €. Vom Campingplatz durch die Dünen zum Meer. Von der finnischen Sauna bietet sich freier Meerblick.
Bei Sonne und Regen – **Strandsauna Samoa:** Hörnumer Landstr. 70, Tel. 04651 221 65, www.strandsauna-samoa.de, Ende Febr.–Ende Okt. tgl. 12–19 Uhr, 14 €. Schöne Lage am Strand. Günstig ist zudem die Nähe des Seepferdchen, dessen kulinarisches Angebot von Pommes bis zum erlesenen Abenddinner reicht (s. S. 153).
Treffpunkt am Strand – **Norden Surfschule:** tgl. Kurs (ca. 2 Std.), max. 4–5 Teilnehmer. Info Tel. 04651 338 37 58 oder Mobil 0173 200 11 20, www.norden-surfboards.de.
Für Große und Kleine – **Tennis- und Minigolf-Anlage:** Hafenstr. 12, Tel. 04651 225 84, ganzj. In ruhiger Lage im Gewerbegebiet zwischen Deich und Wald kann man den Ball einlochen oder übers Netz bringen.
Kulturell wertvoll – **Kunstraum Syltquelle:** Hafenstr. 1, Tel. 04651 920 33, www.kunstraum-syltquelle.de. Ein architektonisch interessantes Kulturforum, Literaturlesungen, Konzerte, Kinofilme, Theaterstücke, Ausstellungen. Programme liegen bzw. hängen überall aus. Info auch im Internet.

Infos & Termine

Informationen

Kurverwaltung Rantum: Strandstr. 7, 25980 Rantum, Tel. 04651 80 70, www.rantum.de, Mo–Fr 9–17, Sa 9–13 Uhr.

Termine

Meerkabarett Sylt: Hafenstr. 1 (auf dem Gelände der Sylt-Quelle), Tel. 04651 92 03 90, www.meerkabarett.de. Das Kulturfestival bietet jeden Sommer einen internationalen Mix aus Kabarett, Comedy, Musik und kulinarischen Höhepunkten sowie ein Programm für Kinder. Das aktuelle Programm sowie Tickets gibt es im Internet unter www.meerkabarett.de.
Kultur- und Wissenschaftssommer: im Juli/Aug., im Kunstraum Syltquelle. Vortragsreihen und Diskussionen im Bereich Wissenschaft und Kultur.

Hörnum ▸ D 7–8

Der kleine, familienfreundliche Badeort (ca. 1000 Einw.) in Sylts sonnigem Süden ist an drei Seiten vom Meer umgeben. Im Westen liegt der Brandungsstrand, im Osten das Wattenmeer – dazwischen erstrecken sich Richtung Süden ins Meer die saharaähnlichen Sandweiten der Hörnum-Odde. Jahrhundertelang war der weit in die See vorspringende Südzipfel Sylts ein berüchtigter Schlupfwinkel für Strand- und Seeräuber.

Die eigentliche Geburtsstunde des heutigen Ortes schlug, als die Hamburg-Amerika-Linie (Hapag), die seit 1897 eine Schiffsverbindung von Hamburg nach Munkmarsch unterhielt, einen neuen Anleger in Hörnum baute, der über einen 14,5 km langen Schienenweg mit Westerland verbunden wurde. Mit dem Raddampfer Cobra wurde der Bäderverkehr zwischen

Hamburg, Helgoland und Hörnum eröffnet.

Wie List wurde auch Hörnum zum Militärort ausgebaut. Im Ersten Weltkrieg entstand das Militärlager Puan Klent, ab 1935 wurde der Hörnumer Seefliegerhorst eingerichtet und die Betonstraße nach Westerland gebaut. Heute gehört die militärische Nutzung der Vergangenheit an. Wer von Norden her nach Hörnum kommt, wird zunächst von monotonen Kasernen empfangen. In einigen sind Jugendheime und die Jugendherberge untergebracht. Andere alte Kasernen sind dem neuen Golfplatz gewichen. Ehrgeizige Tourismusprojekte wie das Golfhotel am Hafen und die Hapimag-Ferienanlage (s. Tipp S. 159) haben den Ort in den letzten Jahren verändert und die bis dahin noch vergleichweise bodenständigen Grundstückspreise in die Höhe getrieben.

Schutzstation Wattenmeer ► D 7

Kuno-Ehlfeldt-Haus, Rantumer Str. 27, Tel. 04651 88 10 93, www.schutzstation-wattenmeer.de, in der Saison tgl. 10–12, 15–18 Uhr, Eintritt frei, Spende erwünscht

Etwas zurückgesetzt von der Straße am Ortseingang liegt das Naturkundliche Informationszentrum der Schutzstation Wattenmeer. Die heimische Tierwelt tummelt sich in Seesandaquarien und man erfährt Wissenswertes über die Schweinswale, die häufig an der Westküste zu beobachten sind. Kinder können viele Objekte anfassen, betasten und beschnuppern. Familienfreundliche Führungen werden angeboten.

Der Hafen ► D 7

Der Hafen ist die Seele des kleinen Badeortes. Ausflugsdampfer erkunden von hier aus die Welt der Inseln und Halligen, tuckern zu den Seehundbänken und nach Helgoland. Am Imbiss gibt es Fischbrötchen, an einer Bude frische Krabben vom Föhrer Krabbenfischer. Ein kleiner Crêpes-Wagen bietet Süßes, alle paar Wochen ist Flohmarkt. Hoch oben auf einer Düne über dem Hafen leuchtet weiß die 1970 erbaute Kirche St. Thomas. Ein Modell des Raddampfers Cobra erinnert im Kirchenraum an die noch junge Geschichte des Ortes.

Leuchtturm ► D 8

An der Düne

Seit 1907 geleitet das Hörnumer Leuchtfeuer auf einer Düne in unmittelbarer Strandnähe südlich des Hafens die Schiffe durch das Vortrapptief zwischen Sylt und Amrum (s. S. 156).

Um die Hörnum-Odde

► D 8

Westrand (über Kurhausstr.), Wanderung, 5 km, 1– 1,5 Std.

Kein Syltbesucher sollte eine Umrundung unter Naturschutz stehenden Südspitze der Insel auslassen. Nirgendwo auf Sylt ist die Abtragung des Strandes durch die nagende Nordsee so spektakulär wie hier. Die Odde ist extrem sturmflutgefährdet. 1962 und 1973 durchbrach das Wasser die Dünenketten vor dem Muscheltal, 1989 wurde der Zipfel südlich des Tals weggespült. Im Winter ist der Strandweg für einige Monate gesperrt, da sich in dieser einsamen Zeit die seltenen Kegelrobben mit Jungtieren einfinden.

Übernachten

Fünf Sterne am Hafen – **Budersand Hotel:** Am Kai 3, Hörnum, Tel. 04651 460 70, www.budersand.de, DZ 300–420,

Auf Entdeckungstour

Von Leuchtturm zu Leuchtturm – die Wegweiser auf Sylt

Fünf Leuchttürme prägen die Landschaft Sylts zwischen Hörnum im Süden und List im Norden. Das Nord- und Südende der Insel verbindet ein Radwanderweg, der auf einer Strecke von fast 40 km auf der stillgelegten Bahntrasse abseits der Hauptstraße durch die Dünen führt.

Reisekarte: ▶ D 8

Planung: Die Tour kann in Etappen eingeteilt werden. Busse verkehren zwischen Hörnum–Westerland–List in der Saison alle 20 Min. Mitnahme von bis zu fünf Fahrrädern. Info: Sylter Verkehrsgemeinschaft, Tel. 04651 83 61 00, www.svg-busreisen.de

Dauer: ein halber bis ganzer Tag

Leuchtturmführung Hörnum: an der Düne, südl. des Hafens, Führungen Mo, Mi, Do 9.30, 10.30 und 11.30 Uhr, 4,20 €; Anmeldung und Karten beim Tourismus-Service Hörnum, s. S. 161

Die fünf Leuchttürme Sylts sind die herausragenden Wahrzeichen der Insel. Vier von ihnen sind noch in Betrieb und weisen den Schiffen seit über hundert Jahren den rechten Weg. Von einem Leuchtturmwärter werden sie schon lange nicht mehr bewohnt, das elektrische Licht wird vom Festland aus gesteuert. Hörnum, der jüngste der vier noch aktiven Lichtträger Sylts, ist der Einzige, der von innen besichtigt werden kann. Er ist nur im Rahmen von Führungen zugänglich, Treffpunkt ist das Wärterhäuschen am Fuße der Düne.

Hoch hinaus in Hörnum

Auf einer 17 m hohen Düne erhebt sich der 34 m hohe **Leuchtturm von Hörnum.** Wie sein Pellwormer Kollege ist er nicht massiv gemauert, sondern aus einzelnen gusseisernen Platten zusammengesetzt. Der 1907 in Betrieb genommene, rot-weiß-gestreifte Hörnumer Turm ist das älteste Gebäude des Ortes. Er wurde an der damals noch völlig unbewohnten Südspitze Sylts errichtet, um den ankommenden Bäderschiffen den Weg zu weisen.

Obwohl die 1901 von der HAPAG eingerichtete Schifffahrtslinie von Hamburg via Helgoland nach Hörnum florierte, entwickelte sich die winzige Ortschaft am Anleger nur langsam, das erste private Wohnhaus wurde hier erst 1924 errichtet! Für die wenigen Hörnumer Kinder reichte ein Klassenzimmer aus, bis 1933 fand der Unterricht im zweiten Obergeschoss des Leuchtturms statt. Fünf Stockwerke höher ist heute ein Standesamt eingerichtet, hier kann sich trauen, wer mag. Jeder nach seinem Geschmack, das gilt übrigens auch für die Leuchtturmbesichtigung.

Wer die Radtour nicht mit einer Turmbesteigung beginnen möchte, (Kinder unter 8 J. dürfen aus Sicherheitsgründen ohnedies nicht hinauf), dem bietet der Tourismus-Service von Hörnum auf seiner Website die Möglichkeit, wie bei einer realen Begehung alle Räume des Leuchtturms von unten bis oben zu besichtigen: www.hoernum.de/de/interaktiv/leuchtturm.php. Schöner aber ist es natürlich live, denn der Höhepunkt einer Hörnumer Leuchtturmführung ist der Ausstieg ganz oben.

Von der Galerie des Leuchtturms bietet sich ein spektakulärer Panoramablick über Inseln und Halligen im Süden, den Hafen und ausgedehnte Dünenlandschaften im Norden. Hier verlief die Trasse der Inselbahn – bis 1935 die einzige Verbindung zwischen Hörnum und dem Rest der Insel. Die Entdeckungstour folgt dem Verlauf der Bahntrasse von Leuchtturm zu Leuchtturm von Süd nach Nord. Heißer Tipp: Bei steifer Brise aus Nordwest nimmt man den Fahrradbus gen Norden nach List und ›fliegt‹ dann vor dem Wind zurück gen Süden.

Die alte Bahntrasse

Die ersten, in der Regel wohlhabenden Badegäste – nur solche konnten sich das Reisen in jener Zeit überhaupt leisten – stiegen direkt am Anleger in die komfortablen, vierachsigen Wagen der Inselbahn. Über Rantum gelangten sie nach Westerland. Bis 1908 wurde die Trasse bis List ausgebaut.

Mit dem zunehmenden Autoverkehr auf der Insel ging das Passagieraufkommen zurück, sodass die Bahn schließlich nicht mehr kostendeckend betrieben werden konnte. 1969 wurde die Südbahn stillgelegt, 1970 folgte die Nordbahn. Auf dem alten Schienenweg verläuft heute ein gut ausgeschilderter Radweg. Die Zahl der Autos auf der Insel ist seit der Stilllegung der

Bahn stetig gestiegen und damit einhergehend nahm auch die Stau- und Abgasbelastung zu. Die Schmerzgrenze ist für viele Sylter längst erreicht. Die umweltverträglichste Art, die Verkehrsprobleme zu lösen, wäre nach Meinung engagierter Insel- und Naturschützer der Bau einer Inselschnellbahn von Nord nach Süd auf der alten Bahntrasse.

Kampen

Nächste Etappe ist der Kampener **Leuchtturm Rotes Kliff** – eine inmitten üppiger grüner Weiden platzierte Schönheit. Ein sicheres Stück von der Abbruchkante entfernt strahlt ihr Licht aus einer stattlichen Höhe von 45 m bis zu 40 km weit übers Meer. Die Optik – eine große Gürtellinse mit umlaufenden Drehblenden – war vor ihrem Einsatz 1855 auf der Weltausstellung in Paris zu bewundern. Der im folgenden Jahr errichtete Turm, der seit 1974 unter Denkmalschutz steht, gehörte zu den modernsten seiner Zeit – sein Leuchtapparat zählte zu den ersten, die mit Petroleum gespeist wurden.

Seine markante Tageskennung – ein breiter schwarzer Streifen auf weißem Grund – erhielt der ›lange Christian‹ erst im Jahre 1953. Zu seinem 150. Geburtstag 2005 wurde er baulich und leuchttechnisch auf den neuesten Stand gebracht. Das Kampener Wahrzeichen ist nur von der Straße aus zu bewundern und gibt ein gutes Fotomotiv ab – am besten mit schwarz-weißen Kühen im Vordergrund.

Quermarkenfeuer Rotes Kliff

Dem kleinen Kollegen nördlich des Dorfes kann man dagegen ganz nah kommen. Er lohnt einen kurzen Schlenker von der Inseltrasse. Das kompakte, nur 11,5 m hohe **Quermarkenfeuer** wurde 1913 aus Ziegeln gemauert und mit weißer Laterne und hübschem Kuppeldach ausgestattet. Sein Feuer wurde von den Kampener Leuchtturmwärtern mitbetreut. 1975 wurde es gelöscht und dient seither als hübsche Landmarke auf dem Wanderweg oberhalb des Roten Kliffs.

Nordlichter

Nördlich von Kampen führt die Inseltrasse weit ab von der Hauptstraße durch atemberaubend schönes Dünenland. Wer nur eine Teilstrecke der Inseltrasse fahren möchte, sollte diese nördliche Etappe wählen. Durch das Klappholttal geht es hinauf nach Listland, hier folgt der Fahrradweg der alten Listlandstraße – mit einzigartigem Blick auf die Wanderdünen. Die letzte Bushaltestelle befindet sich am Parkplatz zum Weststrand. Wer mag, stärkt sich in der Weststrandhalle oder im Bam-Bus (s. S. 92, 94). Kurz darauf passiert man die Mautstelle zum Ellenbogen. Die Strecke von Kampen zur Mautstelle beträgt knapp 10 km, von hier sind es noch einmal 2 bzw. 5 km bis zu den zwei Leuchttürmen, die die eindrucksvolle Dünenlandschaft am nördlichen Ende von Sylt prägen.

Das strahlend weiße **Westfeuer** trägt eine rote Kappe, das ebenfalls weiße **Ostfeuer** einen dicken roten Querstreifen. Die beiden nördlichsten Bauwerke Deutschlands wurden 1852 bzw. 1857 auf Befehl des Dänenkönigs Friedrich VII. erbaut. Ihre Konstruktion aus einzelnen gusseisernen Segmenten rettete 1873 den Turm List Ost vor dem Abriss: Der baufällige Feuerträger konnte abgebaut und das Fundament erneuert werden. Auf dem Ellenbogen gibt es schöne Picknickplätze – am Strand beim wellenruhigen Königshafen oder am Strand an der kabbeligen Nordsee mit Aussicht hinüber nach Dänemark.

Mein Tipp

Ein besonderes Badehaus – Hapimag Hörnum
Das moderne Ferienresort des Schweizer Urlaubsanbieters Hapimag ist den Aktionären der Firma vorbehalten. Das Restaurant Biike mit Bar und Kaminlounge, ein separates Schwimmbad mit Grotte und Wasserfall sowie der edle Wellnessbereich Deep Nature Spa mit finnischer Sauna, Kräuterdampfbad und Hamam stehen allen offen (Rantumer Str. 23 a, Tel. 04651 460 80, www.lebenstraum-sylt.de, Preise: Schwimmbad Erw. 8 €, Kinder (5–14 J.) 6 €, Wellnessbereich Erw./Kinder 22 €).

Suiten 520–1200 €. Vier über Brücken verbundene Häuser im ruhigen Süden, modern und lichtdurchflutet, luxuriöser SPA-Bereich, mehrere Restaurants und eine Bibliothek, die von Fernsehfrau Elke Heidenreich mit mehr als 1200 handverlesenen Büchern ausgestattet wurde.

Persönlich geführt – **Hotel am Leuchtturm:** An der Düne 38, Tel. 04651 961 00, www.hotel-leuchtturm.com. Gepflegtes, strandnahes Haus, DZ 90 €, FeWo für 2–6 Pers. 85–157 €, teilweise Blick auf Meer und Leuchtturm. Schwimmbad, Sauna, Solarium im Haus.

Familienfreundlich und zentral – **Klabautermann:** Strandstr. 1, Tel. 04651 963 70, www.sylt-ferien.de, FeWo 80–154 €. Ferienwohnungen für 2–8 Pers. Alle Einkaufsmöglichkeiten sind in der Nähe. Knapp 5 bzw. 10 Min. dauert der Weg zu den verschiedenen Stränden. Kinderspielplatz vorhanden sowie Wellnessbereich mit Sauna, Solarium, Fitnessgeräten.

Zehn Minuten zum Strand – **Jugendherberge:** Friesenplatz 2, Tel. 04651 88 02 94, www.jugendherberge.de, Übernachtung mit Vollpension ab 25,60 €. Die Jugendherberge liegt in den Dünen auf dem Kasernengelände im Norden des Ortes (Haltestelle Hörnum-Nord), 168 Betten in 1- bis 8-Bettzimmern, Wasch- und Duschräume befinden sich auf den Etagen. Als Freizeitangebot stehen Tischtennisräume und ein Billardraum zur Verfügung.

Natürlich – **Campingplatz Hörnum:** Info: Tel. 04651 835 84 31, April–Okt. Der Platz ist in den Dünen am Weststrand gelegen. Restaurantcafé mit Meeresblick.

Essen & Trinken

Ambitioniert – **Strönholt:** Fernsicht 1, Tel. 04651 449 27 27, www.stroenholt.de, Frühstück ab 9, Küche 11.30–22 Uhr, Pasta ab 12, Fisch und Fleisch ab 18,50 €. Der Name des Hauses bedeutet Strandholz. Das moderne, neue Restaurant hat aber so gar nichts von dem rustikal-biederen Flair traditioneller Hörnumer Lokale. Luftig thront es über dem Golfplatz mit wunderbarem Blick über die Südspitze von Sylt und bietet leichte, frische Küche. Im Vordergrund stehen regionale Zutaten.

Nette Leute – **Kap Horn:** Süderende 24, am Übergang zum Weststrand, Tel. 04651 88 15 48, ab 11 Uhr. Im Kap Horn

Polo ist nicht nur etwas für die britischen Inseln – auf Sylt kämpft man allerdings im Sand

ist die Atmosphäre entspannt, die Bedienung liebenswert. Man sitzt geschützt in den Dünen, kleine und große Speisekarte, Hauptgerichte gibt es ab 8 €, in der Saison Mi Grillabend mit Livemusik.

Für zwischendurch – **Café Lund:** Rantumer Str. 1, Tel. 04651 88 10 34, www.cafe-lund.de. Das Café wartet mit gutem Kuchen, leckeren Torten, großen Eisbechern auf. Dazu gibt's deftige Kleinigkeiten zur Brotzeit und günstigen Mittagstisch ab 8 €, im Sommer auf der Terrasse.

Im Dorf und am Hafen – **Fisch Matthiesen:** Rantumer Str. 8, Tel. 04651 88 17 73, in der Saison tgl. ab 10 Uhr. Der Familienbetrieb existiert in Rantum seit über 30 Jahren. Für jeden Fischgeschmack ist etwas dabei – im Geschäft und Bistro mitten im Dorf oder im Imbiss am Hafen.

Aktiv & Kreativ

Vor Anker gehen – **Sylter Yacht Club:** Am Kai, Tel. 04651 88 02 74, www.sylter-yachtclub.de. Wassersportler kommen an der Südspitze Sylts auf ihre Kosten. Der Hafen ist tideunabhängig. Sportboote und Jachten liegen an Schwimmstegen, in der Hochsaison schon mal dicht gedrängt.

Im sonnigen Süden – **Segelschule Südkap:** Am Südkap, Tel. 04651 88 13 90. Anerkannte Surf-, Segel- und Katamaranschule mit einem netten Café nebenan.

Schnupperkurse – **Sylter Catamaran Club:** Hafenstr., Tel. 0160 95 93 74 73, www.sylter-catamaran-club.de. Die Schulung findet auf Katamaranen vom Typ Hobie Cat 15 und Hobie Cat 16 statt. Auf den überschaubaren Zweirumpfbooten lernen Anfänger das

Wenden, Kurshalten und wie man Knoten knüpft. Auch Kurse für Fortgeschrittene und Umsteiger.

Kitesurfen – **Surface Sylt:** Rantumer Str. 2, www.surface-sylt.de. Wassersportstation am Strandübergang 76, am Campingplatz. Hier finden Kurse, aber auch Einzelunterricht statt. Mit Barbecue und Strandpartys kommt auch der Spaß nicht zu kurz.

Schwitzen am Meer – **Strandsauna:** am Dünenübergang beim Campingplatz, Tel. 04651 88 03 00, www.strandsauna-hoernum.de, Mai–Okt. und Ostern tgl. 12–18 Uhr, Tageskarte 17 €.

Watt wissen – **Entdeckungstouren:** Infos im Infozentrum der Schutzstation Wattenmeer (s. S. 155). Für Groß und Klein werden Touren angeboten. Es geht ins Watt, an den Strand, um die Hörnum Odde sowie zu den Seehundbänken.

Vielseitig – **Kinder- und Jugendhaus:** Rantumer Str. 33, Tel. 04651 88 10 30, www.kinder-jugendhaus-hoernum.de. Veranstaltungen wie Basteln, Kochen, Piratenlager und Disco stehen auf dem Programm.

Feine Aussichten – **Golfclub Budersand:** Fernsicht 1, Tel. 04651 449 27 10, www.budersand.de, Greenfee: 18 Loch, 70 €. Ein 2008 eröffneter 18-Loch-Golfplatz mit Meerblick, der als Links-Course nach klassischem schottischem Vorbild angelegt ist. Im Ranking im Golf-Spezial des »Manager-Magazins« bekam der Golfclub Budersand 2008 die bestmögliche Note.

Inselwelten – **Adler-Express:** Info-Pavillon am Hafen, Tel. 04651 88 12 97, www.adler-schiffe.de. Es geht auf Fahrt u. a. nach Helgoland, Föhr, Amrum, Hooge und Nordstrand.

Infos & Termine

Informationen

Tourismus-Service Hörnum: Rantumer Str. 20, 25997 Hörnum, Tel. 04651 962 60, www.hoernum.de, Mo–Fr 9–16, im Sommer auch Sa, So vormittags.

Verkehr

Inselverbindungen: s. S. 84.

Termine

Syltlauf im März, s. S. 33.

Hafenfest im August: ein maritimes Wochenende mit Openship, Livemusik und der kurzen Segeltörns auf historischen Planken.

Beach Polo World Cup Sylt: Pfingsten. Der erste Cup 2008 war so erfolgreich, dass man sich umgehend an die Planung und Ausweitung der Veranstaltung machte. An zwei Turniertagen treten internationale Teams gegeneinander an, Info: www.polosylt.de.

Das Beste auf einen Blick

Föhr

Highlights!

Wyk: Der Fährort bezaubert mit einer Prachtpromenade am Meer. Angelegt wurde sie anlässlich der Sommerbesuche des dänischen Königs Mitte des 19. Jh. Sie bietet feinste Aussicht über den Strand mit bunten Strandkörben und das Meer bis zu den Warften der Halligen Langeneß und Oland. S. 165

Nieblum: Das idyllische Kapitänsdorf ist eines der schönsten Dörfer Schleswig-Holsteins. An den baumbestandenen Kopfsteinstraßen liegen Friesenhäuser mit reich verzierten Haustüren und üppig blühenden Rosenstöcken. Beeindruckend ist die mittelalterliche St. Johannis-Kirche mit wort- und bildreichen Grabstelen der alten Föhrer. S. 181

Auf Entdeckungstour

Auf den Spuren der Grönlandfahrer auf Föhr: Als die Inselfriesen Mitte des 17. Jh. auf Walfang fuhren, begann eine wirtschaftliche Blütezeit. Bei einem Besuch im Friesen-Museum in Wyk wird diese spannende Epoche lebendig. S. 172

Übers Watt – zu Fuß von Föhr nach Amrum: Eine geführte Wanderung zwischen den beiden Inseln ist eine ebenso spannende wie beliebte Entdeckungstour, die zu einem Inselurlaub einfach dazugehört. Wissenswertes erfährt man nicht nur über die Wunderwelt des Watts, sondern auch über das Wrack des Frachters City of Bedford, das man unterwegs passiert. S. 190

Kultur & Sehenswertes

Friesen-Museum in Wyk: Eine Fülle an Exponaten über das Leben auf der Insel. Zum Museum gehört auch das älteste nordfriesische Haus und eine Bockwindmühle von der Hallig Langeneß. S. 170

Museum Kunst der Westküste: Das 2009 eröffnete Haus in Alkersum zeigt Werke mit maritimen Motiven, u. a. von Max Liebermann, Edvard Munch und Emil Nolde. S. 179

Aktiv & Kreativ

Boldixumer Vogelkoje: Schönes Ausflugsziel nördlich von Wyk. An heißen Sommertagen spenden Bäume und Büsche angenehmen Schatten. S. 170

Fahrradtouren: Föhr ist ein Radlerparadies. Eine beliebte Radl-Rast befindet sich im Marschland nördlich von Oeveneum. S. 177

Genießen & Atmosphäre

Pitschi's und Schapers: Entspannen am Südstrand von Wyk. Die Caféstühle stehen direkt im Sand, abends bei schönem Wetter ist Party angesagt. S. 175

Café Alte Schule: Ein zauberhaftes Café in Midlum. Die Torten sind frisch gebacken, behaglich sitzt man im ›Klassenzimmer‹ oder im verwunschenen Garten. S. 180

Stelly's Hüüs: Das urgemütliche Café in Oldsum berherbergt auch einen Teeladen und eine Töpferei. S. 193

Abends & Nachts

Glaube, Liebe, Hoffnung: In der ältesten Inselkneipe in Wyk klönen auch gern Einheimische bei einem frisch gezapften Bier. S. 177

Insel der malerischen Dörfer

Föhr hat einen stillen, liebenswerten und doch etwas spröden Charme. Saftig grüne Marschen, sanft gewellte Geest, feinsandige Badestrände und idyllische Friesendörfer prägen die Insel, auf der die Landwirtschaft neben dem Fremdenverkehr noch eine wichtige Erwerbsquelle darstellt. Dank ihrer geschützten Lage inmitten der Inseln und Halligen herrscht auf Föhr ein für die Nordsee ungewöhnlich mildes Klima, die typische Nordseebrandung sucht man hier vergeblich. Schon Christian Morgenstern hat die Landschaft der Insel im Sommer 1905 bei einem Föhrurlaub als leise und ruhig beschrieben. Er sah in ihr eine stille Sängerin, die so gar nichts Äußerliches und Lautes habe.

Mit seinen 82 km^2 ist Föhr die zweitgrößte der Nordfriesischen Inseln. Ihr Name ist möglicherweise auf das friesische Wort *feer* zurückzuführen, was unfruchtbar bedeutet. Kaum zu glauben, wenn man das von Marschwiesen und Äckern geprägte Land sieht. Doch zwei Fünftel Föhrs bestehen aus der ursprünglich nicht sehr fruchtbaren Geest, die erst im Verlauf der Jahrhunderte durch stetes Düngen zu Ackerland wurde. Am Südrand der Geest erstreckt sich zwischen den Seebädern Wyk und Utersum ein breiter feiner Sandstrand von 15 km Länge. In der nördlichen Hälfte der Insel breitet sich flache, grüne Marsch aus. Bis zum Bau des Deiches Ende des 15. Jh. wurde sie noch regelmäßig von der Nordsee überspült und ist bis heute nur dünn besiedelt. Erst ab 1960 begann die Aussiedlung der Bauern in die Marsch.

Urkundlich erstmals erwähnt wird die Insel anno 1231. Sie bestand aus zwei dänischen Verwaltungsbezirken, der Osterharde und der Westerharde. 1435 wurde Föhr geteilt, Westerland-

Infobox

Touristenbüro

Tourismus GmbH Wyk auf Föhr: Postfach 1511, 25938 Wyk auf Föhr, inselweite Service-Rufnummer Tel. 04681 300, www.foehr.de. Vor Ort: u. a. im W.D.R. Gebäude an der Hafenmole, s. S. 177. Die Tourismus GmbH gibt sehr gute kostenlose Infobroschüren heraus, u. a. »Insel Föhr – Das muss man wissen« mit Karten, Tipps, Adressen von A bis Z, außerdem jeden Monat einen prallen Veranstaltungskalender.

Internet

www.foehr-inseldoerfer.de, www.foehr-digital.de sind informative Seiten.

Anreise und Weiterkommen

Autofähre: Von Föhr nach Dagebüll bis zu 12 x tgl., s. S. 19. Parkplatz in Dagebüll hinterm Deich, 6 €/Tag.

Flug: Wyk besitzt einen Flugplatz, Flugverbindungen u. a. nach Hamburg, Sylt, Kopenhagen und Düsseldorf, s. S. 20.

Bus: Der Rund-um-die-Insel-Bus verkehrt Mai–Okt. alle 30 Min. ab dem Wyker Hafen, im Winter stdl. Die RundFöhrKarte kostet 5 €. Mit der Tageskarte (7 €) kann man die Rundfahrt etappenweise fortsetzen. Im Sommerhalbjahr fahren alle 1–2 Std. Busse mit Fahrradanhängern.

föhr blieb bei Dänemark (bis 1864), Osterlandföhr kam zum Herzogtum Schleswig. Vom 13. bis zum 15. Jh. herrschte große Armut auf der Insel. Die Chroniken berichten von Sturmfluten, Landverlusten und Schiffsuntergängen. Eine wirtschaftliche Blütezeit brach erst Mitte des 17. Jh. an, als die Föhrer auf Walfang gingen. Mit Ende des Walfangs Mitte des 19. Jh. endete auch der Wohlstand der Föhrer. 1848 verließen viele Seefahrer die Insel, um als Goldgräber ihr Glück in Kalifornien zu suchen. Noch im 20. Jh. zog es viele fort. Die Westerlandföhrer gingen nach New York in den Delikatessenhandel, die Osterlandföhrer nach Kalifornien. Dort lebten sie als Farmer oder Handwerker.

Anders als ihre Nachbarn auf Amrum und Sylt leben die Föhrer heute nicht ausschließlich vom Fremdenverkehr. Zwei Drittel der Inselfläche werden landwirtschaftlich genutzt, davon wiederum ist ein Drittel Ackerland, der Rest Viehweiden. Auf vielen Bauenhöfen kann man Zimmer und Ferienwohnungen mieten – das Angebot Urlaub auf dem Bauernhof ist ein wichtiger Nebenerwerb für die Föhrer.

Die Orientierung auf Föhr ist einfach. Bereits am Wyker Hafen weist ein einziges Schild aus der Stadt hinaus zu den Inseldörfern. Alle liegen an der Ringstraße, die von Wyk gen Westen in einem Bogen durch die Insel führt – an der Grenze zwischen Geest und fruchtbarer Marsch. Durch die günstige, erhöhte Lage am Geestrand waren die Menschen sicher vor Sturmfluten, konnten aber auch bequem die Marsch mit ihren Feldern und Fennen (Weiden) erreichen.

Die Dörfer mit ihren reetgedeckten Friesenhäusern, rankenden Rosenbüschen, schattigen Laubbäumen und gemütlichen Teestuben machen den Zauber der Insel aus. Fast sämtliche Ortsnamen enden auf -um. Früher wurde diese Endung vom nordischen *heim* hergeleitet, das an einen Personennamen, einen Bewohner der Siedlung, angehängt wurde. Möglicherweise ist die Endung -um aber auch die latinisierte Endung, die an Flurnamen angehängt wurde, so wäre Hedehusum das Dorf auf der Heide.

Wyk! ▶ G 9

Seine Entwicklung verdankt das charmante Städtchen (ca. 4500 Einw.) seiner günstigen Lage und dem Hafen. Wyk oder *Wik* heißt nichts anderes als Bucht. Das Gebiet war schon in der Frühzeit besiedelt, doch erst 1638 wurde es erstmals als selbstständiger Ort erwähnt. Im Goldenen Zeitalter des Walfangs und der Seeschifffahrt wuchs Wyks Bedeutung, denn die Föhrer Seefahrer schifften sich hier ein. 1704 genehmigte die Obrigkeit einen Hafen, Wyk erlangte Hafengerechtigkeit.

Immer wieder erhielt der Ort Zuwachs durch Halligbewohner, die in den großen Sturmfluten ihr Hab und Gut verloren hatten. Eine kurze Glanzzeit brach für den Nordseeort 1842 mit dem Besuch des dänischen Königs Christian VIII. an, der bis 1847 mit seiner Gemahlin Caroline Amalia, dem Hofstaat und so illustren Gästen wie dem Märchendichter Hans Christian Andersen jeden Sommer etwa fünf Wochen in Wyk verbrachte. Mit dem Tod des Königs im Jahr 1848 endete die glanzvolle Zeit.

Das Kurbad

Erst Mitte der 1860er-Jahre ging es für das mittlerweile preußisch gewordene Seebad wieder bergauf: Vom exklusi-

Wyk

Sehenswert

1 Fährhafen
2 Sturmflutpfahl
3 Nationalpark-Zentrum
4 Windmühle
5 Glockenturm
6 Friesen-Museum
7 St. Nicolai-Kirche
8 Boldixumer Vogelkoje

Übernachten

1 Kurhaus Hotel
2 Gästehaus Hilligenlei
3 Dat Südstrandhuus
4 Gästehaus Rothtraut
5 Jugendherberge

Essen & Trinken

1 Alt Wyk
2 Die 13
3 Störtebeker
4 No Eins
5 Pfannkuchen-Haus im Prinzen-Hof
6 Café Klein Helgoland
7 Pitschi's
8 Schapers

Einkaufen

1 Wyker Fischmarkt
2 Wyker Bauernmarkt
3 Kopp im Hof
4 Wollflur
5 Drachennest Föhr

Aktiv & Kreativ

1 Aquaföhr
2 Veranstaltungszentrum/Kino
3 Fun- und Spielpark
4 Schutzstation Wattenmeer
5 Tierhuus Insel Föhr
6 Kleintiergehege

Abends & Nachts

1 Glaube, Liebe, Hoffnung
2 Erdbeerparadies
3 Olympic

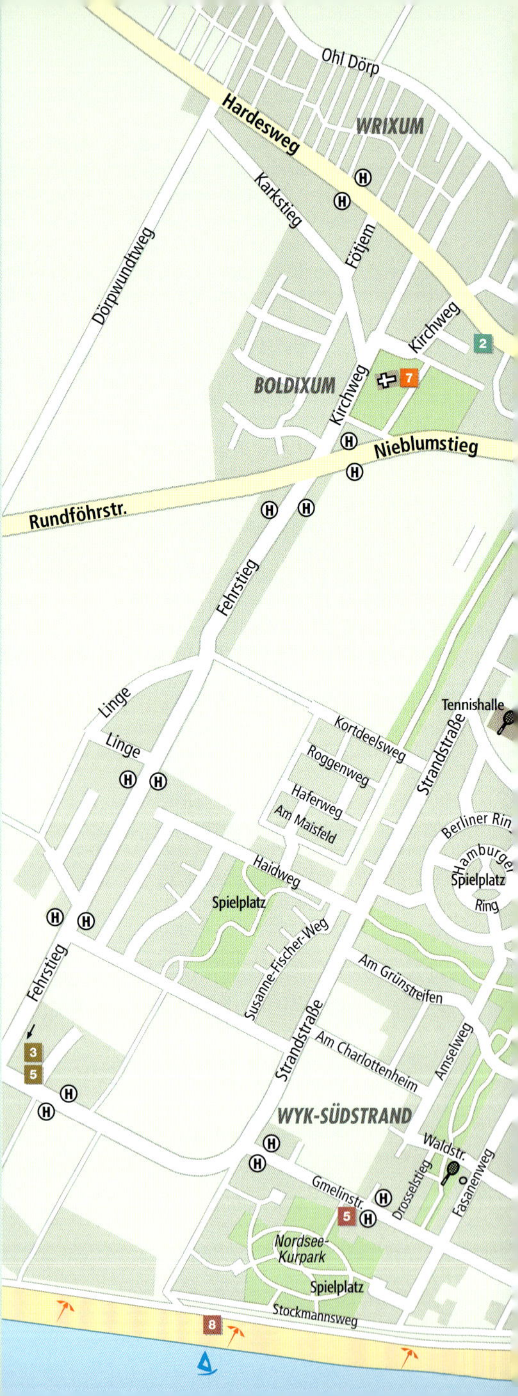

Kreisstraße (Siedlerweg)
Achtern Diek
But Dörp
Dörpstraat
Ocke-Nerong-Str.
Boldixumer Str.
Kohharder Weg
Hemkweg
Nationalpark-halle
Marschweg
Koogskuhl
Am Hafen
Achtern Diek
Hafendeich
Stine-Andersen-Weg
Boldixumer Str.
Heymannsw.
Am Fähranleger
Schul- und Sportzentrum
St. Marien kirche
Flurstraße
Gartenstraße
St.-Nicolai-Str.
Hafenstr.
Hafenamt/ Zimmervermittlung
Sportplatz
Große Str.
Knudtsenweg
Carl-Häberlin-Str.
Helgolander Str.
Dänische Schule
Rungholtstr.
Bücherei
Mittelstr.
Süderstr.
Rebbelstieg
Feldstr.
Museumstr.
Badestraße
Rugstieg
Johannesstr.
Mühlenstraße
Sandwall
Musikpavillon
Feldstr.
Seglerbrücke
Starklef
Friesenweg
Halligweg
Krankenhaus
Friedrichstr.
Mühlenstraße
Sandwall
Spielplatz
Starklef
Rebbelstieg
Am Grünstreifen
Lütt Marsch
Wiesenweg
Spiel-platz
Nordsee
Schmalstieg
Hasen-kamp
Freyastr.
Badestraße
Lüttmarsch-halle
Olhörn-stieg
Minigolf
Waldstr.
Osterstr.
Forstweg
Parkstr.
Sportplatz
Olhörnweg
Am Leuchtturm
Leuchtturm
Schutzstation Wattenmeer
Stockmannsweg
Olhörn
0
150
300 m

ven Gesellschaftsbad für wenige Sommerwochen entwickelte es sich zum ganzjährigen Kurort. 1881–1883 wurde das erste Kinderhospiz eingerichtet, eine für die Insel entscheidende Entwicklung nahm ihren Anfang. Die »Neuen Monatshefte« bewerteten das 1890 ähnlich wie wir heute einen Aufenthalt an der Nordsee einschätzen. Sie schrieben, dass die Kinder durch den Aufenthalt an der Meeresluft Energie für die dreckige Großstadtluft tankten. In Wyk ansässig gewordene Ärzte begannen die heilsame Wirkung des Nordseeklimas zu propagieren, unter ihnen Professor Dr. Carl Häberlin, der im Jahr 1898 das Nordsee-Sanatorium eröffnete, das auch für Winterkuren geeignet war. Föhr entwickelte sich zum Zentrum der deutschen Meeres- und Klimaheilkunde. Im Ersten Weltkrieg blieb Wyk als einziges Nordseebad geöffnet. Im Kriegsjahr 1918 zählte man 7500 Erholungssuchende – genauso viele wie im Friedensjahr 1911. Im Zweiten Weltkrieg kam der Fremdenverkehr zum Erliegen, die frei stehenden Gästezimmer wurden mit Ostflüchtlingen belegt. Nach dem Krieg ging es rasch wieder bergauf, bereits 1949 wurde Wyk als Nordseeheilbad anerkannt.

Sehenswert

Der Hafen

Einen Stadtrundgang beginnt man am besten am **Fährhafen** 1 – dem größten im nordfriesischen Inselreich. Nur wenige Schritte vom Anleger passiert man das Servicegebäude der Wyker

Ein schöner Schachzug im Freien unter Möwengeschrei – Wyk macht's möglich

Dampfschiffs-Reederei mit Touristeninformation. Weiter geht es zum Alten Hafen, in dem neben anderen Schiffen die Föhrer Krabben- und Muschelkutter vor Anker liegen. Auf einem hohen **Sturmflutpfahl** 2 an der Kaikante sind die Höhen der schwersten Sturmfluten der vergangenen Jahrhunderte mit Metallbändern gekennzeichnet. Der höchste Wert, 4,67 m über NN, wurde in der Februarflut 1825 erreicht. Das Zentrum Wyks ist durch einen Deich geschützt. Hinter der Stöpe (ein Deichdurchlass, der im Falle einer Sturmflut geschlossen werden kann) auf der gegenüberliegenden Straße des Sturmflutpfahls beginnt die Altstadt.

Nationalpark-Zentrum 3

Hafenstr. 23, im Rathaus 2. Stock, Tel. 04681 42 90, www.npz-foehr.nationalparkservice.de, April–Okt. So–Fr 10–17.30, sonst Mi, Sa 14–17 Uhr, 2,50 €, Familie 6 €

Großzügig und modern ausgestattete Ausstellung des Nationalparkamtes. Modelle der Insel, Schautafeln und Muschelsammlungen bieten viele Infos über das Wattenmeer zu allen Jahreszeiten. Es gibt Aquarien, viele Erkundungsmöglichkeiten und eine Spielecke für die Kleinen.

Sandwall

Durch die belebte Königstraße gelangt man zum baumbestandenen Sandwall oberhalb des Badestrandes. Die Prachtpromenade wurde anlässlich der Sommerbesuche des dänischen Königs angelegt – die berühmte Ulmenallee, die fast vollständig der Ulmenkrankheit zum Opfer fiel, wurde durch Linden ersetzt. Die Promenade verlockt zum Bummeln, zu Cafébesuch, Shopping und Schachspielen und bietet feinste Aussicht über den Strand mit den bunten Strandkörben bis zu den Warften der Halligen Langeneß und Oland. Gedenktafeln verweisen auf illustre Gäste des traditionsreichen Badestädtchens: Am **Sandwall 38** komponierte Johann Strauß im Jahre 1879 seinen Walzer »Nordseebilder«. An der **Ecke Sandwall/Süderstraße** wohnte der Dichter Theodor Fontane. Im Haus des Inselboten in der benachbarten **Großen Straße 16** weilte Hans Christian Andersen als Gast des dänischen Königs.

Carl-Häberlin-Straße

Eine Gedenktafel am Haus Sandwall 11 erinnert an eine der bedeutendsten Wyker Persönlichkeiten: »Hier wohnte und wirkte 1904 bis 1954 Prof. Carl Häberlin, Forscher und Lehrer der Meeresheilkunde, Schöpfer des Friesenmuseums«. Nach dem Professor ist eine der kleineren Querstraßen benannt.

Auf Entdeckungstour

Auf den Spuren der Grönlandfahrer auf Föhr

Jahrhundertelang herrschte große Armut auf den Inseln. Eine wirtschaftliche Blütezeit brach Mitte des 17. Jh. an, als die Inselfriesen auf Walfang fuhren. Bei einem Besuch im Friesen-Museum in Wyk wird diese spannende Epoche lebendig. Mitte des 19. Jh. endete die ›Goldene Zeit‹, an die auf Föhr noch heute bildhübsche Kapitänshäuser und prächtige Grabsteine erinnern.

Ausgangspunkt: Friesen-Museum in Wyk 6. Walfängergräber stehen auf den Friedhöfen von St. Nicolai in Boldixum 7, St. Johannis in Nieblum (► F 8) und St. Laurentii in Süderende (► F 9).

Dauer: halber Tag mit dem Rad (10 km vom Friesenmuseum bis St. Laurentii in Süderende)

Das Goldene Zeitalter begann für die Nordfriesen im 17. Jh. In der Frühphase des Walfangs wimmelte es in den Gewässern des nördlichen Eismeeres um Spitzbergen und Jan Mayen von Walen. Infolge der intensiven Bejagung nahm die Zahl der Wale in den Buchten rapide ab, die ›Goldminen‹ des Nordens waren erschöpft. Noch vor der 2. Hälfte des 17. Jh. musste der Fang an die Packeisgrenze verlegt werden, wo die Schiffe schon mal ein Vierteljahr festsaßen. Im Jahre 1777 wurden 27 Schiffe vom Eis eingeschlossen, 300 Seeleute kamen ums Leben. Und doch brachen die Seeleute immer wieder auf: »Grönlands eisiges Meer war uns, was Spanien Peru«, zitiert Georg Quedens im Großen Nordfrieslandbuch einen Föhrer Pastor. Gegen Ende des Winters brachen die Inselfriesen in ihren kleinen Küstenfahrzeugen, sogenannten Schmackschiffen, auf. Ihr Zielhafen war Amsterdam, später auch Hamburg, Glückstadt und Kopenhagen, wo die Walfangschiffe bemannt und ausgerüstet wurden.

Die Kajüte eines Walfängers

Ein Tor aus zwei 6,30 m hohen Unterkieferknochen eines Blauwals empfängt die Besucher des **Friesen-Museums** in Wyk – ein passender Beginn für eine Entdeckungstour auf den Spuren der alten Walfänger. Keineswegs alle Föhrer Grönlandfahrer waren Commandeure, obwohl man immer zuerst an sie denkt, wenn man die schmucken reetgedeckten Kapitänshäuser in Nieblum, Oevenum und Oldsum sieht. Viele Grönlandfahrer blieben zeit ihres Lebens Speckschneider oder Harpuniere. Ihre Werkzeuge sind im Friesen-Museum ausgestellt. Dort gewährt auch die rekonstruierte Kajüte eines Walfangschiffes Einblick in den Schiffsalltag. Kunstvolle Seemannsarbeiten aus Pottwalzähnen und Walknochen, die während der langen Hin- und Rückreise entstanden, sowie Navigationsgeräte und Fernrohre sind nur einige der vielen Museumsschätze.

Die Privatschulen der Seefahrer

Leicht übersieht der Besucher die Dokumente der Navigationsschulen der Insel, die im Museum ausgestellt sind. Sie erinnern an einen bedeutsamen Aspekt der Föhrer Geschichte: Ihren Erfolg als Walfänger wie auch als Handelsschiffer verdankten die nordfriesischen Seefahrer nämlich größtenteils ihren Navigationskenntnissen, die sie in den Wintermonaten, wenn sie nicht auf Fahrt waren, auf ›Privatschulen‹ erwarben. Den Grundstein zu dieser Ausbildung hatte Richard Petri, der 1620–1678 Pastor an der St. Laurentii-Kirche auf Föhr war, gelegt: Unentgeltlich vermittelte er den Seefahrern Kenntnisse im Rechnen, in Astronomie und Navigation. Seine einzige Bedingung für die Teilnahme am Unterricht: Seine Schüler sollten ihre Kenntnisse an andere weitergeben.

Später entstanden auch auf anderen Inseln Schulen, in denen Steuerleute und Kapitäne, die sich zur Ruhe gesetzt hatten, junge Seeleute auf das Steuermannsexamen vorbereiteten, das in Tönning, Flensburg oder Kiel abgelegt werden musste. Die heimatlichen Navigationsschulen mussten schließen, als nach dem Anschluss der Inseln an Preußen der Besuch einer staatlichen Navigationsschule auf dem Festland vorgeschrieben wurde.

Gefährliche Jagd

Viele Grönlandfahrer verloren auf der Jagd nach den mächtigen Tieren ihr Leben. Ein Ölgemälde zeigt eine Walfangszene. Neben großen Seglern sind kleine Ruderboote zu sehen, die einen mächtigen Wal einkreisen, hoch über ihnen ein kühn in den Himmel gesetzter Schriftzug: Vis Vincitur Arte – Geschick bezwingt Kraft. Hauptfangobjekte waren der durchschnittlich etwa 18 m lange Grönlandwal und der kleinere Nordkaper. Die beiden Bartenwale sind langsame Schwimmer. Ihre Speckschicht, aus der der als Lampenöl begehrte Tran gewonnen wurde, ist etwa 25–40 cm dick. Die Wale wurden, wie das Gemälde zeigt, von kleinen Schaluppen (Ruderbooten) aus gejagt, mit Handharpunen angeschossen und ›festgemacht‹, d. h. man schoss eine Leine in den Fisch. Ein Schlag der Schwanzflosse genügte, um die kleinen Boote zum Kentern zu bringen.

Wenn dann die nordfriesischen Seeleute im Spätsommer allen Gefahren trotzend aus dem Eismeer zu ihrem Ausgangshafen zurückgekehrt waren, hatten sie noch die Heimfahrt über die stürmische Nordsee in kleinen Küstenfahrzeugen vor sich. Es kam vor, dass sie noch in Sichtweite der heimatlichen Küste verunglückten. Der Chronist C. P. Hansen berichtet z. B., dass im September des Jahres 1744 eine von Amsterdam kommende Schmack mit über hundert heimkehrenden Grönlandfahrern auf dem Kniepsand vor Amrum strandete. Niemand überlebte.

Die Gräber der Grönlandfahrer

Auf den Föhrer Kirchhöfen findet man die prachtvollen Gräber der Walfänger. Von Wyk aus geht es immer gen Westen. An der Jugendherberge beginnt der mit einem gelben Punkt markierte Radweg, die sogenannte große Inselrunde, die zunächst nach **Nieblum** führt. Auf dem Kirchhof von St. Johannis am nordöstlichen Ortsrand von **Nieblum** stehen die alten Stelen dezent verteilt zwischen den neuen Gräbern. Da sie nicht immer gleich zu entdecken sind, ist der in der Kirche erhältliche Friedhofsführer sehr praktisch.

Durch Nieblum hindurch geht es über Borgsum weiter Richtung Nordwesten nach **Süderende.** Hier kann man gut dem Radweg entlang der normalen Autostraße folgen, die ausgeschilderte Große Inselrunde macht einen Schlenker über Alkersum. Etwa 1 km südlich des Dorfes Süderende erhebt sich die **St. Laurentii Kirche.** Hauptanziehungspunkt ist hier das Grab des Matthias Petersen. Er fing 373 Wale und erhielt darum den Beinamen ›Der Glückliche‹. Bereits mit 20 Jahren hatte man ihm die Führung eines Walfangschiffes anvertraut. 50 Jahre lang fuhr er als Commandeur zur See. Seinen Grabstein südlich der Kirche ziert neben der (lateinischen!) Lebensbeschreibung die Glücksgöttin Fortuna über einem schwimmenden Wal. An den glücklichen Matthias erinnern auch zwei prachtvolle Messingkronleuchter, die er 1677 gemeinsam mit seinem Bruder der Gemeinde von St. Laurentii spendierte. Es sind der 1. und der 3. der barocken Kronleuchter, die heute noch die Gewölbedecke im Langhaus und Chor schmücken.

Das Glück blieb dem Walfänger nicht treu. 1702 wurde Matthias mit seiner Mannschaft entführt und erst gegen ein Lösegeld von 8000 Reichstalern freigelassen. Im selben Jahr fielen seine beiden Söhne Ock und John im Kampf gegen französische Seeräuber. Sein ältester Sohn blieb im spanischen Erbfolgekrieg verschollen.

Nach dem Tod des legendären Walfängers blieb dessen Familie der Kirche die versprochenen 100 Goldtaler für sein Begräbnis in der Kirche schuldig. Aus diesem Grund wurde Matthias 14 Jahre später vor die Tür gesetzt und auf den Platz südlich der Kirche umgebettet, wo er heute noch zu finden ist.

Mein Tipp

Easy living am Strand

Früher gab es hier nur einen kleinen Kiosk der Surfschule, er war mein Lieblingsplatz im Sommer, jetzt ist mehr daraus geworden: Strandcafé, Bistro und Bar. Die Stühle stehen direkt im Sand, die Lütten können nach Herzenslust buddeln und kleckern. Im **Pitschi's** 7 kann man auch gut den Tag ausklingen lassen (Parkstr. 1, Tel. 04681 747 19 75, in der Hauptsaison tgl. ab 9 Uhr, Pasta und Salate ab 6,50 €). Ebenso nett und klasse gelegen ist das **Schapers** 8, knapp 1 km weiter westlich (An der Promenade 20, Tel. 04681 58 00 87, in der Hauptsaison tgl. ab 9 Uhr, Pasta und Salate ab 6,50 €). Auch dieser Laden neben der Surfschule hat was. Der Service ist freundlich, das Ambiente locker, abends bei schönem Wetter ist Party angesagt.

Behaglich – **Die 13** 2: Carl-Häberlin-Str. 13, Tel. 04681 16 13, in der Hauptsaison tgl., Mitte Jan.–Mitte Febr. geschl., Hauptgerichte ab 14,50 €, Mittagskarte 10–12 €. Serviert werden Spezialitäten vom Lamm, frischer Fisch und leckere Pfannengerichte im denkmalgeschützten Haus. Tagsüber Café, im Sommer sitzt man draußen in der schmalen hübschen Gasse mit vielen rosengeschmückten Giebelhäusern.

Ein Tipp nicht nur für Vegetarier – **Störtebeker** 3: Reidschon 2, Boldixum, Tel. 04681 89 01, Di–So 12–13.30 und ab 18 Uhr, Hauptgerichte 10–20 €. Ein Platz zum Wohlfühlen. Auf der Speisekarte stehen Fisch und Lamm, aber auch Vollkorn-Pizzen und viel Vegetarisches, Weine aus biologischem Anbau werden angeboten.

Terrasse zum Meer – **No Eins** 4: Sandwall 1, Tel. 04681 74 63 50, www.no1-foehr.de, tgl. ab 9 oder 10 Uhr bis open end, Winter 11–22, Sa, So 10–2 Uhr, Gerichte 5–21 €. Café, Bistro und Restaurant in schönster Strandlage. Das Ambiente ist freundlich, der Service nett.

Ein Herz für Kinder – **Pfannkuchen-Haus im Prinzen-Hof** 5: Gmelinstr. 29, Tel. 04681 766, http://prinzenhof.inselseiten.de/das-pfannkuchen-haus.html, tgl. 11–23 Uhr. Auf der Speisekarte stehen frische Säfte, hausgebackene Kuchen und Torten, aber auch süße und herzhafte Pfannkuchen (4,50–24 €) – Letztere mit Lachs, fangfrischen Krabben oder Rinderfiletstreifen. Im Cafégarten plätschert zur Entspannung ein Brunnen. Für die Kinder gibt es draußen ein Karussell und drinnen steht ein Sofa, das spannende Märchen erzählt…

Lohnt einen Umweg – **Café Klein Helgoland** 6: Achtern Diek 14/Jachthafen, Tel. 04681 747 16 73, www.freienstein-auf-foehr.de/helgoland.htm, in der Saison tgl. 12–18 Uhr, im Winter Di Ruhetag, Hauptgerichte 9–15 €. Das kleine Café liegt direkt am Deich mit Blick auf den Sportboothafen. Leckere Kaffeespezialitäten, frisch zubereitete Speisen – bei schönem Wetter auf der windgeschützten Außenterrasse mit Teakmöbeln.

Easy living am Strand – **Pitschi's** 7: s. Tipp.

Lockeres Ambiente – **Schapers** 8: s. Tipp.

Einkaufen

Immer wieder sonntags – **Wyker Fischmarkt** 1: am alten Hafen, April–Okt. So 10–15 Uhr. Eine bunte Mischung aus Wochen-, Fisch- und Flohmarkt.

Ausschließlich Föhrer Produkte – **Wyker Bauernmarkt** 2: auf dem Platz vor dem Rathaus, in den Sommermonaten (»wenn das Gemüse so weit ist«) Mi 9–12 Uhr.

Insel- und Halligspezialitäten – **Kopp im Hof** 3: Sandwall 10, Tel. 04681 746 49 65. Selbst gemachte Leckereien nach Föhrer Landart. Das Angebot reicht von Wurstwaren, Landrauchschinken, Lammspezialitäten bis zu Käse, Marmelade, Honig und Likören – das alles dekorativ präsentiert im Hinterhof.

Schön und warm – **Wollflur** 4: Boldixumer Str. 9, Tel. 04681 746 24 31, woll flur.foehr-digital.de. Alles natürlich: Felle, Jacken, Westen und handgestrickte Pullover gibt es hier ebenso wie Wolle zum Häkeln, Stricken und Basteln.

Für Windschwärmer – **Drachennest Föhr** 5: Westerstr. 1a, Tel. 04681 741 29 03. Alle Arten von Drachen und Windspielen sind im Drachennest erhältlich.

Aktiv & Kreativ

Bei jedem Wetter baden – **Aquaföhr** 1: Stockmannsweg 1, Tel. 04681 30 48, www.aquawyk.de. Meerwasser-Wellenbad mit Saunalandschaft. Kernzeit Mo–Mi, Fr 11–19, Do 11–17, Sa, So 10–19 Uhr, Tageskarte Erw. 8,60 € (mit Kurkarte), Kinder/Jugendliche 4,80 €.

Familien- und budgetfreundlich – **Freizeithelfer-Laden im Umwelt- und Veranstaltungszentrum** 2: Sandwall 38, Tel. 04681 503 49, www.freizeithelfer-wyk.de. Die Freizeithelfer (eine Einrichtung der Nordelbischen Kirche) bieten ein vielseitiges Programm für Kinder, darunter Gutenachtgeschichten, Wattführungen, Bastel- und Spielnachmittage. Viele Veranstaltungen sind kostenlos, Termine im Veranstaltungskalender und im Internet. Außerdem gibt es im Veranstaltungszentrum eine Touristeninformation, Lese- und Aufenthaltsräume.

Indoor – **Fun- und Spielpark** 3: Achtern Diek 5–7, Tel. 04681 746 22 00, www.foehrfun.de, tgl. 10–19 Uhr, Erw. 4,50, Kinder (ab 2 J.) 8 €. Wetterunabhängiger Spaß unter Dach mit Trampolinanlage, Kletterberg, Wellenrutsche, Fun-Shooter. Einige Attraktionen wie Billard, Elektrofahrzeuge kosten zusätzlich.

Natürlich informativ – **Schutzstation Wattenmeer** 4: Badestr. 111, Tel. 04681 13 13 oder 35 56, www.schutz station-wattenmeer.de. Die Schutzstation bietet ein vielseitiges Programm: Vorträge, Vogel- und Salzwiesenexkursionen, Seetierfangfahrten mit einem echten Fischkutter, Strand- und Wattwanderungen für die ganze Familie. Im Anschluss können die Besucher mikroskopieren in der Wattwerkstatt.

Für Tierliebhaber – **Tierhuus Insel Föhr e.V.** 5: Grönland 1b, Boldixum,Tel. 04681 74 87 89, Notfallhandy 0163 333 37 70, www.tierhuus.org, Mo–Sa 11–12, 15–17 Uhr. Wild- und Fundtiernotaufnahme, aber auch Infos über die Arbeit der Tierschützer. Kinder schauen gerne im **Kleintiergehege** 6 vorbei. Feldstr. 11/Ecke Badestr., Tel. 04681 592 00.

Mit dem Bus unterwegs – **Inselrundfahrten ab Wyk/Fähranleger** 1: www.inselrundfoehrfahrten.de, tgl. 10.30, 12.45, 14.45 Uhr, Dauer ca. 1,5 Std., Erw. 8 €, Kinder (4–14 J.) 4 €. Fahrkarten beim Fahrer.

Kleine Inselbahn – **Friesenexpress-Touren, ab Fähranleger** 1: Tel. 0175 510

48 40, www.friesenexpress.de, in der Hauptsaison tgl. 10.30, 12.30 und 14.30 Uhr, sonst seltener, Erw. 8 €, Kinder (4–14 J.) 4 €. Fahrkarten beim Fahrer. Man zuckelt in knapp 2 Std. über die ganze Insel.

Mit dem Schiff auf Tour – **Zu den Inseln und Halligen ab Fähranleger 1**: Info: Im W.D.R. Servicegebäude am Hafen, www.faehre.de. Regelmäßig nach Sylt und Hallig Hooge, weniger häufig zur Hallig Gröde, nach Oland–Langeneß (kombiniert mit Wattwanderung), nach Amrum (mit Wattwanderung), nach Pellworm und Helgoland.

Abends & Nachts

Ein Urgestein – **Glaube, Liebe, Hoffnung 1**: Hafenstr. 28, Tel. 04681 58 04 40, tgl. ab 18 Uhr. Die älteste Gaststätte der Insel, eine Traditionskneipe, in der auch Einheimische klönen. Essen sollte man aber woanders, es gibt allenfalls ein paar Erdnüsse.

Treffpunkt seit 1898 – **Erdbeerparadies (EP) 2**: Ocke-Nerong-Str. 29, Boldixum,Tel. 04681 74 84 75, www.erdbeerparadies-foehr.de, tgl. ab 20 Uhr. Musikkneipe in Boldixum, Veranstaltungen und Livekonzerte. Kleine Gerichte und Pizzen bis 23 Uhr.

Easy living am Strand – **Pitschi's** und **Schapers 7, 8**: s. Tipp S. 175.

Die einzige Disco – **Olympic 3**: im Gewerbegebiet, Koogskuhl 6, Fr, Sa ab 22 Uhr.

Filmtheater – **Inselkino im Kurhaus 2**: Sandwall 40, Tel. 04681 13 33, Programmansage Tel. 04681 36 63. Ein traditionsreicher Kinosaal im Kurhaus, nachmittags werden Kinderfilme gezeigt, es gibt Eis, Getränke und Popcorn.

Infos & Termine

Informationen

Tourismus GmbH Wyk: im Servicegebäude der W.D.R., Am Fähranleger 1, tgl. 10–13, 14–17.45 Uhr; im Veranstaltungszentrum, Sandwall 38, s. S. 176.

Verkehr

Bus: s. S. 164

Taxi: Taxi Korf, Tel. 04681 3705,

Mein Tipp

Wo sonst gibt es eine Fahrradtankstelle?

Föhr ist ein Radlerparadies. Eine beliebte und viel genutzte **Radl-Rast** befindet sich im weiten Marschland nördlich von Oeveneum (▶ G 8, Aussiedlungshof 11, Tel. 04681 27 55, Mo–Sa 11–17 Uhr). Je nach Lust und Kondition kann man verschiedenen, sorgfältig gekennzeichneten Routen folgen: Große Inselrunde 34 km, Mittlere Inselrunde 24 km, Marschrunde 20 km, Westerrunde 17 km, Geestrunde 13 km, Föhr erkunden mit Fiete 36 km. Die Routen sind in der kostenlosen Fahrradkarte eingetragen, die überall ausliegt. Die Broschüre »Mit Fiete die Insel erfahren« kostet inkl. Radkarte 2,80 €, erhältlich im Tourismusbüro. Die Investition lohnt, das Heft bietet viel Wissenswertes zu Kultur und Natur der Orte, an denen man vorbeiradelt.

www.taxi-korf.com. Auch Inselrundfahrten und Gruppenfahrten.

Termine

Rund-Föhr: Zu Himmfelfahrt findet das traditionelle Sportereignis statt, insgesamt 37 km geht es zu Fuß um die Insel.
Jazz goes Föhr: Vier Tage im Juli swingt und jazzt es in Wyk, www.jazz-goes-foehr.de.
Hafenfest in Wyk und Föhr on Fire: ein Wochenende in der 1. Aug.-Hälfte. Großes Hafenfest mit Musik, vielen Aktionen und Feuerwerk für Kinder genauso wie für Erwachsene.
Jahrmarkt in Wyk: 3. Okt.-Wochenende, ein bunter Lichtblick zu Beginn der dunklen Jahreszeit.

Nach Oevenum ▸ G 9

An den Ortsteil Wyk-Boldixum schließt fast nahtlos Wrixum an, ein typisches Straßendorf. Hier kann man eine der früher zahlreichen Mühlen der Insel besichtigen. Bis 1960 war die 1851 erbaute **Mühle von Wrixum** in Betrieb. Der obere Bereich ist zum großen Teil noch im Originalzustand – zu sehen sind u. a. die ehemaligen Kornaufzüge, der Mühlstein und die großen Zahnräder (Führungen Mo–Mi, Fr 10 Uhr. Im Erdgeschoss befindet sich ein Restaurant, Tel. 04681 87 17 od. 04681 55 62, ab 17 Uhr).

Weiter geht es übers Land. Wenn im benachbarten **Oevenum** der gut besuchte Bauernmarkt stattfindet, ist das Dorfzentrum für Radfahrer gesperrt. Bei einem Bummel durch das malerische Bauerndorf, in dem 1882 die erste Jugendfeuerwehr Deutschlands gegründet wurde, stellt man überrascht fest, dass Nieblum, das als das schönste Dorf der Insel gepriesen wird, starke Konkurrenz hat. Die Orientierung ist vergleichsweise einfach. Zwei Hauptstraßen verlaufen parallel zueinander durch den Ort, die Dörpstraat in der Dorfmitte und die Buurnstraat am Rande der Marsch, die Verbindung zwischen ihnen bilden schmale Wege, manche von ihnen noch nicht einmal befestigt.

Dorfmuseum

Buurnstraat 48, Tel. 04681 26 73 (nach 20 Uhr), tgl. 14–17 Uhr, Führungen finden bei Interesse jederzeit auch für Kleingruppen statt
Einen Einblick in das Leben auf dem Lande bietet das sehenswerte Privatmuseum. Es ist in der Scheune des 1872 nach einem Brand wieder errichteten Martens-Hofes eingerichtet. Die Führungen sind liebenswert engagiert und informativ.

Übernachten, Essen

Geschmackvoll und behaglich – **Landhaus Laura:** Buurnstraat 49, Tel. 04681 597 90, www.landhaus-laura.de, DZ 90–140, Familienzimmer und Suiten 130–250 €. Ein schönes kleines Landhotel mit 15 individuell eingerichteten Zimmern und Suiten. Das Haus verfügt über einen hübschen sonnigen Innenhofgarten. Sauna, Solarium und Fitness. Im Café-Restaurant werden leckere Kuchen, herzhafte Snacks und regionale Spezialiäten serviert. Hauptgerichte ab 12,50 €.

Einkaufen

Rund um die Friedenseiche – **Dorfmarkt in Oevenum:** im Sommer Do 10–12 Uhr. Außer Marmeladen, Gemüse, Blumen, Kunsthandwerk, Wolle, Trödel und Tee werden Inselspezialitäten und Erfrischungen geboten.

Midlum und Alkersum ▶ F 9

Kurz hinter Oevenum macht die Ringstraße, die bisher in nordwestlicher Richtung verlief, einen scharfen Westknick nach Midlum, dem Sitz der Amtsverwaltung Föhr-Land. Das Dorf liegt mitten auf der Insel und bietet sich deshalb als Ausgangspunkt für Radwanderungen an. An der Hauptstraße (Dörpstraat 53) passiert man das **Atelier des Malers Dax,** das in der Regel nachmittags geöffnet ist.

Eines der ältesten Inseldörfer ist Alkersum. Bodenfunde bezeugen, dass das Gebiet bereits in den ersten Jahrhunderten n. Chr. besiedelt war. Heute ist das hübsche Föhrer Dorf vor allem als Paradies für Pferdefreunde bekannt, die von hier aus z. B. ins Watt ausreiten.

Museum Kunst der Westküste
Hauptstr. 1, Alkersum, Tel. 04681 74 74 00, www.mkdw.de, März–Sept. Di–So 10–17, Do 10–20, sonst Di–So 12–17 Uhr, Mitte Jan.–Ende Febr. geschl., Erw. 6, Familien 12 €
Das 2009 eröffnete Museum sammelt, erforscht und vermittelt Kunst, die sich mit den Themen Meer und Küste auseinandersetzt. Hört sich kompliziert an, ist aber wunderbar. Ausgangspunkt und Kernstück ist die Gemäldesammlung des Museumsstifters Frederik Paulsen. Die maritimen Motive sind zwischen Bergen in Holland und Bergen in Südnorwegen angesiedelt, vertreten sind u. a. Werke von Max Liebermann, Edvard Munch und Emil Nolde. Im Museumscafé Grethjens

Der Schäfer schert die Schafe – erstaunlich, dass sich das Tier nicht sträubt

Gasthof werden tagsüber preiswerte, leichte Künstlerma(h)lzeiten serviert, abends à la carte (Tel. 04681 741 05 10, Di–So 11–18, in der Saison auch Do–Sa bis 22 Uhr, Tagesgerichte 8–11 €, Abendgerichte ca. 15 €).

Essen und Trinken

Gediegen – **Midlumer Dorfkrug:** Dörpstraat 50, Midlum, Tel. 04681 27 64, Di–So 11.30–13.30, 17.30–21 Uhr, Hauptgerichte 10–18 €. Eine traditionsreiche Landgaststätte, deren bodenständige Hausmannskost auch Einheimische zusprechen.

Zauberhafter und himmlischer Genuss – **Café Alte Schule:** Dörpstraat 28, Midlum, Tel. 04681 84 31, www.alteschule-midlum.de, Ende März–Ende Okt. tgl. 13.30–18.30 Uhr. Kuchen und Torten werden vom Konditor Döring kreiert, alles ganz natürlich ohne künstliche Zusatzstoffe nach alten Rezepten. Die ›Klassenzimmer‹ sind liebevoll und behaglich eingerichtet, der Garten ist herrlich und verwunschen, der Service sehr persönlich. Man fühlt sich wie in einem kleinen Paradies.

Einkaufen

Alles rund ums Schaf – **Schäferlädchen:** An der Marsch 23, Midlum, Tel. 04681 37 98, Mo, Di, Do, Fr 10.30–13, 15–17 Uhr, Mi vormittags von Ende Mai–Anf. Okt. auf dem Bauernmarkt in Wyk. Ein hübscher Laden an einer kleinen

Im Friesendom fanden früher gemeinsame Gottesdienste für Föhrer und Amrumer statt

Straße zur Marsch hin mit verschiedensten Produkte aus Schafwolle und Fellen sowie vielen Geschenkartikeln.

Aktiv & Kreativ

Urlaub für Reiter und Pferd – **Reiterhof Jacobs:** Nieblumweg 3, Alkersum, Tel. 04681 22 84, www.foehr-reiterhof.de. Pferdebesitzer können ihr eigenes Pferd mitbringen Es gibt 46 Gastpferdeboxen, ein Highlight sind die Ausritte bei Ebbe ins Wattenmeer.

Ausritte und Ponyführen – **Reitstall Christiansen:** Kirchweg, Alkersum, Tel. 04681 39 67, www.inselgestuet-christiansen.de. Liebevoll geführter Zuchtbetrieb, Watt- und Waldritte, Unterricht für Anfänger und Fortgeschrittene, Kinderreitkurse für Kinder ab 6 J., Kutschfahrten, Ponyreiten für die Kleinen.

Nieblum! ►F 9

Als eines der schönsten Dörfer Schleswig-Holsteins gilt das 2 km südwestlich von Alkersum gelegene Nieblum. An den Kopfsteinalleen liegen von Steinwällen umgebene Gärten, Friesenhäuser mit reich verzierten Haustüren, von denen keine der anderen gleicht, und einladende Restaurants und Cafés. Das Dorf ist relativ jung – es wuchs erst durch den Zuzug der Halligbewohner nach den Sturmfluten im 17. und 18. Jh. nennenswert an. Sein Name entstand aus Nei-bohl-em (bei dem neuen Bohl), was Neue Ansiedlung bedeutet.

St. Johannis-Kirche

Am nördlichen Dorfeingang steht weithin sichtbar die St. Johannis-Kirche, aufgrund ihrer Größe auch Friesendom genannt. Der mächtige, reich ausgestattete kreuzförmige Backsteinbau war einst Hauptpfarrkirche der Inseln Föhr und Amrum. Zu Beginn des 13. Jh. entstanden, wurde sie im Verlauf der Jahrhunderte immer wieder erweitert und umgebaut. Noch aus dem romanischen Vorgängerbau erhalten sind der Türsturz an der Südwand und die Granittaufe aus der Zeit um 1200. Auf einem Steinsockel in der Südostecke des Chores erhebt sich eine überlebensgroße Holzfigur Johannes des Täufers. Ein unbekannter Meister schuf den Schutzheiligen der Kirche vermutlich um die Mitte des 15. Jh. Der prachtvolle, geschnitzte Dreiflügelaltar von 1487 zeigt im aufgeklappten Zustand eine lange Figurenreihe, eine Marienkrönung, umgeben von Aposteln und Stiftern. Eine Arbeit des Flensburger Meisters Hinrich Ringeling ist die reich geschnitzte, 1618 entstandene Renaissancekanzel mit Szenen aus dem Leben Christi.

Auf dem Kirchhof erzählen rund 265 Grabplatten und -steine vom Leben und Sterben der Nieblumer. Viele von ihnen stehen noch an ihrem ursprünglichen Aufstellungsort. Christian Morgenstern schwärmte 1907 von dem Nieblumer Friedhof: »Zu Niblum will ich begraben sein, am Saum zwischen Marsch und Geest.«

Goting

Zu Nieblum gehört der Ortsteil Goting – das kleine etwas abgelegene Dorf wurde erst Mitte des 15. Jh. urkundlich erwähnt. Zwischen Nieblum und Goting ist die Geest so flach, dass sie während der Sturmflut 1825 überflutet wurde und die Nordsee in die Marsch hineinströmte. In der Umgebung des Dorfes weisen zahlreiche bronzezeitliche Grabhügel auf eine frühe Besiedlung hin. An den Grabhügeln vorbei gelangt man zum Strand, der vor allem durch das geologisch interessante, aber nicht sehr hohe **Goting Kliff** bekannt ist. Die etwa 1,7 km lange und bis zu 9 m hohe Abbruchkante bietet, so es nicht durch Sandverwehungen und -anhäufungen verborgen ist, Einblick in den geologischen Aufbau der Föhrer Geest.

Strände

Der Hauptstrand von Nieblum ist in 10 Min. mit dem Fahrrad zu erreichen, versorgt wird man hier im Restaurant-Café Am Wattenmeer. Sehr schön ist der Gotinger Strand. Dort gibt es einen Spielplatz und das Kliff-Café mit Minigolf und schöner Aussicht.

Übernachten

Vier Sterne – **Landhotel Witt:** Alkersumstieg 4–6, Tel. 04681 587 70, www.hotel-witt.de, DZ und Suiten für 2 Pers. 160–200 €. Traditionsreiches, komfortables Land- und Golfhotel mit Restaurant gegenüber dem Friesendom und dem kleinen Teich de Meere. Schöne Sitzgelegenheit im Garten. Das Hotel bietet Sauna, Solarium.

Anno 1853 – **Kapitänshaus:** Bi de Süd 27, Info Tel. 0421 32 35 65, www.ferienhaeuser-foehr.de, FeWo 100–115 € (plus 80 € Endreinigung). Das Schloss wird das schmucke Anwesen im alten Dorfkern auch genannt. Es beherbergt zwei großzügige, schön eingerichtete Ferienwohnungen mit zwei bzw. drei Schlafzimmern für bis zu 4 Pers. Zum Haus gehört ein großer, von der Straße nicht einsehbarer Garten.

Familienfreundlich – **Bauernhof mit Gästehaus:** Philipsen-Hassolt, Guatingwai 14, Goting, Tel. 04681 87 25, www.nordseeurlaub-goting.de, FeWo 52–98 €. Neues, reetgedecktes Friesenhaus mit vier Ferienwohnungen für 2–4 Pers. in ruhiger Lage. Das Haus bietet einen Kinderspielplatz, einen großen Garten und Tiere zum Streicheln. Der Strand ist in Laufweite.

Essen & Trinken

Typisch friesisch – **Altes Landhaus:** Bi de Süd 22, Tel. 04681 25 72, Mi–Mo 12–14, 18–23 Uhr, Hauptgerichte ab 11 €. Eines der traditionsreichsten Café-Restaurants des Dorfes. In dem über 200 Jahre alten Friesenhaus werden Lamm und Fisch serviert. Es gibt einen preiswerten Mittagstisch.

Beliebt – **Zum Schlachter:** Kertelheinallee 1, Tel. 04681 58 02 08, www.zumschlachter.de, tgl. 11.30–13.30, ab 17.30 Uhr, Hauptgerichte 9–15 €, Di, Sa großes Salatbuffet. Weder Architektur noch Einrichtung verdienen einen Preis, und doch kehren hier auch Föhrer gerne ein. Serviert werden große

Portionen gutbürgerlicher Gerichte. Für die Kinder gibt es viel Spielzeug sowohl drinnen als auch draußen.

Kiek rin un klön – **Café Kohstall:** Jens-Jacob-Eschel-Str. 12, Tel. 04681 57 03 58, www.cafe-kohstall.de, Mi, Fr, Sa,So 13.30–18.30, Di, Do 13.30 bis open end, im Winter Mi–So 13.30–18 Uhr, Gerichte 4–19 €. Gemütliches und kinderfreundliches Café. Es gibt frisch gebackene Kuchen, Eisbecher, kleine Speisen. Im Sommer Außenplätze. In der Saison: Di Spanferkel und Fr gegrilltes Föhrer Salzwiesenlamm satt, jeweils um 19 Uhr.

Nett für die ganze Familie – **Föhrer Kerzenscheune:** Poststraat 7, Tel. 04681 58 01 43, www.hof-pergande.de, So–Mi, Fr ab 11, Do, Sa ab 13 Uhr. In der Teestube im 1751 errichteten Reetdachhaus verlockt frisch gebackener Kuchen, am Do ab 18 Uhr Flammkuchen, schöne Sonnenterrasse. In der Scheune kann man Kerzen ziehen und gestalten.

Weit weg vom Trubel – **Café Wildfang:** Uasteranjstich 4, Tel. 04681 74 12 66. Im Ortsteil Goting wird in einer ehemaligen Scheune bzw. draußen im Schatten alter Bäume Kaffee, Tee und Kuchen serviert. Pferde grasen auf der angrenzenden Wiese. Ein idyllischer, netter Platz für alle, die sich einmal vom Trubel in Nieblum erholen möchten.

Einkaufen

Tee und Präsente – **Altes friesisches Theehaus:** Jens-Jacob-Eschel-Str. 13, Tel. 04681 29 30, www.altes-friesisches-theehaus.de. Hier gibt es Tee aus aller Herren Länder und viel Schönes zu kaufen. Das Haus bietet auch Teehandel und – wenn in der Ferne die Sehnsucht nach friesischen Genüssen wächst – Onlinebestellung.

Zum Verschenken oder Behalten – **Laden No. 1:** Poststraat 1, Mo–Fr 10–18, Sa 10–16 Uhr. Schöne, edle Dinge, viel nordisches Design, Lampen, Gläser, Vasen, Stoffe sind im Laden No. 1 zu haben. Im gleichen Haus ums Eck befindet sich die dänische Eis- und Waffelstube.

Föhr-Bilder – **Galerie Gröne Eck:** De Gröne Eck 2, Tel. 0172 401 90 96, www.galerie-groene-eck.de, Mo–Fr 16–19 Uhr. Diese kleine Galerie in einem reetgedeckten Friesenhaus etwas abseits der belebten Hauptstraße stellt Originale in Öl und Aquarell sowie Drucke von der Insel Föhr zum Verkauf. Darunter sind viele Meer-, Dorf- und Landschaftsmotive.

Handgewebte Decken – **Inselweberei:** Jens-Jacob-Eschel-Str. 24, Tel. 04681 51 51, Mo–Fr 10–12, 15–17, Sa 10–12 Uhr. Das Ambiente ist nicht gerade ein Traum, dafür ist die Weberei zentral gelegen und die gewebten sind Stoffe klasse. Ausgestellt sind auch Bilder des Föhrer Künstlers Dax, der sein Atelier in Midlum hat.

Aktiv & Kreativ

Große Wassersport-Kursauswahl – **Nieblumer Windsurfing Schule:** Jens-Jacob-Eschel-Str. 27, Tel. 04681 47 66, www.nws-foehr.de. Surf-, Kite-, Katamaran und Kitebuggykurse für Anfänger, Fortgeschrittene, Kinder und sogar für Rollstuhlfahrer. Im kleinen Strandcafé fühlen sich auch Nicht-Surfer wohl.

Ein Hauch von Irland – **Golfclub Föhr e.V.:** Greveling, zwischen Wyk und Nieblum, Tel. 04681 58 04 55, www.golfclubfoehr.de, Greenfee 18 Löcher 45 €, neun Löcher 28 €. Im Herbst 2008 wurde der Klub unter der Leitung irischer Golfplatzbauer von 18 auf 27 Bahnen erweitert.

Abends & Nachts

Abhängen zum Feierabend – **Café Steuermann:** Kertelheinallee 12, Tel. 04681 74 76 79, www.steuermann-nieblum.de, tgl. ab 19 Uhr. Bistrokneipe. Im Biergarten mit Strandkörben und Hängematte kann man entspannen und kleine Speisen zu sich nehmen. In der Speeldeel: Kicker, Billard, Dart.

Infos

Touristinformation im Dörpshus: Poststraat 2, 25938 Nieblum auf Föhr, Tel. 04681 300, www.nieblum.de, Mo–Fr 9–17, Sa 9–12, Juni–Okt. zusätzlich So 10–12 Uhr. Zimmernachweis auch für Goting, Wrixum, Alkersum und Oevenum/Midlum.

Borgsum ▶ F 9

Weithin sichtbar, über Äcker und wogende Getreidefelder, erhebt sich die **Borgsumer Mühle,** ein 1992 komplett neu erbauter Galerieholländer in Privatbesitz. Der Name Borgsum stammt vermutlich von dem nahe gelegenen Ringwall, der Borig oder Burg. Gegenüber der Mühle befindet sich das Café-Restaurant Letj Lembecks's mit einem windgeschützten Cafégarten.

Lembecksburg

Nördl. von Borgsum, frei zugänglich

Die Borgsumer Burg, auch Lembecksburg genannt, ist ein bis zu 11 m hoher, mit Gras bewachsener ringförmiger Erdwall. Der Wall hat einen Umfang von 450 m bei einem Durchmesser von knapp 100 m. Es spricht einiges dafür, dass die Bewohner die Anlage nicht nur als Fluchtburg (vor den Wikingern), sondern lange Zeit auch als Wohnplatz genutzt haben. Es wurden Reste von Sodenhäusern freigelegt, ein sumpfiges Wasserloch weist auf einen Brunnen hin. Im 14. Jh. gehörte die Burg dem gefürchteten Ritter Klaus Lembeck, der mit seinem Lehnsherrn, dem dänischen König Waldemar Atterdag (1340–1375), in Streit geriet und im Jahre 1374 von Föhr vertrieben wurde.

Die Traumstraße

▶ E–F 9

Von Goting über Witsum und Hedehusum führt die Traumstraße nach Utersum. Sie verläuft durch grüne Felder und gewährt traumhafte Blicke auf das Wattenmeer. Bei **Witsum** schlängelt sich die Godel malerisch durch die Salzwiesen zum Meer. Bei starkem Hochwasser dringt salziges Meerwasser über das süße Fließgewässer in die von Geestvorsprüngen und Sandwällen umschlossene Lagunensalzwiese vor. Diese sogenannte Godelniederung ist ein für See- und Wiesenvögel bedeutendes Brut- und Rastgebiet, sie steht unter Naturschutz und wird vom BUND betreut (Infos im Umweltzentrum in Wyk, s. S. 169).

Nördlich des kleinen Dorfes **Hedehusum** findet man noch etwa zehn kleine Grabhügel, Reste einer sehr viel größeren Hügelgruppe aus der Wikingerzeit vor rund 1000 Jahren. Die ältesten Bestattungen in den Hügelgräbern südwestlich des Ortes datieren in den Beginn der Bronzezeit: Sie sind mehr als 3000 Jahre alt.

Utersum ▶ E 9

Der kleine Kur- und Badeort am südwestlichen Ende Föhrs wirkt mit seiner überwiegend neueren Bebauung we-

Zu imposant, um einfach dran vorbeizufahren – die Borgsumer Mühle

niger anheimelnd als die anderen Dörfer. Dafür besitzt er den beliebtesten Strand der Insel mit einer für die Insel ungewöhnlich lebhaften Brandung. Der Blick hinüber zur Amrumer Odde (links) und der Sylter Südspitze mit dem Hörnumer Leuchtturm (rechts) ist besonders bei Sonnenuntergang ein Genuss. Das Haus des Gastes mit der Touristeninformation befindet sich am Übergang zum Hauptbadestrand, der ein paar hundert Meter vom alten Dorfkern entfernt liegt.

In Richtung **Dunsum** stößt man unterhalb des Utersumer Deiches auf das letzte erhaltene von 17 Megalithgräbern, die **Grabkammer im Sunberig** aus der frühen Bronzezeit (ca. 2000 v. Chr.). In Dunsum beginnt die Wattwanderung nach Amrum (s. S. 190).

Essen & Trinken

Italienisch – **Enzos Pesel:** Ban Taarep 1,Tel. 04683 14 63, www.enzos-pesel.de, in der Saison tgl. 12–14 und ab 18 Uhr, Sa nur abends, im Winter eingeschränkte Öffnungszeiten, Hauptgerichte ab 9 €. Pizza, Pasta, Fisch und

Lieblingsort

Ein Strand für Genießer ▶ E 9
Strandkörbe haben ihr Gutes, keine Frage – ein naturbelassener Strand ohne komfortable Sitzgelegenheiten aber auch. Der Strand zwischen **Hedehusum** und **Utersum** ist ein ruhiges Fleckchen Erde. In dieser sanft auslaufenden Bucht gibt es keine Strandkörbe, auch keinen Kiosk und keine Badeaufsicht, dafür aber dicke Büschel von Strandhafer und sogar Dünen, wie man sie sonst auf Föhr nicht findet. Der Strand mit Blick hinüber nach Amrum lädt zum Picknick ein, bei Niedrigwasser wandert man auf der Suche nach Muscheln weit hinaus auf trockenem, angenehmem Sandwatt (am Strand entlang von Utersum oder auf schmalem asphaltiertem Weg von Hedehusum aus in südl. Richtung durch grüne Weiden und Salzwiesen).

Fleisch werden in stilvollem, südfriesischem Ambiente serviert. Der Service ist freundlich. Im Sommer sitzt man hübsch im kleinen Garten. Den ›letzten Italiener vor Amrum‹ empfehlen auch einheimische Genießer.

Hausmannskost – **Zum Wattläufer:** am Dunsumer Deich, Fr–Mi 11–18 Uhr, ab 9 €. Hier kehren die Wattläufer aus Amrum ein. Aber auch Insulaner, die keine Wattwanderung hinter sich haben, genießen den Wattläufer. Außer selbst gebackenen Kuchen und Pfannkuchen (lecker mit Blaubeeren) werden köstliche föhr-typische Gerichte serviert. Mi steht Weißkohlpudding auf dem Speiseplan.

Aktiv & Kreativ

Spannend und informativ – **Übers Watt zur Amrum Odde:** neben den Wattwanderungen, die Wattführer Oluf Jensen (von Föhr aus, s. S. 190) und Reinhard Boyens (von Amrum aus, s. S. 217) anbieten, werden auch verschiedene andere Touren u. a. zum Festland angeboten, z. B. vom Nationalpark-Zentrum Föhr, Tel. 04681 42 90 oder der Schutzstation Wattenmeer, Tel. 04681 13 13. Termine auch im Föhrer Veranstaltungskalender, im Internet unter www.foehr.de (Stichwort: Erlebnisinsel/Veranstaltungen/Wattwanderungen).

Infos

Touristeninformation im Haus des Gastes: Klaf 2, 25938 Utersum, Tel. 04683 346, www.utersum.de, in der Hauptsaison Mo–Fr 9–17, Sa, So 10–15, in der Nebensaison Mo–Fr 10–15, Sa, So 10–14 Uhr, Zimmernachweis auch für Borgsum, Witsum, Süderende, Dunsum, Oldsum.

Süderende ▸F 8

Das ruhige Dorf passieren die meisten Föhrbesucher achtlos auf dem Weg zur Kirche St. Laurentii, dabei gibt es auch hier so manches Kleinod zu entdecken. Eines der reetgedeckten alten Häuser ist das **Alte Pastorat.** Der ältere Teil entstand um das Jahr 1680, der neuere Teil wurde 1762 angebaut. 1869 verkaufte die Gemeinde das Haus, das heute – liebevoll restauriert und unterhalten – ein Hotel beherbergt.

Südlich des Dorfes – etwa gleich weit von den umliegenden Dörfern Hedehusum, Utersum, Dunsum, Oldsum, Toftum, Klintum und Süderende entfernt – erhebt sich die Kirche **St. Laurentii** über die alten Bäume des Friedhofes. Der schlichte Ziegelbau stammt aus dem Ende des 12. Jh. und wurde mehrmals verändert. Verblichene Fresken mit Szenen aus dem Neuen Testament – vermutlich aus der Zeit vor 1600 – schmücken in warmen Pastellfarben die Gewölbe im weiß gekalkten Kirchenraum. Zu den ältesten Ausstattungsstücken der Kirche gehört der romanische Granittaufstein aus dem 12./13. Jh. Die Taufschale aus Messing datiert ins Jahr 1720. Mitte des 15. Jh. entstand der dreiteilige spätgotische Altarschrein mit zwölf Figuren: Maria, der sie krönende Christus sowie Apostel und Heilige. Aus der Spätrenaissance, Anfang des 17. Jh., stammt die schlichte Kanzel aus Tannenholz. Auf dem Friedhof stehen prachtvolle Grabsteine wohlhabender Walfangkapitäne (siehe S. 172).

Übernachten

Luxus in historischem Ambiente – **Landhaus Altes Pastorat:** www.landhaus-altes-pastorat.de, DZ 130–180 €.

Das ruhig gelegene Landhotel bietet acht edel und geschmackvoll eingerichtete DZ und Suiten, einige verwinkelt, mit Dachschräge und Kaminofen. Serviert wird ein reichhaltiges Frühstück, abends gibt es gepflegte friesische Küche aus regionalen Produkten – bei schönem Wetter sitzt man im Pfarrhausgarten und genießt. Ein kleiner, aber feiner Wellnessbereich verwöhnt die Gäste.

Essen & Trinken

Ländlich, fein und teuer – **Die Scheune:** Haus Nr. 60, Tel. 04683 96 25 67, www.inselrestaurant.com, Di–Sa ab 18 Uhr, Hauptgerichte ab 18,50 €. Sorgfältig zubereitet werden Fisch und Steak in einem neuen, reetgedeckten Friesenhaus. Das Innere des Restaurants ist im hellen, schwedischen Landhausstil eingerichtet. Schön und romantisch ist die kleine rosenreiche Gartenterrasse, wenn die Abendsonne scheint.

Oldsum, Klintum und Toftum ► F 8

Die idyllischen Dörfer bilden ein zusammenhängendes Langdorf. Oldsum entwickelte sich im Goldenen Zeitalter (Ende des 17. bis Anfang des 19. Jh.) zu einem blühenden Ort der Insel. Hübsche, alte Friesenhäuser mit grünen Fensterrahmen und liebevoll gepflegte Gärten in engen, vom Touristenrummel unberührten Seitenstraßen gewähren vielleicht einen besseren Einblick in das ursprüngliche Dorfleben als die Vorzeige-Idylle in Nieblum. Die **Oldsumer Mühle** war bis 1954 in Betrieb.

Übernachten

Zum Wohfühlen – **Brarenhof:** Haus Nr. 44, Oldsum, Tel. 04683 274, www.insel-idylle.de, FeWo 60 bzw. 90 €. Urlaub

Mein Tipp

Klänge der Natur ► F 8

Der einsame Nordwesten Föhrs lädt zum Innehalten ein. Vor dem Deich erstreckt sich das unter Naturschutz stehende **Oldsumer Vorland.** Hier, im menschenleeren Übergangsbereich zwischen Land und Wasser, wo die Strandvegetation in die Salzwiesenflora übergeht, brüten Säbelschnäbler, Küstenseeschwalben, Sandregenpfeifer, Lachmöwen und Austernfischer. Gelegentlich schiebt ein alter Bauer sein Fahrrad auf den Deich, genießt die Ruhe und sinniert über alte Zeiten, bevor es den Nationalpark und Schutzzonen gab. Das Oldsumer Vorland erreicht man auf asphaltierten Wirtschaftswegen von Oldsum oder auch von Utersum aus. Am besten einfach dem geteerten Deichweg folgen. Ein kleines in einem Bauwagen untergebrachtes Infozentrum der Schutzstation Wattenmeer ist von Mai bis September besetzt, es werden gelegentlich Vorland- und Salzwiesenführungen angeboten, Info: www.schutzstation-wattenmeer.de.

Auf Entdeckungstour

Übers Watt – zu Fuß von Föhr nach Amrum

Eine geführte Wattwanderung zwischen Föhr und Amrum ist eine ebenso spannende wie beliebte Entdeckungstour, die zu einem Inselurlaub einfach dazugehört. Barfuß und in kurzer Hose ist man bestens für die Tour ausgestattet. Weil man das Mittelloch, einen tieferen Priel, durchschreiten muss, können die Gummistiefel getrost zu Hause bleiben.

Reisekarte: ► E 8

Ausgangspunkt: Dunsum

Info: Oluf Jensen: Tel. 04683 14 18, www.wattwanderung-foehr.de, Erw. 10 €, Kinder frei; weitere Anbieter (auch von der Odde auf Amrum aus) s. S. 217

Dauer: pro Wattstrecke 2–2,5 Std.

Beim ersten neugierigen Blick über den Deich ist enttäuschend wenig zu entdecken von der Vielfalt hoch spezialisierter Lebewesen, die das Watt bevölkern soll. Das Auge schweift über das zurückweichende Wasser, dann über die weiten, bereits trockengefallenen Flächen: nur ein paar angetriebene Algen und Muschelschalen. Doch dieser Eindruck täuscht, denn bei Niedrigwasser zieht sich alles, was im Watt kreucht und fleucht, in den schützenden Boden zurück. Eine Wanderung mit einem Wattführer öffnet einem Augen und Ohren für diese Wunderwelt und entpuppt sich als Entdeckungstour, die ihren Namen verdient.

Auf ins Watt!

Die Wattwanderer treffen sich je nach Tour zum angegebenen (tideabhängigen) Termin entweder auf dem Deichparkplatz in Dunsum oder auch am Fähranleger in Wyk. Am Ende bzw. am Anfang der Tour steht in der Regel eine Fährfahrt. Wenn es die Gezeiten zulassen, verbindet der Föhrer Wattführer Kapitän Oluf Jensen seine Touren gerne mit einer Erkundung der Nachbarinsel Amrum. An manchen Tagen wandert er aber auch einfach nur hinüber zur Amrum Odde. Die geführten Gäste können dann entweder mit ihm auf dem gleichen Weg zurückwandern oder Amrum auf eigene Faust zu Fuß oder per Bus zum Fähranleger in Wittdün durchqueren und von dort die Fähre zurück nach Wyk auf Föhr nehmen.

Wir starten in **Dunsum** auf Föhr, unser Ziel – die Sanddünen der Amrum Odde – liegt verlockend nah, ist es aber nicht. Wegen eines tieferen Priels kann man nicht direkt ans gegenüberliegende, nur 4 km entfernte Inselufer laufen, sondern muss einen Umweg von mehreren Kilometern machen. Am Ende sind es 8 km bis zur Odde und von dort noch einmal etwa 1 km bis zur Bushaltestelle in Norddorf. Obwohl der Weg übers Watt teilweise mit Pricken gekennzeichnet ist, sollte man ihn nur mit ortskundigem Führer unternehmen.

Watt'n Meer

»Ich höre des gärenden Schlammes geheimnisvollen Ton«, so beschreibt Theodor Storm das Wispern und Knistern, mit dem das Watt bei Ebbe erfüllt ist. Es wird u. a. von Schlickkrebsen erzeugt: Immer wenn der 8–10 mm lange Flohkrebs bei der Nahrungssuche seine Fühler auseinanderspreizt, platzt das Wasserhäutchen dazwischen mit einem leisen ›Zipp‹. Er besiedelt mit bis zu 40 000 Exemplaren einen Quadratmeter Schlickboden. Diese ungeheuer hohe Besiedlungsdichte ist ein Charakteristikum für die Tier- und Pflanzenwelt im nährstoffreichen Watt.

Auf der Spur des Sandpierwurms

Das Watt zwischen den beiden Inseln Amrum und Föhr liegt relativ hoch und wird auch bei Hochwasser teilweise nur 1–1,5 m hoch mit Wasser bedeckt. Der **Watten-Weg** führt gleich hinterm Seedeich in Dunsum über einen mit Steinen und Muscheln ›gepflasterten‹ Wattstreifen. Die ersten Meter marschiert man zudem noch knietief im Wasser – hat sich der Wattführer etwa in der Zeit und im Ort geirrt? Doch dann ist schnell das für die Füße angenehme Sandwatt erreicht und es herrscht eindeutig Ebbe.

Vor uns erstreckt sich das Reich des Wattwurms, auch Pierwurm und Sandpier genannt. Seine Hinterlassenschaften sind die auffälligsten Tierspuren im Watt. Geringelte Kotsandhaufen und ein dicht daneben einfallender Trichter markieren Ende und Anfang des etwa

20–30 cm tiefen, u-förmig gebogenen Ganges, in dem der Wurm lebt. Mit dem Vorderende nimmt er den durch den Trichter in die Röhre fallenden nährstoffreichen Sand auf, verdaut die organischen Partikel und scheidet die unverdaulichen Anteile als Kotschnüre mit dem Hinterende wieder aus.

Flinke Muscheln

Beim Erzählen zieht der Wattführer für die Gruppe schon mal den einen oder anderen Bewohner aus dem Watt. Die runden, geriffelten Herzmuscheln leben nur 1–2 cm unter der Oberfläche und laufen damit immer Gefahr, freigespült zu werden. Daher müssen sie besonders beweglich sein. Man kann dabei zuschauen, wie sie sich mithilfe ihres Fußes ruckelnd wieder ins Watt eingraben. Wer von ihnen nicht energisch genug ist, wird eine schmackhafte Beute für die Vögel im Watt. Die einzige Muschelart, die unmittelbar auf dem Wattboden siedelt, ist die dunkle, keilförmig gestreckte, bläulich oder bräunlich schimmernde Miesmuschel. Über Haftfäden (Byssusfäden) verbinden sich die einzelnen Exemplare sowohl untereinander als auch mit dem Untergrund und wachsen so zu riesigen Muschelbänken zusammen.

Seehunde in der Ferne

In der Ferne sind Seehunde auszumachen. Wohl dem, der ein Fernglas dabeihat, ohne die erfahrenen Augen des Wattführers hätte man sie vermutlich nicht entdeckt. Die Zahl der Seehunde ist in den letzten Jahren gestiegen, auf den Außensänden nordwestlich von Amrum halten sich im Sommer bis zu 1000 Tiere auf. Und noch eine andere Robbenart tummelt sich im Wattenmeer: die bullige Kegelrobbe, die 300 kg schwer wird. Seit den 1950er-Jahren, als die ersten Kegelrobben vor Amrum entdeckt wurden, hat sich auf einer Sandbank westlich von Amrum eine Kolonie mit etwa 25 Tieren etabliert. Da aber die Seesände vor Amrum von der Nordsee zunehmend abgebaut werden, sind in den vergangenen Jahren nicht wenige der Amrumer Kegelrobben nach Helgoland abgewandert.

Am Wrack vorbei durch tiefes Wasser

Nach etwa eineinhalb Stunden lehrreicher Wanderung lassen sich im Watt die Umrisse eines gesunkenes Schiffes erkennen. Es ist das Wrack der City of Bedford, ein Salpeterfrachter, der hier in der Sturmflut am 4. Februar 1825 auf dem Weg von England nach Esbjerg (Dänemark) versank.

Von hier aus sind es noch etwa 30 Minuten bis zum **Mittelloch,** einem breiten Priel, dessen Wasserhöhe stark von den Witterungsverhältnissen abhängig ist. Bei günstigen Windverhältnissen steigt das Wasser gerade mal bis zum Knie, es kann aber auch leicht einmal bis zur Hüfte reichen. Spätestens hier heißt es: die langen Hosen ausziehen und in Unter- bzw. Badehose weiter bis ans andere Ufer waten. Der Wattführer kennt den besten Weg. Bei starkem Westwind kann es vorkommen, dass der Sturm das Tidewasser gar nicht abfließen lässt, dann ist hier Schluss, was aber selten vorkommt.

Wer von der Amrum Odde mit dem Wattführer wieder zurück nach Föhr läuft, sollte am Abschluss der Tour im Café-Restaurant Zum Wattläufer am Deichparkplatz in Dunsum einkehren (s. S. 188). Wer nach der Wattwanderung noch Amrum erkunden möchte, wandert noch etwa 15–20 Minuten nach Norddorf weiter, wo man ausgiebig speisen und trinken kann.

auf einem liebevoll gepflegten Reetdachhof. Moderne, freundliche Wohnungen für 2–6 Pers. Entspannen kann man im idyllischen Bauerngarten mit alten Obstbäumen und historischen Rosen. Kinder sind willkommen.

Essen & Trinken

Solide, regionale Kost – **Ual Fering Wiartshüs:** Haus Nr. 141, Oldsum, Tel. 04683 465, Mi–Mo 11.30–14, 17.30–21.30 Uhr, Hauptgerichte 10–18 €. Typisch friesisches Dorfgasthaus. Um 1630 als Kate einer Walfängerfamilie gebaut, wurde es bereits 50 Jahre später als Ausschank- und Gaststätte zum Dorftreffpunkt. Auf der Karte stehen Lamm, Fisch, Fleisch, friesischer Kohlpudding und natürlich rote Grütze. Das Haus ist kinderfreundlich. Es gibt eine große Kinderkarte, Familienzimmer und eine Kinderspielecke.

Ein verstecktes Kleinod – **Im Apfelgarten:** Haus Nr. 86, Oldsum, Tel. 04683 898, 11.30–18 (Hauptsaison bis 21 Uhr). Ein charmantes Café mit Galerie. Im Sommer sitzt man unter blühenden Bäumen im Garten, im Winter unter gemütlichem Holzgebälk. Im Apfelgarten gibt es Kleinigkeiten zu essen. Sehr zu empfehlen ist der frühabendliche Zwiebelkuchen. Kleine Speisen kosten ab 4 €.

Urig und gemütlich – **Stelly's Hüüs:** Haus Nr. 38, Oldsum, in der Saison tgl. 11.30–18, im Winter Mi–So 14–18 Uhr, Tel. 04683 306. Ein zauberhaftes Café in einem Friesenhaus von 1837. Angeschlossen sind ein Teeladen und eine Töpferei, in der man der Töpferin bei der Arbeit zuschauen kann. In der oberen Etage des Hauses ist ein kleines Museum untergebracht, das mit alten und kuriosen Dingen vollgestopft ist. Unten im Café wird leckerer selbst gebackener Kuchen serviert. Es gibt aber auch Herzhaftes: Eine täglich wechselnde hausgemachte Suppe steht auf der Karte.

Einkaufen

Erlesene Stoffe – **Inge Haferkorn:** Haus Nr. 86. Neben dem Café Apfelgarten verkauft Inge Haferkorn Borten, Trachtenstoffe und Spitzen, aber auch qualitätvolle Mode hat sie für ihre Kunden im Angebot.

Auch Bastelmaterial – **Marink:** Haus Nr. 37 a (schräg gegenüber von Stelly's Hüüs). Hier kann man viele hübsche Dinge wie Keramik, Gläser, Stoffe und Kerzen kaufen. Außerdem hat das Geschäft eine große Auswahl an Hobbymaterialien zum Sticken, Stricken, Malen und Basteln zu bieten. Der Kreativität sind keine Grenzen gesetzt.

Inspirierendes und Schönes – **Art & Weise:** Haus Nr. 56 (ausgeschildert), www.haukenissen.de. Der kleine Laden verkauft Foto- und Lesebücher aus dem Norden, Kinderbücher, Lektüre über Ayurveda und Ernährung, aber auch handgefertigte Klangspiele und ausgesuchtes Briefpapier. Außerdem gibt es hier die Musik von Hauke Nissen, die von der Föhrer Natur inspiriert ist.

Hausgemacht und besonders – **Marmelade & Co:** Haus Nr. 225, Oldsum/Toftum, Tel. 04683 96 32 50, www.marmelade-und-co.de, ganzj. Mo –Fr 14–18 Uhr. Fruchtaufstriche, Liköre, verschiedene Senfsorten und -soßen, Öle und Essige stehen in einem winzigen Laden in einer der kleinen Seitenstraßen zur Marsch hin zum Verkauf. In der Saison bieten die Inhaber ihre exquisiten Köstlichkeiten zusätzlich donnerstags auf dem Oevenumer Dorfmarkt, mittwochs und samstags dann auf dem Wyker Bauernmarkt an einem eigenen Stand feil.

Das Beste auf einen Blick

Amrum

Highlights!

Kniepsand: Im Westen Amrums erstreckt sich über 15 km eine bis zu 1,5 km breite Sandbank. Der Wind treibt feine Sandschleier über die ebene Fläche, sammelt sich in einigen Abschnitten zu Primärdünen. Das grandiose Gefühl von Weite geht auch im Hochsommer nicht verloren. S. 197

Nebel: Das schönste Inseldorf entstand um die St.-Clemens-Kirche. In der Walfangzeit setzten sich hier viele zu Wohlstand gekommene Seefahrer zur Ruhe. Ihre idyllischen Häuser schmücken das Dorf, ihre Grabsteine erzählen abenteuerliche Lebensgeschichten. Gleich hinter dem Dorf beginnen die Salzwiesen und das vogelreiche Watt. S. 202

Auf Entdeckungstour

Die Amrumer Vogelkoje – heute ein Naturparadies: Lebend-Fanganlagen für Wildenten gab es auf allen Nordfriesischen Inseln. Die in kleine Wäldchen eingebetteten Süßwasserteiche sind heute wichtige Naturräume für Pflanzen und Tiere. Auf Sylt, Föhr, Amrum und Pellworm ist jeweils eines dieser vogelreichen Biotope für Gäste geöffnet. Die Anlage auf Amrum ist mit einem Tiergehege und schönem Spielplatz ein beliebtes Ausflugsziel für die ganze Familie. S. 206

Kultur & Sehenswertes

Leuchtturm: Der rot-weiß gestreifte Leuchtturm steht weithin sichtbar auf einer 27 m hohen Düne, 1 km südlich von Wittdün. Wegen der grandiosen Aussicht lohnt der Aufstieg. S. 200

Esenhugh und Wikingergräber: Amrum – eine Insel der Toten? Der Öömrang Ferian bietet spannende archäologische Führungen zu vor- und frühgeschichtlichen Gräbern in Steenodde. S. 211

Aktiv & Kreativ

Zum Dünensee Wriakhörn: Die Wittdüner Strandpromenade führt vom Hauptstrand gen Westen zu dem vogelreichen und idyllischen Dünensee. S. 199

Islandpferde faan Stianood: Vom Islandhof in Steenodde geht es nach einer entspannenden Vorbereitung ans Meer. S. 214

Genießen & Atmosphäre

Likedeeler: Ein idyllisch gelegenes Restaurant mit Gartenterrasse direkt am Watt in Steenodde. Auch schön für ein Bier zum Abend. S. 214

Abends & Nachts

Nordsee-Vorträge: Die Vortragsabende des Fotografen, Schriftstellers und Naturschützers Georg Quedens sind immer gut besucht in Wittdün. Kenntnisreich, klug und witzig präsentiert er inselrelevante Themen. S. 201

Die blaue Maus: Legendäre Kneipe in Wittdün für Altfreaks und Whiskyliebhaber, wunderbar zum Oldies hören. S. 202

Die Geliebte des Blanken Hans

Die waldreichste und – wie viele meinen – schönste der Nordfriesischen Inseln gilt ihrer unberührten Natur wegen als Geheimtipp: Die Weite des Kniepsandes, urwüchsige Dünenlandschaften, Heidetäler, schattige Waldwege und das vogelreiche Watt machen auf Amrum endlose Spaziergänge möglich. Wer aufregendes Discoleben sucht, wird zwar enttäuscht, sonst aber gilt: Wer einmal nach Amrum reist, kommt immer wieder.

›Geliebte des Blanken Hans‹ wird die 20 km² große Geestinsel genannt. Während die Sturmfluten unablässig und gefräßig an der großen Schwester Sylt nagen, haben Meer und Wind eine mehr als 10 km² große Sandbank an Amrum herangeschoben, die das Eiland vor der anbrandenden Nordsee schützt. Vom Leuchtturm bei Wittdün bietet sich ein grandioser Blick über die halbmondförmige Insel mit ihrer von West nach Ost gestaffelten Landschaft. Im Westen, zur offenen Nordsee hin, erstreckt sich vom Wriakhörn im Süden bis zur Odde im Norden der 15 km lange und 1,5 km breite Kniepsand und ein von Nord nach Süd verlaufender Dünengürtel. Die durchschnittlich 20 m und zwischen der Vogelkoje und Nebel-Westerheide sogar bis zu 32 m hohen Dünen bedecken fast die Hälfte der Insel. Auf die Dünenzone folgt landeinwärts die im August/Septem-

Infobox

Touristenbüro und Internet

Amrum Touristik: Im Reedereigebäude am Fähranleger, 25946 Wittdün, Tel. 04682 940 30, www.amrum.de, Mo–Fr 8.30–17.30, Sa, So 9–17.30 Uhr.

Amrum aktuell: Wöchentlich erscheinendes Faltblatt mit Öffnungszeiten und Terminen, liegt schon auf der Fähre aus. Die Onlinezeitung www.amrum-news.de bringt aktuelle Neuigkeiten von der Insel.

Anreise und Weiterkommen

Bahn und Schiff: Bahnverbindung von Hamburg über Heide–Husum–Niebüll nach Dagebüll. Von Dagebüll geht es weiter per Schiff, 3–7 x tgl., s. S. 19. Parkplätze liegen in Dagebüll in Anlegernähe, 6 €/Tag. Fährverbindung von Schlüttsiel–Amrum s. S. 19. Ab Strucklahnungshörn/Nordstrand geht in der Saison der MS Adler Express 2 x tgl. nach Amrum (keine Autofähre), s. S. 20.

Verkehr auf der Insel: Der Bus verkehrt in der Saison alle 30 Min. zwischen Wittdün und Norddorf, sonst stdl. Am An- und Abreisetag gilt das Fährticket auch für die Busfahrt zwischen Anleger und Unterkunftsort.

Gepäck: Der Amrumer Reisegepäck-Service nimmt Gepäck auf der Mole in Dagebüll entgegen und bringt es zur Unterkunft. Bei der Rückfahrt wird es bei Vorbestellung abgeholt, Tel. 04682 22 11.

Taxis: Amrumer Taxen: Tel. 04682 22 29; Taxi Harksen: Tel. 04682 96 87 30, Mobil: 0171 328 72 37

Fahrrad: In allen Dörfern gibt es Verleihbetriebe, für Wittdün s. S. 202. Weitere Adressen unter www.amrum.de.

ber rosaviolett blühende Heide und dichter Wald. Weiter ostwärts, zum Wattenmeer hin, schließt sich die vom Menschen besiedelte Ackerbauzone an. Hier liegen die alten Inseldörfer Steenodde, Süddorf, Nebel und Norddorf, umgeben von Weiden für Schafe, Kühe und Pferde.

Wegen des Flugsandes, der über die Äcker auf der ohnehin nicht sehr fruchtbaren Geest wehte, konnte die Landwirtschaft für die Amrumer nie eine überragende Bedeutung erlangen. Einen guten Nebenverdienst brachte den Inselbewohnern von alters her das Strandjen ein. Die viel befahrene Schifffahrtsroute vom Ärmelkanal nach Skandinavien führte an Amrum vorbei. Bei Stürmen aus westlicher Richtung lief so manches Schiff in den Untiefen und Sandbänken vor der Insel auf Grund. Streitereien zwischen dem Strandvogt und den Insulanern waren an der Tagesordnung. Im Jahre 1816 wurden 27 Männer – ein Viertel der erwachsenen männlichen Bevölkerung der Insel – wegen Seeräuberei zu Gefängnisstrafen verurteilt. Für die Amrumer war es durchaus lukrativ und vor allem legal, gestrandete Schiffe zu bergen und wieder flottzumachen. Auf diese Weise verdiente beispielsweise der Amrumer Kapitän Volkert Quedens sein Vermögen, mit dem er später Wittdün gründete.

Kniepsand! ▶ D 9–D 11

Der Wind treibt feine Sandschleier über die blendende Fläche, die durchschnittlich 1 m über NN liegt. Der Kniepsand ist nicht geologisch mit der Insel verbunden, sondern ein Geschenk der See. Noch in den 1930er-Jahren befand sich zwischen Sandbank und Inselküste der Kniepsand-Hafen, eine tiefe Wasserrinne, in der Küstenschiffe vor Anker lagen und die Amrumer Austernfischer ebenso wie die Seenotrettungsgesellschaft stationiert waren. Langsam schob sich der Sand an die Küste heran, aufgrund der Versandung musste der Hafen schließlich aufgegeben werden, die Wasserrinne verschwand. Ein traumhafter Strand bereichert seitdem die Insel.

Wittdün ▶ E 11

Witjdün bedeutet Weiße Düne. Der auf drei Seiten vom Meer umgebene, jüngste Inselort ist seit 1889 buchstäblich aus dem weißen Sand gewachsen. Während im benachbarten Wyk auf Föhr bereits 1819 ein Seebad gegründet worden war, lehnte die Gemeindevertretung 1885 den Antrag, auf Amrum ein Seebad einzurichten, zunächst ohne Gegenstimme ab. Man befürchtete den Verfall der Sitten. Man vermutete, dass das Geld doch nur auswärtigen Finanzkräften zufließen würde, daher betrachteten die Oberen ein Bad mitnichten als segensreich. Dennoch war die Entwicklung nicht aufzuhalten. 1888 wurden die ersten Grundstücke auf Witjdün, der nur aus Sand und Dünen bestehenden und bis dato unbewohnten Südspitze Amrums, verkauft. Es war jedoch kein auswärtiger Spekulant, der das Rennen machte, sondern ein Einheimischer – der in Süddorf wohnende Kapitän Volkert Quedens. Er erhielt die Badekonzession und ließ 1889 das erste Hotel errichten.

Der Wittdüner Strand – damals und heute

Fünf Jahre nach dem Bau des ersten Hotels wurde auf Betreiben der neu gegründeten Aktiengesellschaft Witt-

Wittdün

Sehenswert
1 Fähranleger
2 Schutzstation Wattenmeer/Nordseehalle
3 Strandhaus
4 Dünensee Wriakhörn
5 Seezeichen- und Jachthafen
6 Leuchtturm

Übernachten
1 Hotel Weiße Düne
2 Bissegger-Buda
3 Jugendherberge
4 Campingplätze

Essen & Trinken
1 Seefohrer Hus
2 Klabautermann
3 Buttze
4 Eiszeit

Einkaufen
1 Bio Düne
2 Quedens

Aktiv & Kreativ
1 Amrum Badeland

Abends & Nachts
1 Die blaue Maus

dün-Amrum eine Bahnlinie über den Kniepsand zum Bad eingerichtet, weil – wie auch heute noch – die Brandung am Wittdüner Strand zu gering und außerdem tideabhängig war. Um 1900 wurde die Bahnstrecke nach Nebel und Norddorf erweitert.

Dort, wo heute nichts als Sand ist, standen in den Gründerjahren in schicklichem Abstand voneinander die Einrichtungen des Damen- und Herrenbades. In der Mitte thronte die Strandhalle auf sturmflutsicheren Pfählen – hier nahmen die Badegäste Erfrischungen zu sich. Nachmittags schmetterte eine Musikkapelle Konzerte in das Rauschen der Brandung – alles in allem eine Welt, wie sie den Einheimischen nicht fremder hätte sein können.

Wittdün blieb lange ein Fremdkörper auf der Insel. Mit den stattlichen Investitionen in das Nobelbad hatte sich die Aktiengesellschaft übernommen. Nach zwei verregneten Sommern meldete sie Konkurs an. Nackte Armut brach über die Wittdüner herein. Ebenso schlecht erging es ihnen, als die Badegäste in den beiden Weltkriegen ausblieben. Das zeigt, dass es auf Amrum keine wirtschaftliche Alternative zum Fremdenverkehr gibt – weder früher noch in der heutigen Zeit.

Spaziergänge rund um Wittdün

Wittdün, das wenig alte Bausubstanz besitzt, ist schnell erkundet. Ausgangspunkt für einen Stadtbummel ist der **Fähranleger** 1. Von hier aus wirkt der Ort nicht besonders einladend, doch in der Hauptstraße, die **Inselstraße** heißt, entdeckt man unauffällige, aber hübsche Häuser. Hier bekommt man das beste Eis der Insel und auch die leckersten Fischbrötchen. Es gibt eine Buchhandlung mit den neuesten Nordfriesenkrimis im Schaufenster und einen gut ausgestatteten Bioladen – ein kleiner Stadtbummel bietet sich also durchaus an. In der parallel zur Inselstraße verlaufenden Mittelstraße befinden sich die **Nordseehalle** und ein naturkundliches Infozentrum der **Schutzstation Wattenmeer** 2 (Mittelstr. 34, Tel. 04682 27 18, Mi–Mo 10–12, 15–17 Uhr).

Die Wandelbahn

Eine Promenade mit schöner Aussicht auf das Meer, die Halligen und die Nachbarinsel Föhr führt um die gesamte Südspitze herum. Die Wandelbahn wurde in den Jahren 1914–1921 als Uferschutzmauer gegen Sturmflu-

ten gebaut und 2004/2005 grundlegend erneuert. Schön ist es, der Wandelbahn am kleinen Leuchtturm vorbei bis zum **Strandhaus** 3 (DLRG) am Hauptbadestrand zu folgen. Der Wittdüner Badestrand ist zu flach, um ausgiebig im Meer zu schwimmen, dafür aber ideal für Familien mit kleinen Kindern. Am Kiosk Kniepsand kann man im Sommer bis in den frühen Abend direkt am Strand sitzen, während sich die Kids auf dem Spielplatz mit großem Piratenschiff tummeln. Der vergleichsweise schmale Hauptbadestrand geht von hier nahtlos in den Kniepsand über.

Zum Dünensee Wriakhörn 4

Die Obere Wandelbahn führt am Dünenrand entlang weiter gen Westen. Hier thront so manch schönes Ferienhaus mit Aussicht über den Kniepsand. Im Bereich des Dünensees Wriakhörn geht der schmale Fußweg schließlich in einen der typischen Amrumer Bohlenwege über. Hier gibt es mehrere Aussichtsplattformen. Auf dem lang gestreckten See tummeln sich Wasservögel, am Ufer brüten Enten, flirten Blesshühner. Schilder geben über Tier- und Pflanzenwelt Auskunft. Vom See zweigen Bohlenwege zum Amrum Badeland bzw. zum Campingplatz ab. Ein schmaler, sandiger Pfad schlängelt sich über die Dünen zum Kniepsand.

Zum Seezeichen- und Jachthafen 5

Vom Fähranleger in Wittdün führt ein etwa halbstündiger Spaziergang an der Wattseite entlang zu dem im Ersten Weltkrieg gebauten Seezeichenhafen. Der Weg ist im ersten Abschnitt für Radfahrer gesperrt. Wer auf das Rad nicht verzichten mag, kann auch den Umweg über die Inselstraße nehmen, kurz vor dem Campingplatz ist die Straße zum Seezeichenhafen ausgeschildert. Am Hafen liegen bemerkenswert bunte Holzhäuser, im nahen Tonnenhof werden Tonnen und Bojen gewartet. Die schwimmenden Seezeichen weisen Schiffen den richtigen Weg. Sie sind durch Form und Farbe unterscheidbar und haben international festgelegte Bedeutungen. So markieren rote Tonnen die Steuerbordseite und grüne die Backbordseite. Im Sommerhalbjahr prägen die Masten vieler Jachten den Hafen, der Platz für 50 Gastschiffe bietet. Ein Seenotrettungskreuzer liegt dort ganzjährig bereit zum Einsatz. Zu Fuß oder mit dem Rad gelangt man auf der Deichkrone weiter zum alten Anleger in Steenodde.

Leuchtturm 6

2 km westl. von Wittdün, in der Saison Mo–Fr 8.30–12.30 Uhr, 2,50 €
Der rot-weiß gestreifte Leuchtturm steht weithin sichtbar auf einer 27 m hohen Düne. 1875 in Betrieb genommen, wurde er 1984 automatisiert und ist mit einer Höhe von 41,8 m der höchste Leuchtturm an der schleswig-holsteinischen Westküste. Seine Lichtsignale reichen 23 Seemeilen (42 km) weit. Wegen der grandiosen Aussicht lohnt der Aufstieg auch für Tagesgäste. Früher erhielt der Leuchtturmwärter neben einem kärglichen Gehalt auch etwas Land, mit dem er seinen Lebensunterhalt bestreiten konnte. Mit der Automatisierung des Leuchtfeuers im Jahre 1984 verließ der letzte Leuchtfeuerwärter den Turm.

Übernachten

Strandnah und gastlich – **Hotel Weiße Düne** 1: Achtern Strand 6, Tel. 04682 94 00 00, www.weisse-duene.de. DZ und Suiten 132–166 €. Gut ausgestattete Zimmer und Suiten, einige davon mit Terrasse oder Balkon. WLAN, hauseigenes Schwimmbad, Sauna, Solarium und Fitnessraum, gutes Restaurant im Haus.
Interessante Vielfalt – **Ferienwohnungen Bissegger-Buda** 2: Mittelstr. 18, Tel. 04682 26 52, www.bissegger-buda.de, FeWo 60–110 €. 19 Wohnungen für 2–4 Pers. Die Wohnung Nr. 8 im Turmhaus/Dach bietet rundum einen Seeblick. Im Haus Dornröschen und Haus C'est la Vie ist die Ausstattung unterschiedlich. Es gibt viel Echtholz. Manche Wohnungen haben Holzöfen, andere sind verglast und luftig wie ein Atelier. Zum Strand sind es 2 Min. Fußweg. Den Blick dorthin versperrt allerdings die Jugendherberge. Das Haus bietet einen Wellnessbereich mit vier verschiedenen Saunen.
Beste Aussichten – **Jugendherberge** 3: Mittelstr. 1, Tel. 04682 20 10, www.djh-nordmark.de, ab 19,20 €. Großes Haus oberhalb des Badestrandes, 223 Betten, davon überwiegend 4- und 6-Bettzimmer. Vom Speisezimmer bzw. von der offenen Terrasse bietet sich ein grandioser Blick über Kniepsand und Meer. Die Jugendherberge ist in der Regel (im Internet) frühzeitig für die Saison ausgebucht, einfach anrufen und nachfragen.
In den Dünen – **Campingplätze** 4: in der Nähe des Leuchtturms. **Campingplatz Amrum,** Tel. 04682 22 54, www.amrum-camping.de, Zelte, Wohnwagen und Wohnmobile; **FKK-Zeltplatz,** Info bei der DFK-Geschäftsstelle, Ferdinand-Wilhelm-Fricke-Weg 10, 30169 Hannover, Tel. 0511 12 68 55 00, www.fkk-amrum.de, nur Zelte. Auf beiden Plätzen braucht man Sandheringe für den Zeltaufbau. Bohlenwege führen durch die Dünen zum Strand

Essen & Trinken

Am Seezeichenhafen – **Seefohrer Hus** 1: Jachthafen, Tel. 04682 14 51, Fr–Mi 11.30–14, 17.30–21 Uhr, Hauptgerichte ab 11 €. In einer der bunten Fischerhütten am Jachthafen untergebracht, drinnen eher modern und edel schlicht, überdachte Sonnenterrasse zum Hafen. Fische und Krabben werden zum

Mein Tipp

Was Amrum bewegt
Die regelmäßig angebotenen Vorträge des Amrumer Fotografen, Schriftstellers und Naturschützers Georg Quedens in der Nordseehalle 2 behandeln verschiedene den Nordseeraum und die Insel betreffende Themen. Sie werden kenntnisreich, eigensinnig, klug und witzig präsentiert und sind darum überaus empfehlenswert. Die Termine hängen überall aus.

Teil direkt vom Kutter angeliefert. Frischer geht's nicht!

Gutbürgerlich und günstig – **Klabautermann 2**: Inselstr. 13, Tel. 04682 21 39, www.klabautermann-amrum.de, Do–Di 17–21 Uhr, Hauptgerichte ab 9 €. Viele Gerichte um 10 €. Maritim eingerichtetes Kellerrestaurant mit freundlichem Service. Von den Portionen wird man satt. Kinder sind gern gesehene Gäste.

Ein echter Tipp – **Buttze 3**: Inselstr. 41, Tel. 04682 50 63 23, in der Saison tgl. 11.30–19.30 bzw. 20.30 Uhr. Fisch in allen Variationen vom knackigen Fischbrötchen bis zu Scampi mit Wokgemüse. Alles ist frisch und lecker, auch zum Mitnehmen. Hier kann man kurz vor der Abfahrt des Schiffes vorbeischauen, sich mit einem kleinen Imbiss versorgen und auf dem Sonnendeck genießen.

Einfach köstlich – **Eiszeit 4**: Inselstr. 31, www.eiszeit-amrum.de, tgl. 11–20 Uhr. Lecker! Selbst gemachtes Eis in jeder nur erdenklichen Geschmacksrichtung. Da greift man gerne immer wieder zu.

Einkaufen

Naturwaren – **Bio Düne 1**: Inselstr. 24, Tel. 04682 18 28, www.bio-duene.de, Mo–Fr 9–12.30, 14.30–18, Sa 9–12.30 Uhr. Gut sortierter Bioladen mit frischem Obst, Gemüse, Molkereiprodukten, Vollwertbrot, Wein und Geschenkartikeln.

Traditionsreich und vielseitig – **Quedens 2**: Inselstr. 35–37, Tel. 04682 41 11. Foto- und Buchhandel. Bücherbestellung über Nacht, Digitalbilder in ca. 10 Min. Kameras und Zubehöre, CD-Brennen.

Aktiv & Kreativ

Ein Meer voll Wohlgefühl – **Amrum Badeland 1**: Am Schwimmbad 1, Tel. 04682 94 34 31, tgl. 10–18 Uhr. Vom Schwimmbad hat man einen schönen Blick in die Dünen. Das Badeland bietet Sauna, Solarium und ein Thalassozentrum. Mit Kurkarte ist der Eintritt einmal frei, Tageskarte Erw. 9,90 €, Kinder (ab 3 J.) 6,30 €.

Geruhsames Sightseeing – **Inselbahn, Doppeldeckerbus vom Fähranleger 1**: Ohne Hast geht's in 70 Min. 25 km durch die Inseldörfer. Nebenbei erfährt man Wissenswertes über die Insel und ihre Bewohner. Auf der Hin- und Rückfahrt werden unterschiedliche Strecken gefahren. Abfahrtzeiten sind dem Veranstaltungskalender bzw. den Hinweisschildern an den Stationen zu

entnehmen: Wittdün Fähranleger, Hotel Friedrichs in Nebel und AmrumTouristik in Norddorf, Erw. 9 €, Kinder (bis 12 J.) 3,50 €.
Schiffsausflüge – **MS Eilun, ab Fähranleger Wittdün 1:** Info Tel. 04682 23 33, www.eilun.de. Fahrten zu den Halligen, zum Fischmarkt in Wyk auf Föhr, zu den Seehundbänken oder zum Krabbenfang. Fahrkarten gibt's an Bord.

Abends & Nachts

Kult – **Die blaue Maus 1:** Inselstr. 107, Tel. 04682 20 40, www.blauemaus-amrum.de, in der Saison 20–3 Uhr, sonst Do Ruhetag, kleine Küche. Ein ausgedientes Surfboard am Fahrradweg verweist auf die legendäre Kneipe für Altfreaks und Whiskyliebhaber. Hier kann man noch wunderbar Oldies hören. In der Kajüte und im Wintergarten darf noch geraucht werden, sonst nicht.

Infos & Verkehr

Informationen

Touristenbüro und Internet: s. S. 196.

Verkehr

Anreise und Weiterkommen: s. S. 196.
Fahrrad: Einen Fahrradverleih gibt es ganz in der Nähe des Fähranlegers. Marcs Fahrradverleih, Inselstr. 12, Tel. 04682 94 90 77, www.marcsfahrradverleih.de, tgl. 9–18 Uhr. Preise variieren je nach Mietdauer.

Nebel ! ► D/E 10

Das Kirchdorf Nebel ist mit Amtsverwaltung, Polizei und anderen Behörden der Hauptort der Insel, zur Gemeinde Nebel gehören dazu noch Steenodde, Süddorf und der Ortsteil Westerheide. Der Name Nebel hat nichts mit der Wetterlage zu tun, sondern bedeutet Neues Bohl (Neue Ansiedlung).

Nebel ist das schönste Inseldorf und entstand erst im 16. Jh. um die bereits einige Jahrhunderte zuvor errichtete Kirche St. Clemens. In der wirtschaftlich florierenden Zeit des Walfangs setzten sich im Ort viele zu Wohlstand gekommene Seefahrer zur Ruhe. Ihre idyllischen Häuser schmücken das Dorf, in einigen sind heute gemütliche Restaurants und Gartencafés untergebracht. Schmale Seitenwege führen an bewachsenen Feldsteinmauern vorbei, geben den Blick frei auf gepflegte Gärten. Gleich hinter dem Dorf beginnen

die Salzwiesen und das vogelreiche Watt.

Der Ort bildete das Schlusslicht unter den Amrumer Seebädern. Erst als im Jahre 1925 im schon florierenden Seebad Norddorf mehrere Häuser niederbrannten und die Gäste umquartiert werden mussten, erkannte man die wirtschaftlichen Möglichkeiten des Fremdenverkehrs. Es dauerte allerdings noch weitere 13 Jahre, bis Nebel mit Süddorf offiziell zum Seebad erklärt wurde. Der lange Dornröschenschlaf hat dem Dorf gutgetan, es verschlief die Hochzeit der Spekulanten.

St. Clemens

Tagsüber geöffnet, Kirch- und Friedhofsführungen in der Saison Di 17 Uhr

Die stattliche Kirche St. Clemens ist dem Schutzheiligen der Seefahrer geweiht. Um 1240 erstmalig erwähnt, wurde sie vermutlich schon Ende des 12. Jh. als Taufkapelle erbaut, mehrmals im Verlauf der Jahrhunderte umgebaut und erweitert. Der romanische Chor aus Feldsteinen wurde Ende des 19. Jh. erhöht, der hohe schlanke Turm 1908 errichtet. Sehenswert sind die geschnitzte gotische Apostelreihe aus dem 14. Jh., das Kruzifix von 1480 sowie der schlichte, spätromanische Taufstein aus Bornholmer Granit. Der Flügelaltar von 1634 zeigt eine Abendmahldarstellung und die vier Evangelisten.

Besonders beeindruckend sind die 90 ›sprechenden Grabsteine‹ auf dem Friedhof, die Einblick in die Amrumer Geschichte bieten (s. S. 64). Die schöns-

Das Öömrang Hüs zeigt, wie es früher beim Käpt'n zu Hause aussah

ten der denkmalgeschützten Monumente, deren Giebel mit bildlichen Darstellungen geschmückt sind, befinden sich gleich links neben dem Eingang zum Friedhof.

Öömrang Hüs

Waaswai 1, Nebel, Tel. 04682 21 18, www.oeoemrang-hues.de, in der Saison Mo–Fr 10.30–12.30, Mo–Sa 15–17, sonst Mo–Sa 15–17 Uhr, Eintritt frei, Spende erwünscht

In dem anno 1736 erbauten, bis in die 1990er-Jahre bewohnten Kapitänshaus blieb ein Stück vergangener Inselkultur bewahrt. Faszinierend ist das an den Wänden geflieste Wohnzimmer – unter vollem Wind segelt das stattliche Schiff des ehemaligen Hausbesitzers dahin. Das Öömrang Hüs ist (wie auch das Naturzentrum Norddorf) eine Einrichtung des Öömrang Ferian. Der Verein für Amrumer Naturschutz, Geschichte, Kultur und Sprache unterhält eine eigene Website in Amrum-Friesisch (www.oomram.de).

Heimatmuseum in der Mühle

Ualjaat 4, Tel. 04682 872, April–Okt. tgl. 11–17 Uhr, Eintritt frei, Spende zum Erhalt der Mühle erwünscht

Am südlichen Ortsrand Richtung Süddorf erhebt sich eine 1771 erbaute Mühle, die noch Anfang der 1960er-Jahre in Betrieb war. Da die Getreideernte auf Amrum keinen Müller ernähren konnte, wurde Getreide vom Festland auf die Insel gebracht und gemahlen. Der Hin- und Rücktransport lohnte sich, weil es auf Amrum immer mehr Wind gab als auf dem Festland. In alter Zeit verkündete die Stellung der Mühlenflügel den wohlverdienten Feierabend, Geburten und Hochzeiten, aber auch Trauerfälle. Noch heute stehen die Mühlenflügel bei einem Todesfall im senkrechten Kreuz.

Das Heimatmuseum in der Mühle zeigt eine liebevoll zusammengetragene Sammlung zur Geschichte des Leuchtturms und der legendären Inselbahn, archäologische Funde aus der Vor- und Frühgeschichte, Trachten und Handwerkskunst sowie wechselnde Kunstausstellungen.

Friedhof der Heimatlosen

Gegenüber der Mühle

Auf der gegenüberliegenden Seite der Autostraße liegt der Friedhof der Heimatlosen. Hier wurden von 1905 bis 1969 die Toten bestattet, die das Meer an den Strand warf. Ihre Namen sind nicht bekannt, auf den Kreuzen steht nur das Datum des Fundtages. Die Inschrift des hölzernen Torbogens am Eingangsportal lautet zuversichtlich: »Es ist noch eine Ruhe vorhanden.«

Westerheide

Noch bis Mitte des 20. Jh. dominierte Heide die Landschaft zwischen Leuchtturm und Norddorf. Mit der verstärkten Aufforstung in den 1950er-Jahren erhielt Amrum ein neues Gesicht. Bereits im 17. Jh. hatte der Inselpastor Monrad versucht, in seinem Garten Bäume anzupflanzen, musste aber hinnehmen, dass alles, was den Gartenwall überragte, »wegen der salzigen Nordwinde« verdorrte.

Im Jahre 1866 gelang es, an der Vogelkoje den ersten kümmerlichen Wald anzupflanzen. Ab 1887 wurde dieses Areal zwischen Dünen und Heide mit Kiefern aufgeforstet, in deren Windschutz heute sogar Birken und Buchen gedeihen. Durch die Aufforstung verschwand die Heide zunächst, dehnt sich heute aber auf brachliegenden Feldern wieder aus und blüht im August/September rosaviolett. Im Nebler Ortsteil Westerheide liegen die Häuser, die seit den 1970er-Jahren zwischen Hauptstraße und Düne entstanden, mitten im Wald. Ein

Naturlehrpfad bietet Informationen, u. a. über die riesigen Ameisenhaufen, die durch Zäune geschützt sind.

Übernachten

Zentral und gepflegt – **Ekke Nekkepenn:** Waasterstigh 19, Tel. 04682 945 60, www.ekkenekkepenn.de. Je 4 DZ und Suiten 100–122 € (teilweise mit extra Wohnraum), in einem persönlich geführten Frühstückshotel im Dorf.

Ein wundervolles Friesenhaus – **San auer Neebel:** Krümwai 3, Tel. 0421 722 52 (Info: Constanze Peters), FeWo 160–180 €. Der Name ist friesisch und bedeutet Sonne über Nebel. Drei großzügige, in schwedischem Landhausstil eingerichtete Hausteile für 4–5 Pers. beherbergt das reetgedeckte Friesenhaus im historischen Ortskern. Jedes Hausteil erstreckt sich über zwei Etagen und hat einen eigenen Eingang. Die Räume sind mit schönen alten Kachelöfen ausgestattet. Mit Terrassen. Der Eintritt ins Amrum Badeland ist im Preis inbegriffen.

Genießen und entspannen – **Friesenhof Kapitän Cornelius Bendixen:** Uasterstigh 33, Tel. 04682 947 40, www.friesenhof.net, FeWo 111–235 €. Neue, familienfreundliche Anlage. Die Nichtraucherwohnungen für 2–6 Pers. sind im friesischen Landhausstil eingerichtet. Viele haben Kamin und die meisten bieten einen Blick aufs Wattenmeer. Ein weiteres Plus ist der Wellnessbereich des Hauses mit finnischer Sauna, Dampfbad, Solarium.

Garten am Watt – **Waashüs:** Waaswai 5, Tel. 04682 26 54, www.amrum-waashues.de, FeWo 60–155 €, Mindestaufenthalt 5 Tage. Nichtraucherwohnungen für 2–6 Pers. in einem liebevoll renovierten Friesenhaus in ruhiger Lage am Wattenmeer. Der Besuch im Amrum Badeland ist im Preis inbegriffen.

Mein Tipp

Aquarelle und Tiere aus Ton

Die Aquarelle der Künstlerin Birgitt Sokollek zeigen in zarten Farben Landschaften und Lebewesen Amrums. Die Tierwelt findet sich auch in Ton wieder. Schollen, Katzen, Vögel sind dekorativ im verwunschenen Garten ausgestellt. Hier erhält man ganz nebenbei Ideen für die Verwendung von Strandgut. Die Künstlerin bietet auch Aquarellkurse an, Termine s. Aushang (Werkstatt: Strunwai 1, Nebel, Nähe Mühle, Tel. 04682 41 72, in der Saison Mo, Fr 11–13 Uhr).

Besonderer Service: kostenfreies Telefonieren ins deutsches Festnetz.

Ruhige Lage – **Handwerkshüs:** Smäswai 24, Tel. 04682 22 21, www.handwerkshues.de, FeWo 40–85 €. Vier gepflegte Wohnungen für 2–4 Pers. Tonfußböden mit Fußbodenheizung in den Zimmern sorgen für ein allergikerfreundliches Raumklima. Sauna im Haus, mit eigener Terrasse. Eine Töpferei befindet sich mit kleinem Laden im Anbau.

Essen & Trinken

Gemütlich und beliebt – **Seekiste:** Smääljaat 2, Tel. 04682 96 15 26, Di–So 14–24 Uhr, Hauptgerichte 12–22 €. Versteckt in einer Seitengasse mitten im Dorf ist dies ein Platz zum Wohlfühlen: im Restaurant mit maritimem Sammelsurium inkl. Gallionsfiguren, auf der Terrasse oder im windgeschützten Wintergarten. Nachmittags gibt's Kaffee und Kuchen, abends köstliche frie-

Auf Entdeckungstour

Die Amrumer Vogelkoje – heute ein Naturparadies

Lebend-Fanganlagen für Wildenten gab es auf allen Nordfriesischen Inseln. Die in kleine Wäldchen eingebetteten Süßwasserteiche sind heute wichtige Naturräume für Pflanzen und Tiere. Jeweils eines dieser vogelreichen Biotope auf den Inseln ist für Gäste geöffnet. Die Anlage auf Amrum ist mit einem Tiergehege und schönem Spielplatz ein beliebtes Ausflugsziel für die ganze Familie.

Reisekarte: ► D 10

Lage/Zeit: ca. 2,5 km südl. von Norddorf, frei zugänglich; mit dem Rad je nach Startpunkt in Nebel, Norddorf oder Wittdün 15–35 Min.

Planung: Der Kiosk im Vogelwärterhäuschen ist in der Saison tagsüber geöffnet.

Zwischen August und Dezember ziehen Hunderttausende von Wildenten und -gänsen auf ihrem Flug nach Süden über die Inseln an der Nordseeküste hinweg. Die Holländer entwickelten bereits um 1550 eine Methode, einen Teil dieses kulinarischen Segens abzufangen: Sie ersannen die Vogelkojen (der nett klingende hochdeutsche Begriff Koje entwickelte sich aus dem niederländischen *kooi*, was so viel wie Käfig, Verschlag, Stall heißt. Die Amrumer Koje liegt wie alle nordfriesischen Kojen entsprechend dem holländischen Vorbild in kleinen, extra angepflanzten Wäldchen aus Weiden, Erlen, Birken und Pappeln in der Nähe des Meeres. Die erste Vogelkoje wurde 1730 in der Gemeinde Oevenum auf Föhr gebaut, alle anderen Inseln folgten mit einer oder mehreren Anlagen.

Die Amrumer Entenkoje

Die im Jahre 1866 angelegte Amrumer Vogelkoje Meerum (*Meerham* = Stätte des Moores) ist ein wunderbares Ausflugsziel. Sie befindet sich auf halber Strecke zwischen Nebel und Norddorf im Wald und ist nur zu Fuß oder mit dem Fahrrad zu erreichen. Man kann hier Enten und Gänse füttern, ein Picknick machen, auf dem Spielplatz toben, aber auch Einblick nehmen in eine Zeit, als die Insulaner jede nur erdenkliche Ressource nutzen mussten, um zu überleben.

Die goldene Zeit der Grönlandfahrten war gerade zu Ende gegangen. Bittere Not herrschte auf der sandigen Insel. Man fischte, sammelte Seevogeleier und Strandgut. Welch ein Glückstreffer, wenn es hieß »Skap üüb strun« (Schiff auf Strand!) und ein hoch beladenes Handelsschiff auf die Sandbänke vor der Insel geworfen wurde – das geschah selten genug. Regelmäßig dagegen kehrten die Wildenten ein. Die Amrumer Vogelkoje wurde auf Rechnung einer Interessengemeinschaft angelegt, die 80 Anteile verkaufte, wobei eine Person nicht mehr als zwei Lose erwerben durfte. Anteile an der Amrumer Koje besaßen fast alle Familien.

Für die Konserve

Der Bau einer Fanganlage erforderte eine königliche oder staatliche Konzession und wurde in der Regel von mehreren Interessenten umgesetzt, da er sehr kostenintensiv war: Ein Grundstück musste gekauft, umfangreiche Erdarbeiten ausgeführt, ein Wärterhäuschen gebaut und die nähere Umgebung bepflanzt werden. Die Investition lohnte. Die Wildenten waren als Delikatesse begehrt und die Fänge zeitweilig so groß, dass sie weit über den Bedarf der Inselbevölkerung hinausgingen. Ein Teil der Enten wurde als Wintervorrat eingepökelt, ein Teil exportiert. Auf Föhr und Amrum entstand jeweils eine Konservenfabrik, die die eingemachten Enten an Passagierdampfer sowie an Hotels in Hamburg und Berlin verkauften.

Der Kojenmann

Am Eingang der Vogelkoje kommt man an einem **kleinen Häuschen** vorbei. Hier wohnte früher der Kojenmann – auf Amrumfriesisch *Koimaan*, der für den Entenfang angestellt wurde. Der erste Amrumer Kojenmann war Cornelius Peters, dem im Naturzentrum des Öömrang Ferian in Norddorf eine sehenswerte Ausstellung gewidmet ist (s. S. 215). Wenn heute in der Feriensaison gegen 10 Uhr in der Koje die Fensterläden des Häuschens aufgehen, stehen meist schon ungeduldige Kinder davor, die Futter für die zutraulichen Enten und Gänse kaufen wollen. Das war früher anders, in der

Koje ging es den Vögeln an den Kragen. Den sorgfältig geführten Kojenbüchern in der Norddorfer Ausstellung ist zu entnehmen, dass in der Vogelkoje bis zur Stilllegung im Jahre 1936 etwa 420 000 Enten gefangen wurden – vor allem die großen und schmackhaften Spießenten. Jedes Dorf hatte seine festen Fangtage, der jeweilige Tagesfang wurde abends vom Vorsteher der Kojengemeinschaft abgeholt und verteilt. Der Kojenmann erhielt für jede gefangene Ente eine Prämie, entsprechend eifrig ging er zu Werke. Wie der Fang funktionierte, lässt sich in der Amrumer Vogelkoje nachvollziehen. Das alte Fangsystem wurde Anfang der 1950er-Jahre zur Anschauung für die Gäste renoviert. Am Kojenhäuschen vorbei gelangt man zu einem **Bohlenweg,** der an einem Abschnitt der konstruierten Anlage entlang zum Wasser führt.

Gelockt und ge(k)ringelt

Im Zentrum der Amrumer Anlage befindet sich wie in jeder Entenfanganlage ein **Süßwasserteich.** Von seinen Ecken zweigen sich allmählich verjüngende, hornförmig gebogene, 20–30 m lange Gräben, sogenannte Pfeifen, ab. Sie enden jeweils in einer Reuse und sind in ihrer ganzen Länge mit Netzen bedeckt und von dichtem Schilf und Gebüsch umgeben. Auf dem Teich schwammen zahme Enten mit gestutzten Flügeln, die die einfallenden Wildenten in die Pfeifen lockten, wo sie Futter suchten und auch fanden. Vom Kojenwärter aufgescheucht und ans äußerste Ende der Gräben in die Reusen getrieben, wurden sie ge(k)ringelt – eine etwas harmlose Bezeichnung dafür, dass ihnen der Hals umgedreht wurde.

Die Fangergebnisse variierten von Koje zu Koje, waren im 18. und 19. Jh. aber allgemein sehr hoch. Am erfolgreichsten war die älteste der nordfriesischen Kojen in Oevenum, die über 3 Mio. Enten fing. Allein 1789 wurden hier fast 67 000 Enten geringelt.

Das Ende der Kojen

Ein Großteil der Vogelkojen wurde seit den 1930er-Jahren geschlossen. Die 1934/35 erlassenen Reichsjagd- und Naturschutzgesetze schränkten den Massenfang von Tieren ein und stellten Pflege und Schutz der Wildtiere in den Vordergrund. Ohnehin war der Bestand der Wildenten entlang der holländischen, deutschen und dänischen Nordseeküste durch den intensiv betriebenen Vogelfang bereits drastisch dezimiert. Auch schreckte der zunehmende Tourismus und die damit verbundene Bebauung und Unruhe die Enten mehr und mehr ab, der Fang lohnte am Ende nicht mehr. Viele der Anlagen stehen heute unter Naturschutz und dienen als Rückzugsgebiet für Fauna und Flora. In der urwüchsigen Umgebung des idyllischen Süßwasserteichs in der Amrumer Vogelkoje brüten heute Graugänse, Enten, Teichrallen und Fasane, die den Schutz und das angebotene Futter gerne annehmen.

Die Beschilderung in der Koje deckt den ersten Wissensdurst. Eine anschauliche und informative Broschüre über die »Entenkojen in der Region Uthlande« hat die Gemeinde Pellworm herausgegeben, die Broschüre kann man sich unter www.amrum.de/downloads herunterladen. Wer noch einen Tagesausflug nach Föhr plant, könnte im Friesen-Museum vorbeischauen. Hier befindet sich eine rekonstruierte Vogelkoje und man erhält einige zusätzliche Informationen über diesen wichtigen Erwerbszweig in kargen Zeiten.

sische Küche für den großen und kleinen Hunger oder auch nur ein Glas Wein.

Immer gut besucht – **Friesen-Café:** Uasterstigh 7, Tel. 04682 9 66 20, www.friesen-cafe.de, Do–Di 11.30–18 Uhr, in der Hochsaison kein Ruhetag und auch abends geöffnet. Hauptgerichte 12–17 €. Typisch friesisch, sehr gemütlich und dicht bestuhlt. Die Waffeln und Torten sind köstlich, daher muss man schon mal auf einen freien Platz warten – in der Hochsaison nicht unbedingt zu empfehlen für Familien mit lebhaften Kindern, es sei denn, man ergattert einen Tisch im lauschigem Cafégarten.

Einkaufen

Schnuckelig – **Dörnsk an Köögem:** Uasterstigh 19. Porzellan, Bernstein, Schafsmilchseife, Liköre, Gelees gibt es hier zu kaufen. Und dazu laden einige Tische zum Platznehmen ein. Es werden Getränke und Kleinigkeiten zu essen serviert. Im Sommer sitzt man

Die Gallionsfigur weist den Weg auf dem Meer – und in der Seekiste in Nebel

draußen an der Straße, mitten im Dorfgeschehen.
Etwas abseits – **Töpferei-Werkstatt Nebel:** Smäswai 24, Tel. 04682 22 21, www.handwerkshues.de, in der Saison Mo, Di, Do, Fr 10–12 Uhr. Gebrauchskeramik und schöne Dinge, die in der eigenen Werkstatt im Handwerkshüs (s. S. 205) entstehen.

Aktiv & Kreativ

Aquarellkurse – **Birgitt Sokollek:** s. Tipp S. 205.
Kunst und Kurse – **Atelier & Galerie im alten Pastorat:** Smäswai 4, Tel. 04682 96 84 88, Fr 10–12, in der Saison auch Mo 10–12, Do 17–19 Uhr. Das alte Pastorat ist ein angenehmer Ort, um Aquarelle, Stillleben und Landschaften auf sich wirken zu lassen oder selbst kreativ zu werden. Eine offene Malwerkstatt wird Mi 15–18 Uhr in der lichtdurchfluteten Veranda angeboten, Teilnahmegebühr 22 € inkl. Material, weitere Termine s. Aushang oder unter www.annasusannejahn.de.
Kleine Surfschule am großen Strand – **Surfspot Nebel:** nur im Juli/Aug., Kursinfo vor Ort oder unter Tel. 0170 294 96 70. Vom Parkplatz am Strand gelangt man über einen kurzen Dünenweg und den 800 m breiten Kniepstrand zur Surfbude. Wer sein eigenes Material mitbringt, kann den Strandkorbvermieter fragen (Tel. wie oben), ob dieser das Equipment mit dem Traktor zur Surfschule bringt und dort auch lagert.

Abends & Nachts

Immer wieder samstags – **Kniepsandhalle:** direkt am Strand. Die einzige Disco der Insel. Feiern bis in die Morgenstunden. Termine unter: www.amrumer-party-service.de. Ab 24 Uhr verkehrt stündlich ein Shuttlebus zu den einzelnen Inseldörfern.

Infos

Amrum Touristik Nebel: im Haus des Gastes (nahe der Kirche), Hööwjaat 1a, 25946 Nebel, Tel. 04682 943 00, in der Saison Mo–Fr 9–17, Sa 10–12 Uhr. Beim Haus des Gastes gibt es einen kleinen Kurpark zum Entspannen und einen schönen Spielplatz.

Die Umgebung von Nebel ▶ D–E 10

Zur Gemeinde Nebel gehören die Inseldörfer Steenodde und Süddorf. Sie liegen inmitten von üppigen Weiden auf einem schmalen Streifen fruchtbarer Marsch. Dieses Land ist zwischen Steenodde und Wittdün durch einen Deich gesichert.

Süddorf ▶ E 10

In dem ländlich geprägten, 1464 erstmals erwähnten Süddorf gibt es keine Geschäfte, dafür aber einen Reiterhof und seit 1968 die Dörfergemeinschaftsschule, in der alle Inselkinder ihren Realschulabschluss machen können. Süddorf ist der Geburtsort von Hark Olufs, dessen Grabstein in Nebel von seinem abenteuerlichen Leben, u. a. als Sklave in Algier, erzählt (s. S. 64). In Süddorf erinnert eine nach ihm benannte Straße an den Seefahrer. Hier steht auch sein Geburtshaus. Den Ortsausgang Richtung Nebel markiert die Süddorfer Mühle, die schon in den 1950er-Jahren zum Wohnhaus ausgebaut wurde.

Steenodde ▶ E 10

Der Name Steenodde bedeutet Steinspitze und bezieht sich auf die vielen Steine und Findlinge, die hier im Übergangsbereich von der Geest zum Wattenmeer zutage treten. In dem 1721 gegründeten Hafenort ist es auch in der Hochsaison sehr still. Nichts erinnert mehr daran, dass hier einst ein großer Walfängerhafen mit Platz für 500 Schiffe angelegt werden sollte. Die Holländer, die die Konkurrenz fürchteten, machten den Amrumern einen Strich durch die Rechnung, indem sie den Export von Walfangschiffen und Fanggeräten untersagten. Eine Zeitlang war Steenodde Fährhafen für die Fährlinie Amrum–Halligen–Schlüttsiel. In der Saison gibt's hier Krabben und Fisch direkt vom Kutter – fangfrisch. Der kurze Weg vom alten Anleger zu dem im Ersten Weltkrieg angelegten Seezeichenhafen führt auf der Deichkrone entlang.

Esenhugh ▶ E 10

Frei zugänglich
Von herausragender kulturgeschichtlicher Bedeutung sind die unzähligen vor- und frühgeschichtlichen Funde in der Umgebung von Steenodde. Nördlich des Dorfes erhebt sich das mit 4,70 m Höhe und 26,5 m Durchmesser größte Steingrab der Insel – der Esenhugh (›Eesenhuuch‹ ausgesprochen), auf dem jahrhundertelang im Februar das alljährliche Biikefeuer abgebrannt wurde. Da die Feuerversicherung für die umliegenden Reetdachhäuser schließlich unerschwinglich wurde, verlegte man den Biikeplatz. Es ist nicht bekannt, ob der Esenhugh aus der Stein- oder der Bronzezeit stammt – bisher fanden noch keine archäologischen Untersuchungen statt. Von oben bietet sich in Richtung Nebel ein weiter Blick über die Marschwiesen. In der näheren Umgebung des Esenhugh liegt eine große Ansammlung von Grabhügeln aus der Wikingerzeit (10./11. Jh.). Die Funde – Spielsteine aus Bernstein, Schmuck und Thorshämmer – belegen, dass es auf den Geestinseln neben der westgermanischen Bevölkerung auch Wikingeransiedlungen gegeben haben muss.

Krümwaal ▶ E 10

Frei zugänglich
Der halbbogenförmige Wall, der inmitten ausgedehnter Weideflächen zu entdecken ist, zieht sich südlich der Windmühle von Nebel bis zum Wattufer nach Steenodde. Der 2 km lange und 2 m hohe Krümwaal ist ein Überbleibsel aus der Eisen- und Wikingerzeit. Ob es sich um einen Grenz- oder Befestigungswall handelt, konnte bislang nicht geklärt werden.

Vogelkoje ▶ D 10

Frei zugänglich
Auf halber Strecke zwischen Nebel und Norddorf befindet sich in einem kleinen Wäldchen aus Birken, Erlen und vereinzelten Pappeln die 1866 angelegte Vogelkoje (s. S. 206). Im einem Freigehege neben der Vogelkoje lebt eine Damwildfamilie. Nördlich der Vogelkoje führt ein Bohlenweg durch atemberaubend schöne, weite Dünenlandschaften Richtung Quermarkenfeuer.

Quermarkenfeuer ▶ D 10

Mitten durch einen breiten, urwüchsigen Dünengürtel führt ein federnder

Lieblingsort

Strandgut ► D 9/10
Wie eine Fata Morgana steigen sie vor einem auf – **Hütten aus Treibholz,** Fischernetzen und Plastikfolien. Man entdeckt die seltsamen Gebilde in den Primärdünen am Rande des Kniepsandes zwischen Nebel und Norddorf. Manche von ihnen sind stabile Refugien, ausgestattet mit einem Hüttenbuch, andere nur luftige Kunstwerke. Pfähle ragen wie Masten in den Himmel, gespickt mit Handschuhen und Flaschen, Figuren mit Bojenköpfen verbunden durch blaue Taue, an denen Schuhe baumeln. Der Kreativität und prickelnden Entdeckungslust sind hier in den Dünen am weiten Meer keine Grenzen gesetzt – bis zum Ende des Sommers. Dann werden die Konstruktionen im Sand vergraben, den Rest erledigen die Herbststürme.

min, in der Sauna oder im Solarium. Mindestbelegung 5 Tage.

Essen & Trinken

Altfriesisch – **Ual Öömrang Wiartshüs:** Bräätlum 4, Tel. 04682 836, Hauptsaison tgl. ab 15 Uhr, Nov.–Ostern Di Ruhetag, im Winter einige Wochen geschl. Hauptgerichte ab 12 €. Ausgezeichnete Küche, besonders Fisch- und Krabbenspezialitäten. Serviert wird in einem gemütlichen alten Friesenhaus mit lauschiger Gartenterrasse. Abends unbedingt reservieren.
Genießen am Watt – **Teehaus Burg:** s. Lieblingsort S. 218.
Sonnenterrasse am Meer – **Strand 33:** direkt am Strand, Do–Di ab 11.30, Küche bis 20 Uhr, Hauptgerichte ab 10 €. Leichte, frische Küche, z. B. Antipasti, Suppen, Salate, Pasta, Gerichte aus dem Wok. Tagsüber herrscht viel Betrieb. Man kann aber gut bis in den Abend sitzen. Wolldecken werden gereicht.
Verlockende Vielfalt – **Café Schult:** am Kurpark, 9–18 Uhr. Bäckerei Mo–Sa ab 6.30, So ab 8 Uhr. Traditionsreiche Bäckerei und Konditorei mit Café-Terrasse. Verlockende Auswahl an Broten und Brötchen. Auch Vollkorniges und himmlische Torten.
In der Fußgängerzone – **Cäpt'n Crêpes:** Strunwai 20. Die kleine Crêperie hat ein großes Angebot an süßen Crêpes, fertigt aber auch Herzhaftes mit Schinken und Käse. Man kann selbst zusammenstellen.

Einkaufen

Bücher und Fotos – **Quedens:** Strunwai 22, Tel. 04682 41 15. Filiale des Geschäfts in Wittdün (s. S. 201) mit dem gleichen Angebot.

Für Drachenfans – **Amrums Drachenland:** Lunstruat 3, Mo–Sa 9–18, So 10–12 Uhr. Alles, was das Drachen-Herz begehrt: Kinderdrachen, Windspiele.
Schönes aus Ton – **Töpferladen:** Hoofstich. Im Gewerbegebiet liegt – von Norddorf kommend rechter Hand kurz vor dem Abenteuerland – ein kleiner Töpferladen mit schöner Ware.

Aktiv & Kreativ

Nachmittags Kinderfilme – **Kino Lichtblick:** Triihuk 1, Tel. 04682 962 00 (ab ca. 15.30 Uhr). Einziges Kino der Insel. Das Kinoprogramm ist im Veranstaltungskalender aufgeführt. Service: Ein Sammeltaxi steht im Anschluss ans Kino bereit (3 €/Pers.). Anmeldung an

Wie leben die Vögel im Naturschutzgebiet? Der Amrumer Vogelwart gibt Auskunft

der Kinokasse oder bei Taxi-Harksen, Tel. 04682 96 87 30.

Für Kleine und Große – **Minigolfplatz Norddorf:** April–Okt. tgl. ab 11 Uhr. Ruhige, geschützte Lage zwischen Wald und Dünen.

Für Regentage – **Amrumer Abenteuerland:** Hoofstich 3, Tel. 04682 96 86 64, www.abenteuerland-amrum.de, April–Mai tgl. 12–18, Juni–Okt. Mo–Sa 10–18, So 12–18 Uhr, Kinder 8, Erw. 4 €. Indoor-Spielplatz im Norddorfer Gewerbegebiet. Mit Kletterberg und Trampolinanlage. Einige Attraktionen wie Autoscooter kosten extra.

Am Norddorfer Strand – **Surfspot in Norddorf:** Tel. 0160 427 60 84 od. 0171 484 93 16. Surf- und Segelkurse. Der Norddorfer Strand eignet sich gut zum Surfen. Da keine direkte Zufahrt zum Badestrand besteht, kann man sich für den Transport des Surfboards an die Surfschule wenden. Dort ist auch die Lagerung möglich.

Durchs Watt – **Wattwanderungen:** Reinhard Boyens, Tel. 04682 16 69, www.wattwandern-amrum.de; Andreas Herber, Tel. 04682 21 75. Verschiedene Wanderungen. Am schönsten sind die Touren zwischen Amrum und Föhr, die an der Odde starten. Termine im Veranstaltungskalender und im Internet unter www.amrum.de.

Infos

Amrum Touristik Norddorf: 25946 Norddorf, Tel. 04682 947 00, in der Saison Mo–Fr 9–17, Sa 10–12 Uhr.

Lieblingsort

Genießen am Watt

Den Alltag hinter sich lassen – kein Problem im **Teehaus Burg** in Norddorf. Vom idyllischen Garten schweift der Blick über Salzwiesen und Wattenmeer hinüber nach Föhr. Wer sich hier niederlässt, sollte ein Fernglas dabeihaben, die Piepmätze sind beglückend nah, und irgendwie interessiert es einen ja doch, was gerade drüben auf Föhr geschieht (obwohl dort eigentlich nie wirklich etwas zu entdecken ist). Man kann sich also ganz entspannt dem Kuchen hingeben, der so einfach und lecker ist, dass ich gerne nach dem Rezept frage (Teehaus Burg, Boragwai 2, Tel. 04682 23 58, www.teehaus-burg.de, Mi–Mo 15–22.30 Uhr).

Das Beste auf einen Blick

Die Halligen

Highlight!

Hooge: Einzigartig sind alle Halligen. Hooge, die größte von ihnen, zählt die mit Abstand meisten Tagesgäste. Die Backens-, Kirch- und Hanswarft werden von den Halligkutschen angefahren. Doch nur wer die ganze Hallig mit ihren breiten Prielen durchquert oder sie entlang der steinernen Befestigungskante umrundet, kann ihre Schönheit ermessen. S. 223

Auf Entdeckungstour

Mit der MS Rungholt zu den Halligen Oland und Gröde: Die beiden ganzjährig bewohnten Eilande gehören zu den Perlen des Hallig-Archipels, keineswegs nur im Juli, wenn der Halligflieder blüht. Das kleine Motorschiff Rungholt ist in der Saison im Halligmeer unterwegs, versorgt die Bewohner mit Lebensmitteln und bringt Übernachtungsgäste auf die winzigen Eilande. Der Kapitän informiert während der Fahrt über Sehenswertes und Aktuelles. S. 232

Kultur & Sehenswertes

Königspesel auf Hooge: Ein Kleinod der Halligkultur ist die mit Kostbarkeiten aus der goldenen Seefahrerzeit ausgestattete Friesenstube auf der Hanswarft. S. 224

Ketelswarf auf Langeneß: Die malerische Warf bezaubert mit denkmalgeschützten Friesenhäusern aus der großen Epoche der Seefahrer. Im Kapitän-Tadsen-Museum wird diese Zeit wieder lebendig. S. 230

Aktiv & Kreativ

Ausflug nach Norderoog: Die ›Hallig der Seevögel‹ ist nach der Brutzeit ein lohnendes Ziel für Wattwanderer und junge Naturschützer. S. 228

Genießen & Atmosphäre

Westerwarft: Abseits des Tagestourismus kann man auf Hooge direkt oberhalb eines kleinen Badestrandes wohnen. S. 226

Lorenbahnhof: Die Lorenbahn ist kein öffentliches Verkehrsmittel, der ›Lorenbahnhof‹ am östlichen Ende der Hallig Langeneß ist ein besonderes Ausflugsziel, das Einblick in ein ungewöhnliches Stück Alltagsleben gewährt. S. 231

Abends & Nachts

T-Stube: Auf den Halligen ist es abends eher ruhig. Wenn die Tagesgäste fort sind, sitzt man auf Hooge nett in der T-Stube auf der Hanswarft – im gemütlichen Sofa unter dem offenen Dachgebälk eines 1736 erbauten Reetdachhauses. S. 227

Kleinode im Wattenmeer

»Wie Träume liegen die Inseln im Nebel auf dem Meer«, schrieb der nordfriesische Dichter Theodor Storm über die Halligen im Wattenmeer. Zehn sind es: Langeneß, Oland, Gröde, Habel, Hooge, Norderoog, Hamburger Hallig, Nordstrandischmoor, Süderoog und Südfall – und jede von ihnen hat einen ganz eigenen Charakter: Die großen Halligen Langeneß und Hooge zählen jeweils über hundert Einwohner, die kleinsten sind allein das Reich der Seevögel und werden von einem Vogelwart gehütet (zu Hallig Südfall, Nordstrandischmoor, Süderoog und Hamburger Hallig s. S. 251, 263, 265, 268).

Infobox

Touristenbüros

Touristikbüro Hallig Hooge: Hanswarft, 25859 Hallig Hooge, Tel. 04849 91 00 (Mo–Fr 8–21, Sa,So 9–18 Uhr), www.hooge.de.

Tourismusbüro Hallig Langeneß: Ketelswarf 3, 25863 Hallig Langeneß, Tel. 04684 217, www.langeness.de. Das Haus betreut auch die Hallig Oland.

Internet

Informative Seiten mit Links zu Touristenbüros und Unterkunftsverzeichnissen sind www.nordfriesische-halligen.de, www.halligen.de, www.hallig-leben.de.

Anreise und Weiterkommen

Fähre: Regelmäßige Fährverbindungen zwischen Schlüttsiel, Langeneß, Hooge und Amrum, s. S. 19.

MS Rungholt: Tagesausflüge in die Halligwelt von Schlüttsiel, s. S. 232.

Das Leben auf den Halligen war über Jahrhunderte ein Kampf um die bloße Existenz. Sterbende Inseln wurden sie genannt, unablässig nagte die Nordsee an ihnen. Die heutigen Halligen weisen nur noch ein Zehntel bis ein Drittel ihrer ursprünglichen Größe auf. Bei der Februarflut 1825 wurden auf den Halligen von 339 Häusern 233 so verwüstet, dass sie unbewohnbar waren und wieder neu aufgebaut werden mussten. 74 Halligbewohner und fast alle Schafe ertranken. Staatliche Hilfe ließ lange auf sich warten. Erst Ende des 19. Jh. wurden erste Schutzmaßnahmen bewilligt.

Doch erst mit dem 1953 aufgestellten Programm Nord zur Förderung wirtschaftlich und strukturell unterentwickelter Regionen Schleswig-Holsteins sowie einer ab Anfang der 1960er-Jahre durchgeführten Sonderaktion zum Schutze der Halligen zogen Fortschritt und Sicherheit auf den entlegenen Eilanden ein: Warften wurden erhöht und verstärkt, neue Anlegebrücken und Straßen gebaut, ein Großteil der alten, reetgedeckten Halligháuser abgerissen und durch große Zweckbauten ersetzt. In allen neuen Gebäuden wurde im Obergeschoss ein Schutzraum eingebaut. Die aus Stahlbeton gemauerten, sturmflutsicheren Kästen sind nach dem alten Ständerprinzip auf Pfeilern tief in der Warft verankert und liegen fast 4 m über dem höchsten je gemessenen Sturmflutniveau. Die Halligen sind – von niedrigen Sommerdeichen abgesehen – bis heute unbedeicht, was sie von den Inseln unterscheidet. Bis zu 50 Mal im Jahr melden einige von ihnen Land unter, dann ragen nur noch die Warften aus dem Meer. Nach der Modernisierung war es erstmals mög-

Mein Tipp

NaturErlebnisRaum
Abseits der trubeligen Warften kann man an 15 Stationen das Leben auf der Hallig Hooge kennenlernen. Die Tour nimmt ihren Ausgang am Anleger, führt an der Halligkante zunächst gen Süden, dann durch Salzwiesen und am Priel entlang halligeinwärts. Über saftige Fennen und den Stock vor der Kirchwarft geht es zum Segelhafen mit neuem Deckwerk am Watt. Unterwegs bieten großformatige Schilder Wissenswertes über Natur und Kultur der Halligwelt. Eine Karte der einzelnen Stationen findet man im Internet und im Gastgeberverzeichnis (liegt in der Regel auch auf der Fähre aus).

lich, Feriengäste in größerem Maßstab aufzunehmen.

Der Tourismus gehört heute neben dem Küstenschutz und der Landwirtschaft zu den Haupterwerbszweigen. Die meisten Halligbewohner sind auf mehrere wirtschaftliche Standbeine angewiesen. Landwirtschaft, d. h. Weidewirtschaft (Rinder und Schafe), wird bis auf wenige Ausnahmen als Nebenerwerb betrieben, zu einem großen Teil mit Pensionsvieh vom Festland. Es wird im Frühjahr auf die Halligen gebracht und im Herbst wieder abgeholt. Eine Vergrößerung der eigenen Viehbestände auf den Halligen kommt wegen fehlender Kapazitäten für die Stallhaltung nicht infrage. Ein Problem für die Halligbauern sind die Wildgänse, die in jedem Frühjahr auf ihrem Flug gen Norden einfallen, die Wiesen kahlfressen und verkotet zurücklassen. Zwar erhalten die Bauern eine Entschädigung, doch bis das Gras nachgewachsen ist, muss das Vieh mit gekauftem Heu gefüttert oder ganz auf Pensionsvieh verzichtet werden.

Viele der männlichen Halligbewoner arbeiten als Wasserbauwerker im Küstenschutz. Sie bauen Steinkanten, Lahnungen und Dämme und schützen damit ihre eigene Hallig vor Landverlusten. Der Landesbetrieb für Küstenschutz, Nationalpark und Meeresschutz (ehemals Amt für ländliche Räume) ist auf den Halligen (mit Ausnahme von Hooge) der wichtigste Arbeitgeber.

Da bei den Sanierungen auf allen von mehreren Familien bewohnten Halligen Zwergschulen eingerichtet wurden, können die Kinder bis zum Hauptschulabschluss auf ihrer Heimathallig bleiben – in den Schulen auf Gröde und Nordstrandischmoor werden durchschnittlich zwei, auf Hooge zehn bis 20 Schüler unterrichtet.

Hooge! ►G 12

Die ›Königin der Halligen‹ ist bereits seit 1914 von einem rund 11 km langen, bis zu 1,80 m hohen Sommerdeich umgeben und muss nur noch vier- bis fünfmal pro Jahr Land unter melden. Die halligtypische Salzwiesenvegetation hat sich zurückgebildet – Süßwasserpflanzen haben sie verdrängt. Eine Hallig sei das gar nicht mehr, sagen die Nachbarn, die zudem argwöhnisch auf die enorme Zahl von Tagesgästen schielen, die in den Sommermonaten über die Insel schwärmen. Auf der mit 5,6 km^2 zweitgrößten Hallig wohnen etwa 110 Einwohner auf neun Großwarften – im Sommer mehr, im Winter weniger. Haupterwerbszweig ist der Tourismus. Jährlich werden über 45 000 Übernachtungen und ca. 90 000 Tagesgäste gezählt. Die meisten Tagesgäste bewegen sich im Bereich der Backens-, Kirch- und Hanswarft, diese drei werden auch von den Halligkutschen angefahren. Doch nur wer die ganze Hallig mit ihren breiten Prielen durchquert oder sie entlang der steinernen Befestigungskante umrundet, kann ihre Schönheit ermessen.

Hanswarft

Auf der Hanswarft, die mit 15 Häusern, Gärten und drei Fethingen einem kleinen, idyllischen Dorf gleicht, findet man neben verschiedenen Cafés, Restaurants und dem Kaufmann auch eine Fülle von hochkarätigen Attraktionen: Königspesel, Naturschutzzentrum, Heimatmuseum und Sturmflutkino.

Königspesel

Tel. 04849 219, tgl. geöffnet nach Ankunft der Schiffe und nach Vereinbarung, Besichtigung nur im Rahmen von Führungen, 2 €

Die berühmteste Sehenswürdigkeit der Halligen erhielt ihren wohlklingenden Namen, weil König Friedrich VI. von Dänemark – durch schlechtes Wetter auf Hooge festgehalten – hier übernachten musste. Er befand sich gerade auf einer Reise durch die Uthlande, um die Schäden der Sturmflut von 1825 in Augenschein zu nehmen. Schmuckstück des 1760 von Kapitän Tade Hans Bandix erbauten, reetgedeckten Hauses ist die mit Kostbarkei-

Hallig Hooge erradelt man sich Stück für Stück – hier geht's an der Kirchwarft vorbei

ten aus der goldenen Seefahrerzeit ausgestattete Friesenstube. Die blauweiß gefliesten Wände des Königspesels zieren Verse und Motive aus der Bibel. Die Deckenmalereien sind mit Naturfarben wie Ochsenblut, Eigelb usw. aufgetragen. Nach einem Brand 1995, bei dem das Inventar keinen Schaden nahm, wurde der Pesel originalgetreu wieder hergestellt.

Heimat- und Halligmuseum

Tel. 04849 238, www.halligmuseum.de, 2 €

Nur ein paar Schritte weiter gewährt das Privatmuseum Hans von Holdt Einblicke in die Geschichte und Alltagskultur der Halligen. Das Themenspektrum ist groß: Neben einer alten friesischen Wohnstube und Zeugnissen aus der Seefahrer- und Walfängerepoche sind hier auch Wattfunde untergegangener Warften, Fotos von Sturmfluten, Trachten, ausgestopfte Vögel und vieles mehr zu besichtigen. Man kann sich beim Betrachten Zeit lassen, Fragen werden gern beantwortet, eine sehr angenehme Atmosphäre.

Sturmflutkino

Tel. 04849 271, tgl. alle 20 Min., 15 Min. Länge, www.sturmflutkino.de, 2,10 €, ab 5 Pers.

Gleich um die Ecke vom Heimatmuseum wird ein Film über die Sturmfluten auf Hooge gezeigt. Den Film über das ›Volllaufen der Hallig‹ sollten auch Tagesgäste vor der Erkundung der Hallig anschauen, denn der Wiedererkennungswert ist groß. Man betrachtet Hooge hinterher bei der Halligerkundung mit ganz anderen Augen.

Wattenmeerhaus Hooge/Biggerhus

Tel. 04849 229, www.schutzstation-wattenmeer.de/verein/hooge.html, Eintritt frei, Spende erwünscht

Am Rand der Hanswarft liegt das Wattenmeerhaus der Schutzstation Wattenmeer. Es beherbergt das Erlebniszentrum Mensch & Watt, das Einblicke in die Entstehungsgeschichte des Wattenmeeres und in das Hallig-, Watt- und Nordseeleben gewährt. Außer einem Gezeitenaquarium und Diavorträgen bietet die Station naturkundliche Exkursionen an. In der Wattwerkstatt des Hauses kann gestöbert, geforscht und gebastelt werden.

Kirchwarft

Zu den meistbesuchten Zielen der Halligbesucher zählt die Kirchwarft. Bescheiden duckt sich die alte, 1636 erbaute Kirche mit dem frei stehenden Glockenturm neben das 1907 errichtete prachtvolle und um einiges größere Pastorat. Viele Jahrhunderte lang

Mein Tipp

Baden direkt vor der Haustür
Nördlich der Kirchwarft befindet sich ein kleiner Freizeithafen. Von hier führt der Weg entlang der Halligkante zum einsamen Westende der Hallig. Die heutige **Westerwarft** ist bereits die zweite, 1953 wurde sie sicherheitshalber um 6 m erhöht – in reiner Handarbeit. 1969 erhielt sie den Preis für die schönste Warft der Hallig. Wer mag, kann hier wohnen (s. S. 227). Am Fuße der Westerwarft liegt ein kleiner Badestrand – nirgendwo auf Hooge wohnt man näher am Meer.

gehörten die Hooger der Pellwormer Kirchengemeinde an, nachdem sie in der großen Mandränke im Jahre 1362 ihre alte, aus der Friesenmission stammende Holzkirche verloren hatten. Zum Gottesdienst gingen sie bei Ebbe nach Pellworm hinüber. Als der Priel zwischen Insel und Hallig immer breiter und der Kirchgang immer beschwerlicher wurde, bekam Hooge um 1600 erstmals wieder einen eigenen Pfarrer. Über den Priel in unmittelbarer Nähe der Kirche führt – parallel zur Autostraße – ein 1999 rekonstruierter Stock, eine schmale hölzerne Brücke, wie sie in früherer Zeit üblich war.

Die Kirche

Di–So

Den in den friesentypischen Farben Blau, Rot, Gelb bzw. Gold gehaltenen Innenraum des Gotteshauses prägen die 1624 gefertigten Bänke mit 26 schön geschnitzten Wangen sowie die reich verzierte Renaissancekanzel des Flensburger Meisters Ringeling vom Anfang des 17. Jh. Bemerkenswert ist die Tür zur Kanzel – sie zeigt eine Walmutter mit ihrem Jungen. Ein Grönlandfahrer hat sie 1734 auf hoher See geschnitzt.

Das älteste Kunstwerk der Kirche ist das ins frühe 16. Jh. datierte Kruzifix, das nach der Sturmflut von 1825 am Hooger Strand angeschwemmt wurde. Bei einer Überflutung der Kirche, wie im Jahre 1976 geschehen, kann das eindringende Wasser durch den Sand- und Muschelgrund zwischen dem Kirchengestühl absickern.

Übernachten

Der Tagestourismus auf Hooge hat solche Ausmaße angenommen, dass diejenigen, die auch tagsüber Ruhe haben möchten, in der Saison eher eine Unterkunft auf den etwas abseits gelegenen Warften nehmen sollten. Wer tagsüber aber unterwegs ist und abends, wenn die Tagesgäste weg sind, noch ein Bier trinken möchte, ist auch auf der Hans- oder Backenswarft gut aufgehoben. Es gibt mehrere Jugendheime auf Hooge, auf der Volkertswarft kann man auch zelten, Infos über das Touristenbüro.

Abseits vom Tagestourismus – **Frerk's Buernhus:** Lorenzwarft 1, Tel. 04849 254, www.hallig-hotel.de, DZ 64–84 €. Hotelpension ca. 100 m vom Deich. Gepflegte Zimmer und Suiten (für bis zu 4 Pers.), Sauna im Haus. Auf der ruhigen Caféterrasse gibt es nachmittags Kuchen (tgl. ab 13 Uhr). Abendessen für Hausgäste und angemeldete Auswärtige. Das 3-Gänge-Menü am Abend kostet für Hausgäste 13,50 €. Vermietet werden auch drei Ferienwohnungen für 2–4 Pers. auf der Westerwarft, alle mit Terrasse, 50–75 €.

Persönlich geführt – **Hus Halligblick:** Backenswarft 5, Tel. 04849 222 oder

268, www.hus-halligblick.de, DZ 50–60 €. Einfache Pension mit Aufenthaltsraum, Sauna, Terrasse. Mittag- und Abendessen auf der Warft möglich, ca. 250 m zur Badestelle.

Mit dänischem Kaminofen – **Fri Boysens Hus:** Mitteltritt 2, Tel. 04849 336 od. 0431 649 96 30, www.halligferien.de, FeWo ab 65 bzw. 100 €. Vier komfortable Ferienwohnungen für 4 Pers. in zwei Reetdachhäusern. Die größte ist eine 6-Pers.-Wohnung, die über zwei Etagen geht. Sie verfügt über eine Wohnküche mit offenem Kamin, drei Schlafzimmer, zwei Bäder und eine Sauna. Schön ist Fri Boysens Tidenblick, eine Ferienwohnung auf der Westerwarft für bis zu 4 Pers., 60 €, Tel. 0431 649 96 30, www.halligreisen.de.

Einfach und naturverbunden – **Ferienhof Volkertswarft:** Tel. 04849 90 99 60, Fax 04849 90 99 80, www.volkertswarft.de. Die schlichten Zimmer sind ausgestattet mit Etagenbetten und Waschbecken, verteilt auf fünf Häuser mit vier Tagesräumen und gut geeignet für Gruppen, aber auch Familien sind willkommen. Selbstverpfleger zahlen 11–12 €, Vollverpflegung kostet 24-25 €/Tag. Platz zum Zelten ist auch vorhanden, die sanitären Anlagen sind in Bauwagen untergebracht, weil sie im Winter wegen Land-unter-Gefahr auf die Warft gezogen werden.

Essen & Trinken

Traditionsreich – **Zum Seehund:** Hanswarft 8, Tel. 04849 226, www.zumseehund.de, in der Hauptsaison tgl. 10–22 Uhr, Hauptgerichte ab 10 €. In der friesischblauen Gaststube bzw. auf der großen Sonnenterrasse in der Warftmitte wird bodenständige halligtypische Küche serviert. Wer gern zentral wohnt, kann sich hier auch ein Gästezimmer nehmen.

Ein Stück Halliggeschichte – **Restaurant Friesenpesel:** Backenswarft 6, Tel. 04849 250, www.friesenpesel.de, in der Hauptsaison tgl. 10–22 Uhr. Hauptgerichte ab 10 €. In Hooges ältester Gaststätte werden nordfriesische Spezialitäten serviert Große Sonnenterrasse mit Hallig-Weitblick. Im Inneren sind 200 Jahre alte holländische Wandfliesen sowie ein Pesel von 1746 zu bewundern.

Die netteste – **T-Stube:** Hanswarft 6a, Tel. 04849 289, www.t-stubehooge.de, im Winterhalbjahr geschl., Hauptgerichte ab 9 €. Unter offenem Dachgebälk in dem 1736 erbauten Reetdachhaus sitzt man gemütlich im Sofa – gerne tagsüber, am liebsten aber abends, wenn die Tagesgäste fort sind. Auf der Speisekarte stehen halligtypische Getränke, friesische Spezialitäten. Außerdem gibt es Wechselausstellungen von Halligbildern und Fotografien. Der Tee wird auch zum Außerhausverkauf angeboten.

Gemütlich – **Zum blauen Pesel:** Backenswarft 2, Tel. 04849 231, www.blauerpesel.de, April–Okt. tgl 13–18.30, Nov.–März Mo, Sa 13–17 Uhr oder auf Anfrage. Das urige Hallig-Café in einem um 1750 erbauten, reetgedeckten Friesenhaus ist nur nachmittags geöffnet. Der berühmte blaue Pesel wird heute noch als Wohnraum genutzt, man darf einen Blick durch die geöffnete Tür werfen.

Einkaufen

Zentraler geht's nicht – **Der Halligkaufmann:** Hanswarft, Tel. 04849 290, www.halligkaufmann.de, in der Saison: Mo, Di, Mi, Fr 8–18, Do 8–11, 15–18, Sa 8–13, So 9–12 Uhr, außerhalb der Saison nur Mo–Fr. Lieferservice: Bestel-

lung per Telefon oder Internet spätestens zehn Tage vor der Anreise, 3 €.
Ökologisch einwandfrei – **Bingehof:** Mitteltritt 3, Tel. 04849 208, www.halllighofladen.de. Im dem winzigen Hof-Laden gibt es Produkte von der Hallig: Wurst und Fleisch vom Lamm und Rind, Honig und Marmelade. Übernachten kann man hier auch (DZ 42–46 €, Apartment 34 €/2 Pers., FeWo 70 €/6 Pers.).
Kunst und Kitsch – **Hallig-Galerie:** Hanswarft 4, Tel. 04849 90 99 22. In dem alten, niedrigen Inselhaus neben der T-Stube findet man Aquarelle und Ölbilder aus der Halligwelt, Gebrauchskeramik, Bernstein, verschiedenen Souvenirs und maritimen Nippes.

Aktiv & Kreativ

Weit hinaus – **Zum Japsand** (▶ F 12): In der Saison bietet die Schutzstation Wattenmeer Führungen an, Dauer 3–4 Std, 5 €. Termine im Veranstaltungskalender, Infos auch im Wattenmeerhaus auf der Hanswarft (siehe S. 225).
Lesestoff – **Halligbücherei in der Schule auf der Ockelützwarft:** April–Sept. Mo, Do 18–19, Okt.–März Mo, Do 17–18 Uhr.

Infos & Termine

Informationen

Touristikbüro Hallig Hooge: Uns Hallig Hus auf der Hanswarft, s. S. 222. Neben dem Touristikbüro befinden sich in dem Haus auf der Hanswarft auch die Gemeindepflegestation, das Fundbüro, der Veranstaltungsaal sowie öffentliche Toiletten.
Hooger Flaschenpost: Die Zeitschrift erscheint von April bis Oktober wöchentlich, mit Veranstaltungen und aktuellen Öffnungszeiten.

Verkehr

Fähre: Von Mai–Okt. wird die Hallig 2 x tgl. im Linienverkehr zwischen Schlüttsiel, den Halligen Hooge und Langeneß und Amrum angesteuert. Die großen Schiffe kommen am Fähranleger im Nordosten der Hallig Hooge an, während die kleine Hooger Fähre von Pellworm am Landsende im Südosten anlegt. Info W.D.R., Tel. 0180 5 08 01 40 (0,14 €/Min), www.faehre.de. Ausflugsschiffe von den Inseln und vom Festland: u. a. www.wattenmeerfahrten.de, www.seeadlerhooge.de, www.adler-schiffe.de.
Parken: Gästeautos sind auf der Hallig nicht erwünscht. Parkplätze in Schlüttsiel hinterm Deich.
Fahrradverleih: in der Saison am Fähranleger, ganzj. auf der anlegernahen Backenswarft.

Termine

Ringelganstage: im April, s. S. 32.
Hooger Speeldeel: in der Regel wöchentl. Ostern–Ende Okt. sowie zum Jahreswechsel. Vorstellungen des Hallig-Theaters im Veranstaltungssaal von Uns Hallig Hus auf der Hanswarft. Termine stehen unter www.hooger-speeldeel.de

Übers Watt nach Norderoog ▶ G–H 13

Die einzige Warft auf der ›Hallig der Seevögel‹ wurde während der Sturmflut des Jahres 1825 zerstört und von ihrem letzten Bewohner aufgegeben. Die Bemühungen verschiedener Pächter, die Hallig wieder dauerhaft bewohnbar zu machen, scheiterten an finanziellen Mitteln. So wurde sie nur in den Sommermonaten von Hooge aus bewirtschaftet. Für die stattliche Summe von 12 000 Goldmark erwarb

Vogelschutzstation auf Norderoog – kein noch so kleiner Vogel bleibt hier ungesehen

schließlich im Jahre 1909 der erst zwei Jahre zuvor gegründete Verein Jordsand die Hallig als Vogelschutzgebiet. Der erste Vogelwart war der 1875 in Dänemark geborene Jens Sörensen Wand. Als Behausung diente ihm eine Hütte auf einem Pfahlgerüst.

In den 1996 erneuerten Pfahlbauten wohnt und arbeitet noch immer ein Vogelwart, häufig ein Zivildienstleistender. Während man an den schmalen langen Tischen seinen mitgebrachten Proviant verzehrt, erläutert der Naturschützer seine Arbeit, zu der das Zählen der Vögel gehört. Während der Zeit des Vogelzugs im Frühjahr und Herbst halten sich hier und auf dem vorgelagerten **Norderoogsand** über 50 000 Seevögel auf. Die Hallig ist Brut- und Rastplatz seltener Seevögel. Mit mehreren Tausend Brutpaaren ist die Brandseeschwalbe *(Sterna sandvicensis)* vertreten. In der Brutzeit sind daher Besucher auf der Hallig nicht erwünscht.

Nach dem Ende der Brutzeit aber zieht neues Leben auf der Hallig ein: Die jährlich notwendigen Reparaturen der Uferschutzbefestigungen erfolgen durch den freiwilligen Arbeitseinsatz von jungen Naturschützern aus aller Welt. Ihre Arbeits- und Lebensbedingungen auf der Hallig sind nicht gerade komfortabel. Wenn es regnet, versinken sie im Schlamm, wenn die Sonne scheint, gewährt kein Baum Schatten. Sie wohnen im Zelt, ihr Badezimmer besteht aus einigen Waschschüsseln, die luftig auf einem Steg platziert sind. (Info: www.jordsand.de/norderoog). Wattführungen nach Norderoog bietet die Schutzstation Wattenmeer, nach Ende der Brutzeit (Juli–Sept.) an (Termine im Hooger Veranstaltungskalender, Spendenvorschlag Erw. 5, Kinder 2,50 €).

Langeneß ▶ G 10/11–J 10

Vom Festland führt ein Schienendamm zur Hallig Oland und weiter durch das Watt nach Langeneß. Von 1945 bis 1970 rollte hier Käpt'n Magda Matthiessen per Segellore über den Damm – voll beladen mit Lebensmitteln, Post und Feriengästen, die bei Windstille auch schon mal mitschieben mussten, um das abenteuerliche Gefährt ans Ziel zu bringen. Heute tuckern die Halligbewohner mit (TÜV-geprüften!) Diesselloren durch das Watt – das allerdings nur, wenn die Wasserbauarbeiter Feierabend haben.

Mit 9,6 km^2 ist Langeneß die größte der Halligen. 100 Einwohner leben auf den 18 Warften. Die Größe der Hallig erklärt sich daraus, dass Langeneß noch zu Beginn des 20. Jh. aus drei Halligen – Nordmarsch, Langeneß und Butwehl – bestand, die durch breite Wasserläufe getrennt waren. In den Jahren 1847 und 1869 durch Dämme verbunden, wuchsen sie zusammen. Eine Autostraße führt der Länge nach über die vereinten Halligen und zweigt zu den einzelnen Warften ab. Die für Tagesgäste attraktivsten Warften – Ketelswarf und Kirchwarf – liegen, vom Anleger gesehen, mittig bzw. in der hinteren Hälfte der Hallig. Die relativ großen Entfernungen verhindern, dass die ›eiligen Gäste‹, die nur wenige Stunden Aufenthalt haben, über die ganze Hallig ausschwärmen. So kann man hier trotz sommerlichem Tagestourismus und Urlaubsgästen auch in der Hochsaison noch Stille und Abgeschiedenheit finden.

Halligtour

Bei Ankunft der Ausflugsdampfer steht nur in der Hochsaison oder aber für bestellte Gruppen der Halligexpress bereit, der die Gäste über die Insel befördert. Es ist möglich, sich auf der Rixwarf am Anleger ein Fahrrad zu leihen und eine Tour auf eigene Faust zu unternehmen – aber Achtung: Häufiger als auf dem Hinweg muss man auf dem Rückweg mit Gegenwind rechnen. So kann man sich leicht verschätzen und fliegt mit dem Wind ans Ostende der Hallig, um ihn auf dem Rückweg zum Anleger gegen sich zu haben. Als Tagesgast sollte man bei starkem Wind aus westlichen Richtungen darum besser nur bis zur Ketels- bzw. Honkenswarf fahren und dann umkehren. Die im Folgenden beschriebenen Sehenswürdigkeiten sind in der Regel während des Aufenthaltes der Tagesgäste geöffnet. Fast 10 km sind es von einem zum anderen Ende der Hallig.

Rixwarf und Hilligenley ▶ G 11

Unmittelbar oberhalb des Fähranlegers am abbruchgefährdeten Westufer der Hallig erhebt sich die **Rixwarf,** die durch Uferschutzmaßnahmen gerade noch rechtzeitig vor dem Untergang bewahrt wurde. Im reetgedeckten Haus befindet sich das **Nationalpark-Informationszentrum,** ein Kiosk sowie ein Fahrradverleih (in der Hauptsaison wird Vorbestellung angeraten, Tel. 04684 95 20 60, Rad ab 3 €/Tag).

Die nächste Warft ist **Hilligenley.** Der Name leitet sich von der friesischen Bezeichnung *lei* für einen Priel/Wattstrom ab. Hilligenley (heiliger Priel) wird sich auf Kirchenland beziehen, das an dem Wasserlauf lag. Das gleichnamige Hotel-Restaurant ist Treffpunkt für Tagesgäste und Halligbewohner.

Ketelswarf ▶ H 10

Die malerische Ketelswarf bezaubert mit alter und neuer Bebauung im Friesenstil. Neun der insgesamt elf Häuser sind reetgedeckt, viele stammen noch aus der großen Epoche der Seefahrer und stehen unter Denkmalschutz. Im **Kapitän-Tadsen-Museum** wird diese Zeit wieder lebendig (Tel. 04684 217, in der Saison Mo–Sa 13.30 Uhr, nach der Führung geschl., Erw. 2 €, Kinder bis 12 J. 0,50 €). Im Inneren des 1741 erbauten Kapitänshauses beeindrucken bemerkenswerte Wand- und Deckenmalereien sowie über 1600 holländische Wandfliesen. Auch außerhalb des Museums gibt es viel zu entdecken: Der Nachbau der kleinen **Halligbockmühle** wurde 1996 eingeweiht, die **Segellore** kam 2004 hinzu. Im benachbarten **Gertsen Haus** gibt es eine kleine Ausstellung über Salzsiederei und das Fünfmast-Segelschiff Preußen (in der Saison Mi, Fr 11 Uhr, nach der Führung geschlossen).

Kirchwarf ► H 10

Sehenswert ist die 1894 errichtete Langeneßer Kirche mit ihrer schön bemalten Balkendecke. Das älteste Ausstattungsstück ist das aus der Nordmarscher Kirche stammende, im 13. Jh. gefertigte Taufbecken aus Muschelkalk. Den gemalten Flügelaltar stifteten 1670 zwei Langeneßer Schiffer. Die Kanzel stammt ebenso wie das Gestühl aus dem ausgehenden 17. Jh.

Peterswarf ► H 10

Für länger auf der Hallig verweilende Gäste lohnt ein Abstecher zum **Wattenmeerhaus** Langeneß auf der Peterswarf, das neben naturkundlichen Vorträgen auch Führungen durch Salzwiese und Watt veranstaltet (Termine im Veranstaltungskalender und im Internet unter www.langeness.de). Von Mitte Juli bis Mitte August erstreckt sich hier ein lilafarbenes Blütenmeer von Halligflieder. Da viele Pflanzen der Salzwiese trittempfindlich sind, existieren sie auf beweideten Flächen nicht mehr. Dass im Umfeld der Peterswarf salzresistente Pflanzen und Tiere zu finden sind – wie es sonst in dieser Vielfalt nur noch selten vorkommt –, ist dem WWF zu verdanken. Beispielhaft führt er an der Peterswarf eine extensive Salzwiesenbeweidung durch.

Mein Tipp

Kulturschätze auf der Honkenswarf ► H 10

Ein zauberhaftes Stück Halliggeschichte findet man auf der Honkenswarf, die östlich der Kirchwarf liegt: Die Friesenstube – das Gegenstück zum Königspesel auf Hooge – ist mindestens so schön wie dieser, aber wohltuend weniger touristisch. Eine Führung bietet einen faszinierenden Einblick in die Kulturgeschichte der Halligen (in der Saison Di, Do 10.30 Uhr). Und wer schon hier ist, kann auch gleich beim Langeneßer Büchertisch vorbeischauen (Honkenswarf 4, vierte Auffahrt, Di–Sa vormittags bis 13 Uhr). Es ist wirklich nur ein Tisch im Hausflur der Buchhändlerin Doris Schladenhaufen. Aber hier findet man sämtliche lieferbare Halligliteratur, auch Bilder- und Jugendbücher, Erzählungen sowie historische Schmöker.

Lorenbahnhof ► J 10

Am Nordostende der Hallig

Von Dagebüll auf dem Festland führt ein Lorendamm zur Hallig Oland (ca. 5 km) und weiter zur Hallig Langeneß (2,5 km). Nach der Fertigstellung eines neuen, unmittelbar neben den alten Gleisen verlaufenden Schienendamms zwischen Dagebüll und Oland bis 2010

Auf Entdeckungstour

Mit der MS Rungholt zu den Halligen Oland und Gröde

Die ganzjährig bewohnten Halligen Oland und Gröde gehören zu den Perlen des Hallig-Archipels, keineswegs nur im Juli, wenn der Halligflieder blüht. Das kleine Motorschiff Rungholt ist in der Saison im Halligmeer unterwegs, versorgt die Bewohner mit Lebensmitteln und bringt Übernachtungsgäste auf die winzigen Eilande – es gibt keine schönere Art, die Halligwelt zu erkunden.

Reisekarte: ► K 9, J 9/10, J/K 10/11

Ausgangspunkt: MS Rungholt ab Schlüttsiel. Andere Reedereien bieten im Sommer ebenfalls Touren (s. S. 20).

Dauer: 5 Std. für beide Halligen, einzeln je 3–4 Std.

Info: Kapitän Petersen, Tel. 04667 367, www.halligmeerfahrten.de, Kombifahrt Oland/Gröde 15 €

Das charmante kleine Ausflugsschiff Rungholt fährt nach Langeneß, Hooge und zu den Seehundbänken. Wenn es nach Oland und Gröde geht, wird erst einmal gepackt und verstaut – Bananenkartons mit Lebensmitteln, die beim Kaufmann auf dem Festland bestellt wurden, Koffer von Urlaubern, die länger auf Hallig Gröde bleiben. Die Übernachtungsgäste für die Hallig Oland können sich auch von ihrem Vermieter mit der Lorenbahn abholen lassen. Der Fahrplan der MS Rungholt richtet sich nach den Gezeiten, Gröde und Oland werden nur bei Hochwasser angelaufen, an manchen Tagen stehen beide Halligen auf dem Programm. Bevor es losgeht, wird unten im Salon Kaffee gekocht, seit jeher gefiltert und von Hand aufgegossen.

Liebliches Oland

Die MS Rungholt geht in dem kleinen Hafen in Sichtweite der einzigen Warft vor Anker. Dicht beieinander liegen hier die Halligkirche, knapp 20 Häuser und ein reetgedeckter Leuchtturm. Bereits um 1231 wurde *Ul-laun* (altes Land) im »Erdbuch«, dem Steuererfassungsbuch des dänischen Königs Waldemar II., genannt und gilt damit als älteste Hallig. Um 1800 gab es hier noch drei Warften. Die fortschreitenden Landverluste im Westteil der Insel wurden durch Landgewinn im Osten wieder ausgeglichen, vor allem seit 1860 der erste Damm zum Festland entstand.

Neugierig strömen die Tagesgäste vom Anleger hinauf zur Warft, etwa eineinhalb Stunden Zeit haben sie für ihre Erkundungen. Erstes Ziel ist meist die um 1824 errichtete **Halligkirche** am Westrand der Warft. Sie trotzte 1825 und 1962 den Sturmfluten und stand zuletzt 1976 und 1981 unter Wasser. Die Ausstattung des Gotteshauses stammt aus älteren Kirchen. Das schlichte romanische Granittaufbecken und das eindrucksvolle Kruzifix reichen in die Zeit um 1200 zurück. Auf dem Friedhof liegt der Schriftsteller Wilhelm Lobsien (1872–1947) begraben. Er verfasste den Roman »Der Halligpastor«, den man früher in einem kleinen Lädchen gegenüber der Kirche kaufen konnte. Der Laden wurde geschlossen, die jungen Leute haben Oland verlassen. Das Leben auf der Hallig ist in den vergangenen Jahren stiller geworden. Die Gemeinde hat Wert darauf gelegt, Häuser nicht an Auswärtige zu verkaufen, man wollte keine Zweitwohnbesitzer, die in der Zeit, wenn Nachbarschaftshilfe am nötigsten ist, d.h. im stürmischen Winterhalbjahr, abwesend sind. Nun stehen einige Häuser leer. Auf einer so kleinen Hallig fällt das ins Gewicht.

Die Wasserversorgung auf den Halligen

Im Zentrum der Warft befindet sich ein von hübschen Hallighäusern gesäumter **Fething.** In diesem Teich wurde Regenwasser gesammelt, das zum Tränken des Viehs diente, denn den von Salzwasser umgebenen Halligen fehlte Süßwasser. Warft- und Hausbau waren darum mit der sorgsamen Planung einer Anlage zum Auffangen und Sammeln von Regenwasser untrennbar verknüpft.

Dort, wo eine Warft angelegt werden sollte, steckte man bereits auf ebenem Boden den Standort für die Häuser ab, den Trinkwasserteich für die Tiere (Fething), den Brunnen für die Menschen (Trinkwasser-Sood) und den Schöpfbrunnen für das Vieh (Fething-Sood). Mit dem Aufschichten der Erde wuchsen Fething und Brunnen mit der Warft in die Höhe. In ihnen wurde das Regenwasser gesammelt. Peitschte bei einer Sturmflut die See so hoch, dass die Warft überflutete und sich Fething und Sood mit Meerwasser füllten, wurden alle Wasservorräte auf einen Schlag ungenießbar. Das geschah zuletzt während der Sturmflut im Februar 1962. Unmittelbar nach dem Orkan überflogen Hubschrauber der Bundeswehr die desolaten Eilande und warfen Kanister mit Trinkwasser ab, um die erste Not zu lindern. In den folgenden zehn Tagen wurden 7 Mio. l Süßwasser mit Spezialschiffen vom Festland zu den Halligen gebracht.

Um derartige Wassernotlagen in Zukunft zu verhindern, begann man mit dem Verlegen von Wasserleitungen. Bereits ein Jahr nach der großen Flut erhielten Oland und Langeneß Anschluss an das Wassernetz. 1970 folgten die Hamburger Hallig und über die Insel Pellworm auch Hooge. 1975 floss Trinkwasser nach Nordstrandischmoor, nach Gröde dann ein Jahr später. Die Fethinge dienen heute als Löschwasserteich und als Speicher für Notzeiten, die trotz Wasserleitung nicht ausgeschlossen werden können.

Der Besuch auf Oland geht zu Ende. Doch vor der Weiterfahrt auf der MS Rungholt bietet die Gaststätte Kiek Erfrischungen an.

Schöne Hallig – Gröde

Nächster Stopp der MS Rungholt ist für etwa eine Stunde Gröde. Bei der Ankunft steht Monikas Kiosk den Besuchern zur Stärkung offen. Auf der Hallig gehen Übernachtungsurlauber von Bord der Rungholt. Sie werden von den Tagesgästen neugierig beäugt. Was macht man bloß eine ganze Woche oder gar zwei, drei auf so einem Winz-Eiland im Nirgendwo?

Während die Koffergäste mit dem Trecker am Anleger abgeholt werden, zieht der Strom der Tagesgäste zu Fuß zu den zwei bewohnten Warften. Auf der Knudswarft gruppieren sich vier reetgedeckte Wohnhäuser um den malerischen Fething. Als kleinster Wahlbezirk Deutschlands macht Gröde regelmäßig von sich reden. Bei der Bundestagswahl 2009 waren 13 der 17 Halligbewohner wahlberechtigt, die vorbildlich zu 100% ihre Stimme abgaben. Das Wahlergebnis konnte sofort nach Schließung des Wahllokals (im Wohnzimmer des Bürgermeisters) verkündet werden.

Das lang gestreckte Gebäude auf der benachbarten **Kirchwarft** vereint Kirche, Schule und die Wohnung der Lehrerin (das ehemalige Pastorat). Die Kirche aus dem Jahre 1779 ist das siebte Gotteshaus auf der Hallig seit der großen Flut im Jahre 1362. Und auch sie wäre wohl mittlerweile untergegangen, wenn nicht der Staat im Jahre 1899 das gefährdete Halligufer gegen weiteren Abbruch befestigt hätte. Das Eiland hat zwar eine eigene Lehrerin (für zwei Schüler), aber keinen eigenen Geistlichen. Der Pastor kommt zu Gottesdiensten von Langeneß angereist – je nach Wetterlage alle vier bis fünf Wochen.

Östlich von Gröde liegt die nur 7 ha große **Hallig Habel** in der Ruhezone des Nationalparks. Sie darf nicht betreten werden, aber auf der Halligfahrt weist der Kapitän auf sie hin. Um 1812 lebten auf Habel noch fünf Familien auf zwei Warften, Ende des 19. Jh. gab es nur noch eine Warft mit einem Haus und Fething. 1905 übernahm der Staat das baumlose Eiland für 6000 Mark – die Nutzfläche bot kein Auskommen mehr. Ab 1934 wurde dem steten Abbruch mit der Befestigung der Halligkante ein Ende gesetzt. Habel wird vom Verein Jordsand betreut und im Sommerhalbjahr von einem Vogelwart bewohnt.

wird der Damm zwischen Oland und Langeneß erneuert. Oland hat keinen Lorenbahnhof – die Loren müssen dort aus dem Gleis gehebelt werden, damit die Langenesser vorbeituckern können. Langeneß verfügt dagegen über einen ›Endbahnhof‹ mit mehreren Gleisen, auf denen die Gefährte stehen. Die Lorenbahn ist kein öffentliches Verkehrsmittel: Einige der privat genutzten Loren sind wenig mehr als fantasievoll aufgerüstete Plattformen auf Rädern. Die Küstenschützer verfügen dagegen über geschlossene Wagen und knuffige, kleine Lokomotiven. Ein lohnenswertes Ziel, das Halliggäste mit dem Rad oder zu Fuß erreichen. Hier endet die asphaltierte Straße.

Übernachten

Auf fast allen Warften werden Ferienwohnungen angeboten, die im Unterkunftsverzeichnis Langeneß–Oland ausführlich beschrieben sind (www.langeness.de).

Einnehmend – **Hotel-Restaurant Hilligenley:** Hilligenley, Tel. 04684 223, www.hilligenley.de, DZ ab 50 €, 5 FeWo für 2–4 Pers. 50–75 €. Mit Hotel-Restaurant, auch für auswärtige Gäste. Schön sitzt es sich auf der Sonnenterrasse mit Blick zum nahen Anleger. In der Saison jeden Fr Grillabend für 11 €. Angeboten werden auch Diavorträge und Aquarellkurse.

Behaglich und mit Meerblick – **Reethuus am Fething:** Ketelswarf, Tel. 04684 92 12, www.langeness-reethuus.de. Neues Friesenhaus auf einem großen freien Grundstück mit einem unter Denkmalschutz stehenden Fething. Das Ferienhaus ist in zwei Häuser aufgeteilt: Haus Nordmarsch für 2 Pers. (72 €), Haus Butwehl für 4 Pers. (140 € für 2 Pers., jede weitere Pers. 15 €). Die Wohnungen sind komfortabel. Auf der Terrasse kann man im Strandkorb den Weitblick genießen.

Auch privat genutzt – **Dat Rote Huus:** Ketelswarf, Tel. 04663 13 26, www.ferien.unterm.reetdach.homepage.ms, 65 € für 2 Pers., jede weitere Pers. 5 €. Der Zweitwohnsitz des Schriftstellerehepaars Köster-Lösche ist ein reetgedecktes Einzelhaus im Zentrum der Warft. Wer hier unterkommt, kann sich glücklich schätzen. Eine liebenswert persönliche und gemütliche Ausstattung erwartet ihn – ein Platz zum Wohlfühlen.

Essen & Trinken

Sonnen auf der Terrasse – **Gasthaus Hilligenley:** s. Übernachten.

Leckerer Pharisäer – **Inke's Café**: Ketelwarf (Tel. 04684 201). Das Café rühmt sich, den stärksten Pharisäer Nordfrieslands zu servieren.

Einkaufen

Lebensmittel – **Halligkaufmann:** Hunnenswarf (▶ H 10), im Osten der Hallig, Tel. 0 4684 221, Fax 04684 95 20 13, in der Saison Mo–Sa 8–18, So 10–14 Uhr, im Winter eingeschränkte Öffnungszeiten. Rechtzeitig angemeldete Extrawünsche und Bestellungen werden gern entgegengenommen.

Infos

Tourismusbüro für die Halligen Langeneß und Oland: s. S. 222.

Flaschenpost: jährliches Informationsheft der Gemeinde u. a. mit Adressen und Tidenkalender. Außerdem gibt es 1 x im Monat einen Veranstaltungskalender mit allen Terminen.

Anreise: s. S. 19, 20.

Das Beste auf einen Blick

Pellworm

Highlight!

Alte Kirche: St. Salvator mit der mächtigen Turmruine ist das markante Wahrzeichen der Insel. Ihre Anfänge reichen noch in die Zeit des Dänenkönigs Knut des Großen (1018–1035) zurück. Eine Kostbarkeit ist die 1711 von dem berühmten Meister Arp Schnitger erbaute, 1987–1989 restaurierte Orgel – es ist die einzige erhaltene Schnitger-Orgel in Schleswig-Holstein. Die im Sommer regelmäßig stattfindenden Orgelkonzerte bieten stimmungsvolle, musikalische Hochgenüsse. Unterhalb der Turmruine, zum Seedeich hin, liegt der 1895 eingerichtete Friedhof Heimat der Heimatlosen, auf dem unbekannte angespülte Tote begraben sind. S. 241

Auf Entdeckungstour

Die Seehundbänke zwischen Pellworm und Norderoogsand: Mit der MS Gebrüder, dem kleinen Schiff der Familie Hellmann, geht es von Pellworm nach Norderoogsand. Die Tour führt an ausgedehnten Sandbänken vorbei, auf denen sich Seehunde sonnen. Einen Großteil des Jahres leben die possierlichen Säugetiere in der offenen See, doch im Sommerhalbjahr bevorzugen sie zur Geburt und Aufzucht der Jungen die trockenfallenden Sandbänke im Wattenmeer. Vor Norderoogsand wirft Kapitän Hellmann den Anker aus und führt seine Passagiere über das Eiland – ein wunderbarer Platz zum Muschelsuchen. S. 244

Kultur & Sehenswertes

Rungholtmuseum: Die Funde aus dem Wattenmeer um Pellworm vermitteln ergreifende Einblicke in das Leben der in den Uthlanden untergegangenen Siedlungen. S. 241

Der Leuchtturm: Der rot-weiß gestreifte, 37 m hohe Leuchtturm sichert seit 1907 die Einfahrt in den Heverstrom. Man kann hier nicht nur die Weitsicht genießen, sondern auch heiraten. S. 250

Aktiv & Kreativ

Im Watt: Ein grandioses Erlebnis sind die Ritte ins Pellwormer Watt. Vom Leuchtturm geht es los. S. 250

Genießen & Atmosphäre

Am Fähranleger: Der grandiose Rundumblick aufs Meer lässt sich zum Frühstück wie auch zum Sunset-Cocktail am Abend im Café genießen. S. 247

Süderoog: Gastfreundschaft hat auf der kleinen Hallig südlich von Pellworm eine ebenso lange Tradition wie der sorgsame, verantwortungsvolle Umgang mit der Natur und dem Leben. Die Post wird hierhin zu Fuß übers Watt gebracht. S. 251

Abends & Nachts

Hafen: Im Pub am Hafen trinken auch die Insulaner gerne ein Bier. Gäste sind willkommen. S. 250

Im Ponyhof: Der Beerkrog, eine gemütliche Bierstube, ist bekannt für köstliche Salate und hausgemachte Pizzen. S. 250

Grüne Bauerninsel im Meer

»Grenzenlose Einsamkeit! Herrlich! Kommt mit! Kommt mit! Ihr Lieben! Eine neue, liebe, schöne Welt dort!«, schwärmte Detlev von Liliencron 1891. Der Zauber Pellworms machte aus dem unruhigen und bis dahin in allen praktischen Lebensbereichen gescheiterten Baron einen Dichter ersten Ranges. Seither hat sich viel verändert, aber noch immer gilt: Wer auf Sandstrand und Dünen verzichten kann, wer Ruhe und Entspannung sucht, der findet sie auf dieser grünen, schützend vom Kranz der Halligen umgebenen Bauerninsel. Auch in der Hauptsaison kann man hier noch die Seele baumeln lassen – auf schmalen Wegen inmitten saftiger Weiden und wogender Getreidefelder, auf grünem Deich zwischen grasenden Schafen, an schilfumkränzten, vogelreichen Pütten oder auf ausgedehnten Wanderungen im silbergrauen Watt.

Pellworms eigenständige Geschichte beginnt mit der verheerenden Sturmflut von 1634: Es wurde losgerissen von der Großinsel Strand. Mit holländischer Unterstützung gelang es den Bewohnern der ehemaligen Pellwormharde, große Teile ihres verbliebenen Landes zu retten. Schwere Sturmfluten machten der Insel weiterhin zu schaffen, immer wieder brachen die Deiche, das letzte Mal in der verheerenden Februarflut 1825.

Mit der Gewinnung des Buphever-kooges im äußersten Nordosten erhielt Pellworm 1938 seine gegenwärtige Gestalt. Heute umschließt ein rund 25 km langer, 8 m hoher Deich ein gutes Dutzend fruchtbarer Köge. Ohne den schützenden Deich würde die Insel im Wechsel der Gezeiten täglich zweimal überfluten. Ebenso wie Nordstrand ist auch Pellworm nach wie vor eine Insel der Bauern. Rund 50 Bauern betreiben Ackerbau und Viehzucht. Die Landwirte nutzen 3000 von insgesamt 3600 ha fruchtbarer Marsch, davon drei Viertel als Grün- und Weideland, d.h. etwa 12 % der landwirtschaftlichen Nutzfläche werden ökologisch bewirtschaftet. Auf den Fennen (Weiden) grasen schwarzweiße Kühe, das Gras auf den Deichen halten Schafe kurz.

Infobox

Touristenbüro
Kur- und Tourismusservice Pellworm: Uthlandestr. 2, 25849 Pellworm, Tel. 04844 189 40, www.pellworm.de, Mo–Fr 8–16, in der Saison auch Sa, So 10–16 Uhr.

Anreise
Bahn/Bus: Zugverbindung bis Husum mit Busanschluss zum Fähranleger.
Fähre von Strucklahnungshörn/Nordstrand: Fahrtdauer ca. 35 Min., 3–7 x tgl. Info und Buchung der Autoplätze, s. S. 20.
Parken: Langzeitparkplätze liegen hinter dem Deich in Strucklahnungshörn, 5 €/3 Tage, 10 € ab dem 4. Tag.
Verkehr auf der Insel: Ein Linienbus verkehrt in Verbindung mit Fährfahrten. Stationen: Hafen, Kurzentrum, Königswiese, Tiefwasseranleger. Der Bus steht bei Ankunft der Fähre am Tiefwasseranleger bereit. Der Bustransfer vom Tiefwasseranleger zum Hafen und Kurzentrum ist im Fährpreis inbegriffen. Die meisten Vermieter holen ihre Gäste von der Fähre ab. Inselfahrdienst Tel. 04844 15 15.

Küstenschutz auf Pellworm: Am Bupheverkoog grasen Schafe, die Flut bleibt gebannt

Tammensiel ► J 13

Mehr als 1,5 km ragt der Tiefwasseranleger ins Wattenmeer hinaus, hier legt die Fähre von Nordstrand an. Bei ihrer Ankunft wartet ein Bus, der die Urlauber kostenlos nach Tammensiel bringt. Die kleine Ortschaft mit verschiedenen Läden, Cafés und Fahrradverleihen ist das eigentliche Zentrum Pellworms. Im Hafen legen nicht nur die Ausflugsdampfer ab. Hier löschen auch Küstenfrachtschiffe ihre Lasten, gehen die Jollen und Motorboote vor Anker, die bei Ebbe auf schlickigem Watt trockenliegen. Auch die Fisch- und Krabbenkutter landen ihre Fänge an. Pellworm ist Heimathafen für ein halbes Dutzend Fischkutter, die von Mitte März bis Ende November auf Krabbenfang gehen.

Inselmuseum

Uthlandestr. 2, geöffnet wie Touristeninformation, zusätzlich Sa 10–18, So 10–16 Uhr, Eintritt frei, Spende erwünscht

Die sorgsam angelegte Sammlung zeigt auf 150 m^2 die landschaftliche und kulturelle Entwicklung der Insel. Anhand von Modellen und Originaldokumenten gewinnt man einen Einblick in Deichbau, Wasserversorgung, Salzgewinnung, Haus- und Warftenbau sowie Schul- und Kirchenleben. Um Platz zu sparen, sind viele zusätzliche Ausstellungsstücke in Schubladen untergebracht, die auch Kinder dazu verlocken, auf Entdeckungsreise zu gehen.

Schifffahrtsmuseum Pellworm

Am Hafen, www.schiffahrtsmuseum-pellworm.de, in der Saison tgl. 10–17 Uhr, Eintritt frei, Spende erwünscht

Klein, aber sehenswert ist die Ausstellung Seefahrt tut not im alten Reedereigebäude, das heute Museum ist. Hier befand sich bis zur Fertigstellung des Tiefwasseranlegers das Büro der Neuen Pellwormer Dampfschifffahrts-

Ohrenschmaus auf Pellworm dank der Schnitger-Orgel in der Alten Kirche

Gesellschaft. Die im oberen Stock untergebrachte Dauerausstellung dokumentiert die Geschichte der Pellwormer Schifffahrt und der Seenotrettung. Im Erdgeschoss, das in den Wintermonaten wegen Überflutungsgefahr bei Sturmflut geräumt wird, werden jährlich wechselnde Ausstellungen präsentiert.

Inselumrundung

► H 13/14–J 12–14

Die schönste Radwandertour auch für Tagesgäste verläuft auf bzw. vor dem grünen Seedeich im Uhrzeigersinn einmal um die Insel herum (ca. 30 km). Vom Deich aus sind es jeweils nur wenige Schritte zu den herausragenden Sehenswürdigkeiten der Insel: dem Leuchtturm im Süden, der Alten Kirche im Westen und der Nordermühle im Norden.

Leuchtturm ► J 14
Süderkoog, Besichtigung nur im Rahmen einer Führung, Mindestalter 8 J., 3,60 € (Karten im Touristenbüro). Termine in der Regel Mo u. Di, wenn keine Trauungen auch Mi u. Do. Man sollte sich gleich zu Beginn des Urlaubs darum kümmern, da sowohl die Anzahl der Begehungen als auch die der Teilnehmer begrenzt ist.
Der prachtvolle, rot-weiß gestreifte, 37 m hohe Leuchtturm sichert seit 1907 die Einfahrt in den Heverstrom. Um dem Bauwerk eine feste Grundlage zu geben, mussten 127 Pfähle von 13,5 m Länge in den moorigen Untergrund gerammt werden. Das Leuchtfeuer, das 26 km weit zu sehen ist, wurde von Anfang an elektrisch betrieben. Da es keine Stromversorgung

auf der Insel gab (Pellworm ging erst Ende der 1930er-Jahre ans Netz), lieferten Akkumulatoren, die von zwei Dieselmotoren aufgeladen wurden, den nötigen Strom. 1977 wurde er automatisiert. Gut sitzt man mit Blick auf den nahen Leuchtturm im Garten des Cafés Leuchtfeuer (s. Tipp S. 246).

Pütten und Halligblick ▶ H 14

Im Südwesten der Insel befinden sich binnendeichs zahlreiche schilfumkränzte Feuchtgebiete und Wasserflächen, sogenannte Pütten, die in früheren Zeiten durch Erdentnahme für den Deichbau entstanden sind. Sie bieten ideale Brut- und Rastplätze für zahlreiche Seevogel. Seewärts sieht man am Horizont die Hallig Süderoog. Fast ein halbes Jahrhundert lang, von 1917 bis 1963, brachte der mit dem Bundesverdienstkreuz geehrte Halligpostbote Heinrich Liermann die Post von Pellworm über das Watt nach Süderoog. Heute ist es Knud Knudsen, der Post, Wattwanderer und Brautleute auf die Hallig führt (s. S. 250).

In Höhe der Badestelle Schütting passiert man binnendeichs die **Tammwarft (▶ H 13).** Auf Pellworms einziger mit mehreren Wohnhäusern bebauten Warft ist noch ein Fething erhalten, der bis weit ins 20. Jh. hinein Regenwasser für das Vieh sammelte. Das Strandcafé auf der Tammwarft lädt zur Einkehr ein.

Rungholtmuseum ▶ H 13/14

Westerschütting 2, Tel. 04844 99 09 06, Öffnungszeiten und Termine im Pellwormer Veranstaltungskalender oder unter www.pellworm.de

Alles, was Heimatforscher Hellmut Bahnsen auf seinen Wattgängen als Hinweis auf untergegangene Siedlungen sammelt, findet hier seinen Platz. In der Saison bietet er heimatkundliche Führungen zu den untergegangenen Kulturspuren im Wattenmeer (s. S. 250) an.

Alte Kirche ! ▶ H 13

Tagsüber geöffnet, www.alte-kirche.de

Die Kirche St. Salvator mit der mächtigen Turmruine ist das markante Wahrzeichen der Insel. Die Anfänge des Baus reichen in die Zeit des Dänenkönigs Knut des Großen (1018–1035) zurück, der neben einem großen Teil Englands (Danelag) auch über das damalige Schleswig herrschte. Die erste auf einem alten Thingplatz errichtete Holzkirche wurde im 12. Jh. durch einen Steinbau ersetzt. Chor und Apsis zeigen noch den etwas wuchtigen romanischen Baustil. Innen sieht man eine Fülle von Kunstschätzen. Der spätgotische Flügelaltar, der fast die gesamte Apsis einnimmt, entstand um 1460. Das 1475 von Hinrich Klinghe gegossene bronzene Taufbecken stammt aus dem in der Flut von 1634 untergegangenen Dorf Buphever. Auf der Empore im Westteil der Kirche befindet sich die 1711 von dem berühmten Meister Arp Schnitger erbaute Orgel, die 1987–1989 restauriert wurde. Es ist die einzige erhaltene Schnitger-Orgel in Schleswig-Holstein. Musikalische Hochgenüsse bieten die im Sommer regelmäßig stattfindenden Orgelkonzerte (s. S. 33).

Neben der Kirche erhebt sich die beeindruckende Ruine des Kirchturms, der einst mit dem Gotteshaus verbunden war. Noch heute kann man im Mauerwerk Reste gotischer Fenster und Balkenabsätze erkennen. Aus heiterem Himmel stürzte der fast 60 m hohe Turm an einem windstillen Tag im April des Jahres 1611 auf seine heutigen, immer noch stattlichen 25 m zusammen.

Unterhalb der Turmruine, zum Deich hin, liegt der 1895 eingerichtete

Friedhof Heimat der Heimatlosen, auf dem unbekannte angespülte Tote begraben sind. Ein größerer Gedenkstein erinnert an 15 junge Schweden, die 1950 mit ihrem Schiff Ormen Friske (Mutige Schlange) vor Helgoland untergingen. In jahrelanger Arbeit hatten die jungen Männer ein Wikingerschiff originalgetreu nachgebaut, um es auf der Weltausstellung in Paris zu präsentieren. Auf dem Weg nach Frankreich zerbrach es und alle Passagiere ertranken. Stärken kann man sich in der traditionsreichen Gaststätte Zur Alten Kirche (tgl. ab 11 Uhr, Küche von 12–14, 18–21 Uhr, Hauptgerichte 7–15 €).

Hooger Fähre und Nordermühle ▶ H 13

Über den Alten Kirchenweg oder weiter auf der Deichkrone gelangt man zur **Hooger Fähre** an der Nordküste Pellworms, wo das kleine Motorschiff MS Gebrüder zu Ausflügen in den Nationalpark ablegt (s. S. 244). Vom grünen Strand blickt man direkt hinüber zur Hallig Hooge, die bei Niedrigwasser im Rahmen einer geführten Tour auch zu Fuß übers Watt zu erreichen ist. An der Hooger Fähre liegt eine beliebte Badestelle, für das leibliche Wohl sorgt ein Kiosk gleich hinterm Deich.

Ein Stück weiter östlich erhebt sich die imposante, im Jahre 1777 nach einem Brand neu aufgebaute **Nordermühle** über dem Deich. In Berichten über die Orkanflut von 1634 ist von acht zerstörten Windmühlen in der Pellwormharde die Rede, insgesamt soll es hier einmal 14 Mühlen gegeben haben. Die Nordermühle ist als einzige erhalten geblieben. Über viele Jahrhunderte war sie in Betrieb und schloss dann 1967. Sie diente lange als Restaurant und beherbergt heute Ferienwohnungen (s. S. 247).

Bupheverkoog

Durch den kleinen Norderkoog geht es weiter Richtung Nordosten. Der erst 1938 eingedeichte Bupheverkoog ist der jüngste aller Pellwormer Köge. Das durch Lahnungsbau gewonnene und von Schafen bevölkerte weite Vorland dient dem Küstenschutz, häufig sieht man Schuten mit Reisig und Material für die Lahnungsarbeiten im Watt liegen. Auf der Ostseite des Bupheverkoogs beginnen die Wattwanderungen zu den Spuren der 1634 untergegangenen Siedlungen (Termine im Veranstaltungskalender).

Vogelkoje ▶ J 13

Unmittelbar hinterm Deich, ca. 2 km nördl. von Tammensiel, frei zugänglich

Weithin sichtbar im ebenen, baumlosen Land ist das windgeschorene Wäldchen der Vogelkoje im Nordosten des Ütermarkerkoogs. Im Jahre 1904 erteilte die Königliche Regierung Heinrich Boysen, der in Wyk auf Föhr eine Wildentenkonserven-Fabrik gegründet hatte, die für den Betrieb einer Vogelkoje benötigte Konzession. Finanziell beteiligt waren außer dem Fabrikanten auch einige wohlhabende Holländer und ein Pellwormer Bauer. Um die relativ klein gehaltene Anlage wurden rund 10 000 Bäume angepflanzt: Pappeln, Eschen und Ulmen. Die Pellwormer Wildenten – in guten Jahren wie 1934 gingen bis zu 11 000 Tiere in die Falle – wurden jeden Abend nach Föhr gebracht, noch in der gleichen Nacht gerupft und in Dosen eingemacht. Mitte der 1930er-Jahre vertrieben dann die lärmenden Bauarbeiten im Zuge der Eindeichung des Bupheverkoogs die scheuen Wildvögel.

Die 1995 restaurierte Anlage verlockt an heißen Sommertagen zu einem Spaziergang im kühlen Schatten hoher Bäume. Auf dem Deich gelangt man direkt nach Tammensiel und zum Hafen zurück.

Strände

Rund um die Insel liegen grüne Badestrände (keine Sandstrände). Ausgestattet sind die Badestellen mit Strandkörben, Kinderspielplätzen und Kaltwasserduschen.

Quer über die Insel

▶ H–J 13

Im Inselinneren gibt es keine geschlossenen Siedlungen. An der Straße, die von der Nordermühle in Richtung Süden zum Leuchtturm führt, liegen mehrere große, geschichtsträchtige Höfe. Einer der eindrucksvollsten ist der **Waldhusenhof** im Großen Koog südlich der Nordermühle. Er entstand 1750–1755 rund um einen geschlossenen Innenhof. Berühmt ist die Blaue Stube, ein 1748 eingerichtetes Zimmer in ländlichem Rokoko (nicht zu besichtigen).

Liliencronhof ▶ H 13

Liliencronweg 28

Auf dem von dichten Bäumen umgebenen Liliencronhof lebte der Dichter Detlev von Liliencron vom 1. März 1882 bis zum 1. Oktober 1883. Lediglich eine bescheidene Gedenktafel über dem Hauseingang erinnert an den lebenslustigen ›Danzbaron‹, der hier als Hardesvogt, d. h. als landesherrlicher Repräsentant des Verwaltungs- und Gerichtsbezirks, tätig war. Heute wird der Hof privat bewohnt, die unteren Räume beherbergt eine Töpferei. Von Montag bis Samstag kann man hier schönes nordfriesisches Kunsthandwerk anschauen und kaufen (s. S. 248).

Pellworm – eine 1a-Fahrradinsel

Die Broschüre »Pellworm per Fahrrad erkunden« stellt fünf Fahrrad-Rundtouren vor, die alle ihren Ausgang am Hafen nehmen. Sie ist erhältlich im Touristenbüro und bei den Fahrradvermietern. Eine Ansicht der Rad- und Wanderstrecken sowie eine Inliner-Wegkarte findet man im Internet auf der Aktivkarte unter www.pellworm.de. Es gibt mehrere Fahrradverleihe auf Pellworm. Sehr guten Service bietet Momme von Holdt (Uthlandestr. 4, gleich hinter dem Deich, neben dem Kurmittelhaus, Tel. 04844 348, Mobil 0175 521 12 47, www.fahrraeder-pellworm.de, tgl. 9–19 Uhr).

Neue Kirche ▶ H 13

Tagsüber geöffnet

Im großen Koog, im Herzen der Insel, liegt die Neue Kirche inmitten eines hübsch angelegten Friedhofs mit seltenem und üppigem Baumbestand. Nach dem Brand im Jahre 1998 ist die Kirche wieder vollständig renoviert. Ihre Ursprünge gehen auf das 16. Jh. zurück. Der heutige Kirchbau mit der neugotischen Westfassade, den Spitzbogenfenstern und dem Westportal entstand bei der umfassenden Renovierung im Jahre 1867. Sehr viel älteren Datums ist das Inventar – viele wertvolle Stücke wurden nach der Sturmflut von 1634 aus den zerstörten Alt-Nordstrander Kirchen auf die verbliebenen Gotteshäuser verteilt. Aus der versunkenen Kirche zu Ilgroff (zwischen Pellworm und Nordstrand) stammen die um 1600 entstandene Kanzel an der Südwand und der figurenreiche, in den alten liturgischen Farben Gold, Rot und Blau gehaltene Altaraufsatz von 1520. Seit der Zusammenlegung der Gemeinden von Alter und Neuer Kirche im Jahre 1965 wird das

Auf Entdeckungstour

Die Seehundbänke zwischen Pellworm und Norderoogsand

Eines der nicht nur für Kinder einprägsamsten Küstenerlebnisse ist eine Schiffsfahrt zu den Seehundbänken. Sie liegen in der Ruhezone des Nationalparks, die nicht betreten werden darf. Normalerweise. Denn als Passagier der MS Gebrüder darf man sogar mitten im Nationalpark aussteigen. Ihre Tour führt von Pellworm nach Norderoogsand direkt an den Seehundbänken vorbei.

Reisekarte: ▶ G–H 13

Planung: MS Gebrüder Hellmann, Tel. 04844 320, Termine im Pellwormer Veranstaltungskalender od. im Internet unter www.pellworm.de, Abfahrt an der Hooger Fähre

Dauer: etwa 4 Std.

Kosten: 10 €

lender oder im Internet unter www.pellworm.de.

Ausflugsfahrten – **Mit dem Fahrgastschiff MS Nordfriesland:** nach Amrum und Sylt, zu einigen Halligen, auf Seetier- und Krabbenfang sowie zu den Seehundbänken. Abfahrt in der Saison ab Alter Hafen am Tammensiel oder vom Tiefwasseranleger, Info Tel. 04844 753, www.faehre-pellworm.de.

Über Land – **Inselrundfahrten mit dem Bus:** April–Okt. tgl. um 13.45 Uhr ab Hafen, Erw. 6, Kinder 3 €. Eine entspannte Art, die Insel kennenzulernen, Radfahren kann man später immer noch genug.

Reiten für Groß und Klein – **Appelhof:** Schulstr. 9 (▶ H 13), Tel. 04844 224, www.appelhof-pellworm.de. Reiten und Ponyreiten, auch Voltigieren und Geländeritte.

Ein grandioses Reiterlebnis – **Reiten im Watt:** Start am Leuchtturm, Info Britta Herbst Tel. 04844 99 05 57 , www.watt reiten-wanderreiten.de od. Matthias Sielaff und Meike Ruppertz Tel. 04844 224, www.wattreiten.de. Die Touren finden unter der Leitung von Wanderreitführern statt.

Spannend – **Zu Fuß durchs Watt:** zu den Halligen Süderoog und Hooge sowie auf den Spuren untergegangener Siedlungen. Wattführer: Hellmut Bahnsen, der auf die Kulturspuren spezialisiert ist (s. S. 62, Tel. 04844 99 09 06); Knud Knudsen, der auch Postzusteller auf Süderoog ist (Tel. 04844 201) sowie die Mitarbeiter der Schutzstation Wattenmeer, die auch viele naturkundliche Exkursionen speziell für Familien mit Kindern anbieten, Tel. 04844 760.

Abends & Nachts

Kiek doch mol rin – **Hafen-Pub:** Tammensiel, www.hafen-pub.de/pellworm, im Juli, Aug. tgl. ab 11.30 Uhr, durchgehend warme Küche bis 23 Uhr, sonst Di Ruhetag und nicht ganz so lang. Tagsüber gibt es Kuchen und warme Speisen, im Sommer auf der Terrasse mit Blick auf den Hafen. Das ganze Jahr über ist es der Abendtreff für junge und alte Pellwormer. Es gibt Pottpartys, Dart- und Knobelabende oder einfach nur ein Bier.

Etwas außerhalb – **Beerkrog im Ponyhof:** Osterschütting 11, Tel. 04844 414, tgl. ab 18 Uhr. Gemütliche Bierstube, köstliche Salate und hausgemachte Pizzen.

Infos & Termine

Informationen

Pellworm heute: Das Heft erscheint monatlich mit Veranstaltungstermi-

Sag Ja – Heiraten auf Pellworm

Wer sich trauen will, ist auf Pellworm am richtigen Ort. Die Insel hat sich als Hochzeitsinsel einen Namen gemacht. Trauungen finden auf dem Leuchtturm, auf dem Schiff, im Rungholt-Turm oder vor der Seehundbank statt. Schön und wunderbar natürlich ist es auf der Hallig: Der Wattführer Knud Knudsen geleitet die Brautleute nach Süderoog. Nach alter Tradition führt er einen Brautbitterstock mit sich, mit dem er am Hallighaus Einlass begehrt. Der gemütliche Pesel dient als Trauzimmer. Ein Festessen aus biologisch erzeugten Halligprodukten wird auf Wunsch serviert (Info: Standesamt Pellworm, Uthlandestr. 1, Tel. 04844 18 90, www.pellworm.de/hochzeiten).

nen, Öffnungszeiten, einer extra Kinderseite und vielen nützlichen Adressen. Die Broschüre ist als Download auch im Internet unter www.pellworm.de erhältlich.

Termine

Rungholttage: (s. S. 32).
Sommerakademie: Hochkarätiges Programm aus Vorträgen, Lesungen und Exkursionen zu Literatur und Kunst, Geschichte und Umwelt, Termine im Veranstaltungskalender.
Hafenfest: jährlich im Juli oder Aug., Veranstaltungen für Groß und Klein rund um den Hafen.

Übers Watt nach Süderoog ► G 14/15

7 km südwestlich von Pellworm liegt die Hallig Süderoog, die wegen ihrer exponierten Lage zur offenen See hin schon in den ältesten Seekarten der nordfriesischen Küste verzeichnet ist. Die anbrandende Nordsee raubte im Verlauf der Jahrhunderte so manches Stück Halligland, vor der völligen Abtragung bewahrte sie der vorgelagerte **Süderoogsand,** auf dem allerdings viele Schiffe strandeten. Auf der Website des Pellwormer Schifffahrtsmuseums findet man ein interessantes Verzeichnis der seit 1798 vor Süderoog gestrandeten Schiffe (www.seefahrt.pellworm.net/strandungen.php).

1867 wurde auf dem Sand eine 22 m hohe Rettungsbake errichtet. Als die spanische Bark Ulpiano drei Jahre später vor Süderoog strandete, konnte die Besatzung die Rettungsbake erreichen und wenig später von der Strandvogt-Familie Paulsen geborgen und versorgt werden. Das aus Dankbarkeit zurückgelassene, kunstvoll gearbeitete Heckbild der Ulpiano hängt noch heute über der Tür des reetgedeckten Hallighauses auf Süderoog.

Gastfreundschaft hatte auf Süderoog also bereits eine lange Tradition, als Hermann Neuton Paulsen (1898–1951) den kleinen Vorposten im Wattenmeer über die Landesgrenzen hinaus bekannt machte. Der engagierte Pädagoge richtete hier 1927 eine internationale Begegnungsstätte ein. Bis 1966 trafen sich auf der ›Hallig der Jungs‹ in den Sommermonaten bis zu 150 Jungen aus Skandinavien, Island, Holland, Österreich, der Schweiz, Ungarn und Deutschland. Eine kleine Ausstellung im **Hallighaus** erinnert an Paulsen, die Schule auf Pellworm trägt seinen Namen.

Heute liegt die Hallig in der höchsten Schutzstufe des Nationalparks und wird gemeinsam vom Verein Jordsand und dem Bund für Vogelschutz betreut. Ein Ehepaar wohnt ganzjährig auf der Insel. Die beiden versorgen ihre Schafe, Kühe und Hühner, sind Vogelwart, Küstenschutzarbeiter und gleichzeitig Halligwirt für die im Sommer täglich auf die Hallig kommenden Gruppen. Die Hallig darf nur im Rahmen von geführten Touren besucht werden. Mehrmals wöchentlich werden Wattführungen von Pellworm (s. S. 250) aus angeboten, im Sommer Ausflugsfahrten von Husum, Nordstrand und Pellworm (u. a. mit der Reederei NPDG Pellworm, Tel. 04844 753, www.faehre-pellworm.de).

Bei Ankunft der geführten Gruppen gibt es Kaffee, selbst gebackenen Kuchen und viel Wissenswertes über das Leben auf der Hallig. Hier hat man eine der seltenen Gelegenheiten, einen der **Schutzräume** zu besichtigen, die auf den Halligen nach der 1962er-Flut eingerichtet wurden – den letzten Zufluchtsort der Halligbewohner, wenn die Wellen während einer Sturmflut die Warftkrone überspülen.

Das Beste auf einen Blick

Nordstrand und Husum

Highlight!

Husum: Als ›Graue Stadt am Meer‹ erlangte die Geburtsstadt von Theodor Storm Weltruhm. Die größte Stadt an der schleswig-holsteinischen Westküste präsentiert sich liebenswert und keineswegs grau. Der alte Binnenhafen ist von hübschen, bunten Giebelhäusern gesäumt. Ein Stück weiter am Außenhafen legen die Ausflugsschiffe zu den Halligen ab und gehen die Krabbenkutter vor Anker. Die Krokusblüte im Schlosspark, die vielseitige Museenlandschaft und die Pole-Poppenspäler-Festtage lohnen eine Reise auch von weiter her. S. 269

Auf Entdeckungstour

Mit dem Fahrrad durch den Beltringharder Koog: In der ehemaligen Nordstrander Bucht erstreckt sich das größte Naturschutzgebiet auf dem schleswig-holsteinischen Festland. Eine ausgedehnte Salzwasserlagune, Schilfgebiete und Feuchtwiesen bieten Vögeln idealen Lebensraum. S. 262

Ein Tag auf der Hochseeinsel Helgoland: Nirgendwo in Deutschland ist die Luft so prickelnd rein wie hier. Auf dem Oberland führt der Klippenrandweg am Lummenfelsen vorbei zur Roten Anna, dem Wahrzeichen Helgolands. S. 278

Kultur & Sehenswertes

NordseeMuseum: Das Husumer Museum beeindruckt durch spannende Ausstellungen zu Rungholt, Sturmfluten und Halligleben. S. 270

Theodor-Storm-Haus: In dem 1730 in Husum erbauten Kaufmannshaus lebte der Dichter des »Schimmelreiter« von 1866 bis1880. S. 271

Aktiv & Kreativ

Zur Hallig Nordstrandischmoor: Zu Fuß übers Watt oder auch mit dem Schiff zu dem Eiland, das etwa 50 Mal im Jahr Land unter meldet. S. 265

Zur Hallig Südfall: Auf die 5 km westlich von Nordstrand gelegene Hallig geht es zu Fuß oder mit der Kutsche übers Watt. Bis zur Groten Mandränke im Jahre 1362 lag im Bereich der heutigen Hallig noch das sagenumwobene Rungholt. S. 268

Genießen & Atmosphäre

Der Pharisäer-Hof: Am gemütlichen Entstehungsort des Pharisäers auf Nordstrand sollte man sich das nordfriesische Kultgetrank gönnen. S. 260

Gasthof Dragseth's: Urig sind die niedrigen Stuben der ältesten Husumer Gaststätte, im Sommer sitzt man hinten im Garten. S. 277

Abends & Nachts

Speicher: In einem historischen Getreidespeicher am Hafen befindet sich Husums Kulturzentrum, das neben Ausstellungen und Flohmärkten auch Konzerte, Lesungen, Theater- und Filmabende bietet. S. 281

Natur- und Kulturschätze mit Festlandanschluss

Nordstrand – ein weiter Himmel wölbt sich über einem Flickenteppich von Kögen: Elisabeth-Sophien-Koog, Pohnshallig-Koog, Morsumkoog, Osterkoog, Alter Koog, Neukoog und Trendermarschkoog. Eingerahmt wird das fruchtbare Marschland, das durchschnittlich mehr als einen halben Meter unter dem mittleren Hochwasser liegt, von einem 8–9 m hohen, 28 km langen Seedeich. Saftige Weiden mit schwarz-weißen Kühen, goldene Raps- und wogende Getreidefelder prägen die von ehemaligen Seedeichen durchzogene Landschaft. Weit verstreut liegen stattliche, von windgeschorenen Bäumen gesäumte Höfe auf hohen Warften. Im Vorland und auf den Außendeichen weiden Tausende von Schafen, die Badestrände sind Grünstrände – vieles ist genauso wie auf Pellworm. Mit einem feinen Unterschied: Durch den Bau des 3 km langen Straßendamms zum Festland, dem Nordstrander Damm, im Jahr 1935 hat Nordstrand seinen insularen Charakter weitgehend verloren.

Wie die Pellwormer leben die Nordstrander von der Landwirtschaft und dem Fremdenverkehr. Sie fühlen sich nach wie vor als Insulaner und wer mit dem Fahrrad oder zu Fuß die grüne Halbinsel durchstreift, wird ihnen zustimmen. Nordstrand ist eine Welt für sich, wenn man das Auto stehen lässt und nicht jeden Tag zum Shoppen und Bummeln ins 11 km entfernte Husum fährt. Die charmante Hafenstadt ist die größte Stadt an der schleswig-holsteinischen Westküste. Sie liegt geschützt zwischen der Halbinsel Eiderstedt und Nordstrand in der Husumer Bucht und bezaubert mit einer hübschen Altstadt, einem sehenswerten Schloss und einer reichen Museen- und Kulturlandschaft.

Infobox

Touristenbüros und Infos

Kurverwaltung Nordstrand/Zimmervermittlung: Schulweg 4, 25845 Nordstrand, Tel. 04842 194 33 u. -454, www.nordstrand.de, Mo–Fr 8–12, Mo–Do 14–16; Mitte Juli/Aug. durchgehend, Sa, So Zimmervermittlung im Schwimmbad (s. unten).

Touristeninformation Husum: s. S. 281.

Was ist los auf Nordstrand: Veranstaltungskalender Nordstrands erhältlich in der Kurverwaltung, in Läden, Cafés und Restaurants.

Ankommen

Bahn: Husum ist IC-Station der Strecke von Hamburg nach Westerland. Es gibt regionale Bahnverbindungen nach St. Peter-Ording, Tönning, Friedrichstadt, Schleswig, Flensburg, Dagebüll, Niebüll, Sylt, Kiel sowie nach Dänemark, Info: www.bahn.de, www.nord-ostseebahn.de.

Bus: 8–10 x tgl. Bus von Husum nach Nordstrand, regelmäßiger Linienbusverkehr in der Husumer Bucht, Info: www.autokraft.de, www.nah-sh.de.

Per Lorenbahn nach Nordstrandischmoor, ehemaliger Teil Nordstrands

Nordstrand ► L/M 13–15

Nirgends lässt sich die Geschichte der leidgeprüften nordfriesischen Küste, der unerbittliche Kampf gegen den Blanken Hans besser nachvollziehen als am Beispiel der Insel Nordstrand. Nach der verheerenden Sturmflut von 1634 verließen viele Bewohner die verwüstete Heimat. Während die Pellwormer mit niederländischer Unterstützung innerhalb weniger Jahre einen Großteil ihrer Harde wieder eindeichen konnten, blieben die restlichen Teile des alten Nordstrand noch fast zwei Jahrzehnte ohne neuen Deich. Sie wurden bei jeder größeren Flut überspült. Die Landreste zwischen Nordstrand und Pellworm gingen verloren, das Watt breitete sich aus.

Erst 1652, also 18 Jahre nach der großen Flut, konnten die Nordstrander einige kapitalkräftige Niederländer für die Neueindeichung gewinnen. Die erleichterte Landesregierung sprach den Teilhabern, Partizipanten genannt, neben der ganzen Insel samt Kirchen, Pfarrhäusern, Schleusen und Sielen umfangreiche Rechte und Freiheiten zu – wodurch die eingesessenen Nordstrander praktisch enteignet wurden. Eine neue Auswanderungswelle folgte – die, die blieben, wurden Untertanen und traten als Tagelöhner in den Dienst der neuen Landherren.

Zwei Jahre dauerte die Eindeichung des ersten Nordstrander Koogs, des heutigen Alten Koogs. Die Kosten lagen weit höher als ursprünglich veranschlagt, was u. a. dem Unwillen der einheimischen Deicharbeiter gegen die neuen Herren zuzuschreiben war. Die Partizipanten wären ohne die tatkräftige Unterstützung der Brabanter Arbeitskolonnen vermutlich »durch die feindlich gesinnten Insulaner massacrieret« worden, heißt es in einem zeitgenössischen Bericht. Auch für die Eindeichung des Osterkoogs wurde Hilfe aus Brabant geholt.

Nach einer Reihe schwerer Sturmfluten in der ersten Hälfte des 18. Jh. brachen die Deiche. Mühsam gewonnenes Neuland musste wieder aufgegeben werden. Die ohnehin hoch verschuldeten Partizipanten konnten die Mittel zur Wiederbedeichung nicht mehr aufbringen und übertrugen die Deichreparaturen ihren einheimischen Pächtern. Viele der niederländischen Partizipanten kehrten – finanziell erschöpft und des Kampfes müde – in ihre Heimat zurück. Die Zahl der Einheimischen, ihr Besitz und Einfluss nahmen wieder zu. Trotz schwerer Zerstörungen in den großen Sturmfluten des 19. Jh. konnte 1866 der Morsumkoog gewonnen werden. Es folgte im Jahre 1926 der Pohnshallig-Koog – er war als erster der Nordstrander Köge aus Staatsmitteln finanziert.

Strände

Rund um Nordstrand liegen die Badestrände überwiegend im Grünen. Die beliebtesten Badebuchten sind Fuhlehörn und Holmer Siel, der als einziger Sandstrand zu bieten hat.

Nordstrander Damm

▶ M/N 13

Der bereits im Jahre 1906 zwischen der Pohnshallig und dem Festland errichtete Lahnungsdamm, der zunächst nur von Fußgängern und Radfahrern genutzt werden konnte, wurde Mitte der 1930er-Jahre zu einem hochwassersicheren Autodamm ausgebaut. Am 14. Juli 1935 erfolgte die feierliche Einweihung. Mit der Eindeichung der Nordstrander Bucht zum **Beltringharder Koog** im Jahre 1987 wurde schließlich die letzte große Baumaßnahme abgeschlossen. Nordstrand erhielt seine endgültige Gestalt. Als Halbinsel ragt es jetzt ins Wattenmeer.

Sieben Flaggen für Nordstrand

Eine bemerkenswerte Skulpturgruppe grüßt schon von Weitem die Ankommenden. Sieben Flaggen erheben sich an prägnanter Stelle, dort, wo der Damm auf die Insel trifft. Ihre Zahl erinnert an die sieben Köge, die die Nordstrander nach den großen Mandränken der Nordsee wieder abrangen. Die an 6,5 m hohen Lärchenholzmasten befestigten Flaggen sind aus verschiedenen Gesteinen – Granit, Gneis, Kalk oder Sandstein – gehauen und gegen die übliche Windrichtung ausgerichtet. Wie einst die Bewohner Nordstrands treten sie Wind und Wellen trotzig entgegen. Am Parkplatz informiert eine Tafel über das 2007 aufgestellte Werk des Rendsburger Bildhauers Tom Müller.

Süderhafen ▶ M 14

Wer mit dem Auto über den Damm nach Nordstrand kommt, gelangt – mehrere Köge durchquerend – in einer Viertelstunde ans andere Ende der Insel zum Hafen nach Strucklahnungshörn. Um das Festlandgefühl zu verlieren, ist es jedoch schöner, die Hauptstraße zu verlassen und der ersten Abzweigung nach Süderhafen zu folgen. Der kleine Nordstrander Ort entwickelte sich nach der Gewinnung des Morsumkoogs im Jahre 1867 mit der Anlage des Hafens, von dem aus bis 1935 der Passagier- und Frachtverkehr sowie die Viehtransporte zwischen Nordstrand und Husum abgewickelt wurden. Nach der Festlandanbindung Nordstrands verlagerte sich der Verkehr dann immer mehr vom Hafen weg auf die Straße.

Den 1963 neu angelegten Hafen, in dem heute vor allem Sportboote und Jachten vor Anker liegen, überragt ein Siloturm, der vielen Nordstrandern ein Dorn im Auge ist. Es gibt Vorschläge, das ›zementgraue Ungetüm‹ zu sanieren und den 42 m hohen Turm zu einem Kunstwerk umzugestalten.

Engel Mühle

Süderhafen 15, Tel. 04842 214, www.engel-muehle.de, keine Besichtigungen

In Sichtweite des Silos erhebt sich die 1890 erbaute und 1982 restaurierte Engel Mühle, ein zu seiner Zeit hoch moderner Holländer, der einen Winddynamo zum Aufladen von Elektrobatterien besaß. Der Strom reichte zwar nur für die Beleuchtung der Mühle, aber das immerhin schon 50 Jahre, bevor die Insel ans Stromnetz angeschlossen wurde. Die Mühle war bis 1970 in Betrieb. Dann wurde die 1924 in der Mühle eingerichtete Konditorei um das Café Glück erweitert (Konditorei tgl. 6–18 Uhr, Café Di–So 9–18 Uhr).

Süden und Odenbüll

► L 14

Nordstrands eigentliches Zentrum liegt in Süden, einem der hübschesten Flecken der Insel, an dem sich viele Töpfer und Kunsthandwerker niedergelassen haben. ›Auf dem Süden‹ stehen auch zwei der insgsamt drei dicht zusammenliegenden Inselkirchen. Die Nordstrander Kirchengeschichte ist bemerkenswert: Nach der Zerstörung der alten Insel Strand gestand man den zur Sicherung der Inselreste eingewanderten Niederländern die Religionsfreiheit zu. Drei der vier Hauptpartizipanten waren katholischen Glaubens, ebenso wie ein Großteil ihrer für die Deicharbeiten nach Nordstrand geholten Landsleute. Noch heute existieren drei Religionsgemeinschaften auf Nordstrand, die jeweils ihre eigene Kirche besitzen.

St. Knud

Herrendeich, www.st-knud-nordstrand.de, in der Regel tagsüber geöffnet

Die römisch-katholische Kirchengemeinde St. Knud umfasst neben Nordstrand auch die Halligen Süderoog, Südfall und Nordstrandischmoor sowie die Insel Pellworm. Doch im Gegensatz zu Nordstrand, wo rund 400 Katholiken wohnen (das sind immerhin 20 % der Bevölkerung), ist der Anteil der Katholiken in diesen Gemeinden sehr viel geringer. Die Kirche St. Knud wurde 1866 auf der Deichwarft Süden errichtet, der Altarraum 1929 verlängert und der Turm hinzugefügt. Das zuletzt 1996 renovierte Gotteshaus ist dem heiliggesprochenen dänischen König und Märtyrer Knud (gest. 1086 in Odense auf Fühnen) geweiht. Eine Darstellung des Heiligen findet sich auf einem Kirchenfenster im Eingangsbereich.

St. Theresia

Osterdeich, www.inseldom.de, www.nordstrand-insel-fuer-die-seele.de, in der Regel tagsuber geoffnet

Die heutige alt-katholische Kirche St. Theresia (1662) ist die ursprüngliche Pfarrkirche der flämischen und niederländischen Katholiken, die sich Mitte des 17. Jh. auf Nordstrand niederließen, um die zerstörten Deiche wieder aufzubauen. Die Kirche steht seit 1972 unter Denkmalschutz. Vor dem Altar sind große Grabplatten in den Boden eingelassen. Als sich in Holland die Jansenisten von der römisch-katholischen Kirche trennten, führte dies im Jahre 1740 auch zur Spaltung der Katholiken auf Nordstrand. Die Gemeinde der Alt-Katholiken zählt nur noch ein Dutzend Mitglieder, weshalb der Nordstrander Pastor die Pfarrgemeinden in Schleswig-Holstein, Hamburg und Bremen mitbetreut. Dort gibt es insgesamt etwa 550 Mitglieder.

Das weiß getünchte, reetgedeckte Friesenhaus auf dem Deich neben der Kirche ist das alt-katholische Pastorat von St. Theresia.

St. Vinzenz

Odenbüll 17, www.kirche-nordstrand.de, tagsüber geöffnet

Die im 13. Jh. gebaute evangelische Kirche überstand die große Sturmflut von 1634 unbeschadet. Ihr ursprüngliches Erscheinungsbild ist nach umfassenden Renovierungen zwar völlig verändert, doch die reiche Innenausstattung ist noch älteren Datums. Aus der Zeit um 1480 stammt der figurenreiche spätgotische Schnitzaltar. Die mit biblischen Szenen geschmückte Kanzel wurde 1605 gestiftet. Auf dem Friedhof erinnert ein Gedenkstein an den Nordstrander Ingwer Ludwig Nommensen (gest. 1918). Er ist der Gründer der Batak-Kirche auf Sumatra/Indonesien, der größten evangelischen Kirche in Asien.

Unterwegs im Alten Koog ►L 14

Immer am Deich entlang geht es an der westlichen Kante Nordstrands zunächst Richtung Norden. Vom beliebten Badestrand **Fuhlehörn** aus werden Kutschfahrten und Wattwanderungen zur Hallig Südfall unternommen (s. S. 261). Von Fuhlehörn etwa 2 km weiter nördlich liegt Strucklahnungshörn, Heimathafen der Nordstrander Krabbenkutter und Station des Rettungskreuzers der Deutschen Gesellschaft zur Rettung Schiffbrüchiger (DGzRS). Von Strucklahnungshörn fahren die Fähren nach Pellworm und die Ausflugsschiffe zu den Halligen und Inseln ab.

St. Theresia – die alt-katholische Gemeinde trifft sich hier

Vogelkoje
Besichtigung nur im Rahmen von Führungen, kostenlos
In Deichnähe fällt ein windschiefes kleines Wäldchen mitten im platten Land auf – die 1905 angelegte Vogelkoje. Ebenso wie an der Anlage auf Pellworm besaß der Wyker Wildentenkonserven-Fabrikant Heinrich Boysen auch an der Nordstrander Vogelkoje Anteile. Die Fänge – es sollen in der Fangzeit bis zu 2000 Tiere täglich gewesen sein – wurden zur Weiterverarbeitung nach Wyk geschickt. Durch den Bau des Nordstrander Dammes 1935 gingen die Fänge drastisch zurück. Die Einrichtung verfiel. Aus dem Wäldchen entwickelte sich ein dichter Urwald. Ein Teil der Vogelkoje wurde 1995 als kulturhistorisches Denkmal wieder instand gesetzt, während ein abgegrenzter Bereich des Biotops unberührt blieb. Die Vogelkoje ist über eine Zugbrücke zu erreichen. Tische und Bänke am Kojenhaus laden zum Picknick ein.

Norderhafen
Der Hafen bestand bereits Ende des 17. Jh., erlangte aber – anders als Süderhafen – nie größere Bedeutung. Eine Stichstraße führt in das 1973 erbaute Kurzentrum, das mit Schwimmbad, Solarium, Fitnesscenter und medizinischen Bädern ausgestattet ist. Restaurants, eine Bäckerei sowie einige Blocks mit modernen Ferienapartments runden das etwas nüchtern geratene Viertel ab.

Nationalparkhaus Norderhafen
Am Kurhaus 27, Tel. 04842 80 09, www.schutzstation-wattenmeer.de, April–Okt. Mo–Sa 10–18, So 14–18 Uhr, im Winter eingeschränkte Öffnungszeiten, Eintritt frei, Spenden willkommen
Die im Gebäude des Schwimmbades untergebrachte Ausstellung informiert über Entstehung und Geschichte des Wattenmeeres, über die Tier- und Pflanzenwelt im Watt und deren Gefährdung. Im Meerwasseraquarium kann man den Baby-Flundern beim Wachsen zusehen. Es gibt ein großes Angebot an naturkundlichen Exkursionen für die ganze Familie

Elisabeth-Sophien-Koog

▶ L 13–M 14

Der Holmer Fährweg führt binnendeichs zum Elisabeth-Sophien-Koog, der als eigenständige Gemeinde 1994 als Seeheilbad anerkannt und in das Gesamtkurgebiet der Insel integriert wurde – vier Jahre nach Nordstrand. Der Koog wurde nach der Ehefrau des Grafen Desmercieres benannt, der 1768 als Landinteressent nach Nordstrand kam. Er erwarb eine Teilfläche des später in Sturmfluten verloren gegangenen Christians-Koogs, deichte ihn bis 1771 ein und verkaufte das neu gewonnene Land dann zu ungemein günstigen Bedingungen. Da es ihm nicht darum ging, das Land möglichst teuer an Vermögende zu verkaufen, kamen durch ihn viele einheimische Familien wieder zu Landbesitz. Im Norden des Elisabeth-Sophien-Koogs liegt **Holmer Siel,** der beliebteste Nordstrander Badestrand mit einem Streifen Sandstrand, dem netten Strandkorb-Bistro und wunderbarer Aussicht auf das vogelreiche Naturschutzgebiet Beltringharder Koog (s. S. 262).

Übernachten

Gepflegte Gastlichkeit – **Hotel Am Heverstrom:** Heverweg 14, Süderhafen, Tel. 04842 80 00, www.am-heverstrom.de, DZ ab 72 €. Die Zimmer im Obergeschoss haben Panoramablick über das Deichvorland und das Meer. Im Café-Restaurant mit schöner Sonnenterrasse gibt es hausgebackene Kuchen und regionale Spezialitäten.

Unter Reet – **Püttenwarft:** Püttenweg 4, südlich von Fuhlehörn (▶ L 14), Info: Tel. 04841 49 52, www.puetten warft-nordstrand.de, DZ 68 €. Nette Gästezimmer in einem reetgedeckten Hof in freier Lage hinterm Seedeich. Es sind nur 150 m zum Wasser. Im Friesenhaus nebenan zwei komfortable Ferienwohnungen für 4 Pers., 70 €.

Persönlich und nett – **Gästehaus am Meer:** Kiefhuck 9, Tel. 04842 82 40, www.cafenispuk.de, 5 (Nichtraucher)-DZ ab 50 €, zweigeschossige FeWo für 4 Pers. 45 €. Kleine Pension auf einem alten Innendeich zwischen Altem Koog und Osterkoog. 200 m bis zum Meer.

Familienfreundlich – **Ferienhof Jacobsen:** Evensbüller Chaussee 12 (▶ M 14), Tel. 04842 388, www.ferienhof-jacob sen.de, FeWo 25–70 €. Wohnungen für 1–5 Pers. in einem reetgedeckten friesischen Bauernhof im Neukoog. Es gibt viel Platz für Kinder zum Spielen, Kleintiere und Ponys zum Streicheln.

Im Norden hinterm Deich – **Campingplatz**: Elisabeth-Sophien-Koog 17, Tel. 04842 85 34. Ruhige Lage, schön ist die Nähe zum Beltringharder Koog und Badestrand Holmer Siel.

Im Süden hinterm Deich – **Camping:** Süderhafen 8, Tel. 04842 85 53 oder 04841 96 80 33, www.camping-nord strand.de. Ein komfortabler, gepflegter Platz, Bäume und Büsche bieten Windschutz, mit Aufenthaltsraum und Spielplatz.

Überschaubar und gepflegt – **Womoland Nordstrand:** Norderquerweg 2, Tel. 04842 473, www.womoland-nord strand.com. 30 mit Hecken voneinander abgegrenzte Stellplätze für Wohnmobile im Nordosten am Beltringharder Koog.

Essen & Trinken

Nordfriesisch – **Op de Diek:** Hörnstr. 1, Strucklahnungshörn (▶ L 14), Tel. 04842 10 55, in der Hauptsaison tgl. 11–21 Uhr, in der Nebensaison nur am Wochenende. Hauptgerichte 9–16 €. Ausblick auf die Nordsee und den Hafen. Krabben, Scholle, Matjes, aber auch leckere Fleischgerichte. Keineswegs nur für Touristen.

Traumhafte Sonnenuntergänge – **Café-Restaurant Zur Nordsee, Strandcafé Halligblick:** Norderhafen 20 und 22, Tel. 04842 256, Zur Nordsee: Juli/Aug. tgl. 11.30–14, 17.30–21 Uhr, sonst Mi Ruhetag; Strandcafé Halligblick: in der Saison tgl. Die beiden Cafés liegen direkt nebeneinander und werden von dem gleichen Besitzer betrieben. Schöne Lage direkt am Deich mit Sonnenterrasse zum Meer. Kaffee und Kuchen, bodenständige nordfriesische Küche. Hauptgerichte 10–16 €.

Moderate Preise – **Norderstrander Teestuv:** Süden 42, neben der Töpferei, Tel. 04842 82 18, www.teestuv-nord strand.de, tgl. 11–21 Uhr, in der Nebensaison Do Ruhetag. Café, Bistro, Pizza. Die Küche ist nichts Besonderes, aber das Angebot ist familienfreundlich und das Ambiente gemütlich. Pizzen, Flutes, Fleisch und Fischgerichte ab 17 Uhr, 5–11 €.

Traditionsreich – **Der Pharisäer-Hof:** Elisabeth-Sophien-Koog 3, Tel. 04842 353, im Sommer Di–So 14–19 Uhr, im Winter nur Sa, So. Hier soll der Pharisäer erfunden worden sein, s. S. 24.

Einkaufen

Einen Besuch wert – **Bauernmarkt auf dem Pharisäer-Hof:** Elisabeth-Sophien-Koog 3, Tel. 04842 353, Di–Sa 9–12, Di 14–18.30, So 14–18 Uhr. Stöbern für die ganze Familie: Andenken, Kunsthandwerk, nordfriesische Spezialitäten, selbst gemachte Marmeladen, Liköre und Schnäpse.

Schönes für den Alltag – **Südhafen Töpferei:** Tegelistraat 22, Tel. 04842 587, Mo–Sa 12–18, So 14–18 Uhr. Wunderbare Keramik, Motive und Farben passend zum Urlaub am Meer. Fündig wird man auch in der Ladenwerkstatt England 12, Mo–Fr 9–12 Uhr, unbedingt mal reingucken.

Feines Kunstgewerbe – **Nordstrander Töpferei und Galerie Lat di Tied:** Süden 44/46, Tel. 04842 400, tgl. 10–18 Uhr. Vorbild für die Formen der Gebrauchskeramik sind Funde aus dem Watt. Neu sind der grau-blaue Farbton und die handgemalten Nordseemotive. Das Sortiment ist ansprechend. In der Galerie Bilder, Silberschmuck, Skulpturen, Glas, Ausstellungen von Künstlern aus der Region.

Vielseitig und besonders – **Dat Preesterhus:** Süden 1, Tel. 04842 90 33 08, tgl. 10–18 Uhr. Kunst, Café, Kreativer, Blumenschmuck. In den Räumlichkeiten des alten Pfarrhauses findet man außer einem gemütlichen Café (mit Garten) auch Geschenke, Schmuck, Kunst, Holzarbeiten und Blumen.

Alles rund ums Schaf – **Schäferei Baumbach:** Pohnshallig-Koog 1, Tel. 04842 495, www.lammfleisch.de, in der Saison Mo–Sa 8–18, So 10.30–18 Uhr. Im Hofladen werden Lammspezialitäten und Fleisch von Galoways angeboten. Im Speicher findet man Nützliches und Schönes rund ums Schaf – aus Fell, Filz, Wolle, Keramik, Püsch und Seife.

Aktiv & Kreativ

Bei Wind und Wetter – **Nordstrander Schwimmbad:** Am Kurhaus 27, Tel. 04842 466, aktuelle Öffnungszeiten im Veranstaltungskalender, im Juli/Aug. Mo–Fr 10–18, Sa, So 9–17 Uhr, Eintritt mit Kurkarte 3,50 €. Aquagymnastik für Kurgäste Mo–Fr 10–10-30 Uhr, Kinderspielnachmittage in der Saison Mo, Mi 14–16 Uhr.

Auf Schusters Rappen – **Wattwanderung zur Hallig Südfall:** ab Fuhlehörn, Termine im Veranstaltungskalender. Wattführer: Ehepaar Kluge, Westen 73, Tel. 04842 90 30 93; Regine Brauer, Westen 35, Tel. 04842 83 60; Schutzstation Wattenmeer, Tel. 04842 519, www.schutzstation-wattenmeer.de.

Mit 2 PS – **Kutschfahrt zur Hallig Südfall:** ab Fuhlehörn, Termine im Veranstaltungkalender, Auskunft und Anmeldung bei Andresen, Tel. 04844 300. Achtung: Manche der Fahrten gehen nur bis zur Halligkante. Dann zahlt man zwar weniger, muss aber auf den interessanten Halligvortrag verzichten.

Mein Tipp

Von Badestrand zu Badestrand
► L 12–13
Eine Radwanderung von Holmer Siel nach Lüttmoorsiel bietet allerschönste Natur – zwischen Wattenmeer und der Lagune des Beltringharder Koogs. Man kann vor bzw. hinter dem Deich fahren. Die familientaugliche Radtour von 8 km hin und zurück dauert ca. eine Stunde. Jeweils am Start und am Ziel gibt es einen Badestrand, eine Cafeteria mit Kiosk sowie Toiletten und kostenfreie Parkplätze. Von Lüttmoorsiel führt der Lorendamm zur Hallig Nordstrandischmoor. Es ist einfach spannend, wenn hier eine Diesellore vorbeizuckelt (von der Badestelle Holmer Siel zur Badestelle Lüttmoorsiel immer am Deich entlang).

Auf Entdeckungstour

Mit dem Fahrrad durch den Beltringharder Koog

In der ehemaligen Nordstrander Bucht erstreckt sich das größte Naturschutzgebiet auf dem Festland Schleswig-Holsteins. Eine ausgedehnte Salzwasserlagune, Schilfgebiete und Feuchtwiesen bieten verschiedensten Vögeln einen idealen Lebensraum. Schwer vorstellbar, dass die Schaffung dieses Biotops vor über 20 Jahren heftig umstritten war.

Reisekarte: ▶ L 12/13–M13

Ausgangspunkt: Lüttmoorsiel, Arlauer Schöpfwerk oder Holmer Siel

Länge: etwa 23 km (31 km vom Holmer Siel)

Dauer: ca. 3 Std., mit Hamburger Hallig ca. 4 Std.

Infos und Ausstellung: Naturschutzstation/Schöpfwerk Arlau, Tel. 04846 530, www.beltringharder-koog.de, April–Sept. So 13–16 Uhr; Naturschutzstation Holmer Siel, Elisabeth-Sophien-Koog, Tel. 04842 90 01 50, in der Saison Mo–Fr; Amsinck-Haus, Hamburger Hallig, Tel. 04671 92 71 54, www.amsinck-haus.de, April–Okt. tgl. 10–18 Uhr

Vom grünen Deich bei Lüttmoorsiel schweift der Blick zwischen dem Wattenmeer und der Lagune hin und her: Wasser und Vögel zu beiden Seiten – idealer Ausgangspunkt für eine Radtour durch den Beltringharder Koog. Seit über 20 Jahren darf sich die Natur im Norden der Halbinsel Nordstrand frei entfalten. Die Übergänge von Land zu Wasser sind fließend. Wat- und Wasservögel staksen durch die Salzwiesen und Schilfgürtel, auf den Feuchtwiesen sieht man Gänse in großen Scharen. Tief im Schilf ist manchmal sogar das seltene Blaukehlchen zu entdecken. Dieser Vogelreichtum begeistert auch Kinder, die mit einem Fernglas auf Erkundung gehen.

Reußenköge und Hamburger Hallig

Die ausgeschilderte Fahrradtour führt von Lüttmoorsiel zunächst auf dem Außendeich entlang gen Norden Richtung Sönke-Nissen-Koog-Schleuse. Etwa 1 km hinter der Schleuse zweigt der ausgeschilderte Radweg gen Osten in die **Reußenköge** ab, zu denen auch ein Teil des Beltringharder Koogs und die Hamburger Hallig gehören. Die **Hamburger Hallig** lohnt einen Abstecher. Statt gen Osten abzuzweigen, folgt man dem Außendeich. Nach etwa 4 km ist das Amsinck-Haus erreicht, ein hervorragend ausgestattetes Informations- und Servicezentrum. Von hier führt ein Plattenweg 4 km quer über die Hallig zur Gaststätte Halligkrug und einer beliebten Badestelle.

Wer die Erkundung der Hallig erstmal vertagt, zweigt nördlich der Schleuse gen Osten ab. Nach ca. 1 km führt die ausgeschilderte Beltringharder Route Richtung Süden durch den Cecilien- und den Desmercièreskoog zur Naturschutzstation Arlau am nördlichen Rand der Hattstedter Marsch.

Dem Meer abgetrotzt

Die Fahrt führt durch Marschland, das von Mitte des 18. bis Anfang des 20. Jh. durch Deichbau und Entwässerung aus dem Meer gewonnen wurde. Dieses Land nennt man Koog. Über Jahrhunderte holten sich die Menschen unter Mühen das Land zurück, das ihnen das Meer geraubt hatte. Künstliche Dämme und Lahnungen förderten die Verlandung. Sobald sich Queller und Andelrasen ansiedelten, konnte das neue Land als Weide genutzt werden, später wurde es eingedeicht.

Der neue Koog – der Name Beltringharde erinnert an den ehemaligen Verwaltungsbezirk, der in den großen Sturmfluten 1362 und 1634 weitgehend zerstört wurde – brachte innerhalb weniger Jahre ertragreiche Ernten. Das fruchtbare Land wird nach wie vor landwirtschaftlich genutzt. Windkraftanlagen sind ein neues wirtschaftliches Standbein der Bauern. Die Eindeichung der artenreichen Vorlandflächen bedeutet immer auch die Zerstörung des Lebensraums seltener Flora und Fauna. So geriet die Bedeichung der Vorlandflächen und verlandenden Buchten ab Mitte des 20. Jh. zunehmend in die Kritik von Naturschützern.

Naturschutz hat Vorrang

Die Eindeichung der Nordstrander Bucht sollte nicht der Landgewinnung, sondern vor allem dem Küstenschutz und der Entwässerung der rückliegenden Flächen dienen. Jahrzehntelang bekämpften Naturschützer die gigantische Baumaßnahme. So wurden am Ende statt der ursprünglich geplanten 5680 ha nur 3340 ha Vorland und Watt eingedeicht.

Im Juli 1987 schoben Bagger und Raupenschlepper bei Ebbe den letzten großen Priel zu und trennten damit das hinter dem Deich liegende Gebiet von Ebbe und Flut. Die Aktion stank bereits nach wenigen Tagen buchstäblich zum Himmel, denn 500 ha Watt trockneten völlig aus, die Tiere, vom Wattwurm bis zu Krabben und Fischen, die auf den Gezeitenwechsel angewiesen sind, verendeten.

Am grünen Schlafdeich entlang

Von der Naturschutzstation Arlau folgt man dem grünen Schlafdeich (ein Deich in zweiter Reihe) Richtung Norden. Ein **Aussichtsturm** an der Straße ca. 1 km nördlich der Schleuse bietet einen grandiosen Blick über den Beltringharder Koog, die Arlauniederung und die angrenzenden Köge bis zur Geest. Wunderbar ist es hier, Vögel zu beobachten. Der Beltringharder Koog entwickelte sich schnell zu einem Vogelparadies. Er umfasst 860 ha Salzwasserlagune, 400 ha Feuchtgrünland, 1040 ha Sukzessionsfläche mit großen Schilf- und Weidendickichten, 590 ha Speicherbecken sowie zwei größere Seen. Seine Bedeutung als Rast-, Brut- und Nahrungsgebiet für viele See-, Schilf- und Wiesenvögel dokumentieren Ausstellungen in den **Naturschutzstationen** Arlau und Holmer Siel. Über einen Autodamm geht es mitten durch den Beltringharder Koog zurück nach Lüttmoorsiel.

Per pedes – **Wattwanderungen nach Nordstrandischmoor:** mit Halligaufenthalt 4–5 Std., Anbieter: Schutzstation Wattenmeer, Tel. 04842 519; Elfriede Wulff, Tel. 04671 67 99, www.wattfuehrungen-nordfriesland.de; Adlerschiffe, s. unten.
Schiffsausflüge – **Adler-Schiffe:** ab Strucklahnungshörn, Tel. 04842 900 00, www.adler-schiffe.de. Es geht zu den Inseln Amrum und Sylt, zu den Halligen Hooge, Gröde und Nordstrandischmoor (teilweise kombiniert mit einer Wattwanderung). Programme liegen überall aus, u.a. am Hafen in Strucklahnungshörn.

Infos & Termine

Kurverwaltung/Zimmervermittlung: s. S. 254.
Nordsee-Skating-Marathon: am Himmelfahrtswochenende, Info: www.nordfriesland-skaten.de.

Nordstrandischmoor

▶ K/L 12–13

Das nördlich von Nordstrand gelegene, auch Lütt-Moor genannte Eiland ist ein kleiner Überrest der großen Insel Alt-Nordstrand. ›Dat wüste Moor‹, ein unbesiedeltes, unwirtliches Hochmoor, bot in der Orkannacht im Oktober 1634 vielen Alt-Nordstrandern die letzte rettende Zuflucht. Einige Überlebende blieben – mangels Alternative – auf dem nun von allen Seiten vom Meer umspülten, rund 500 ha großen Inselrest. Aus den ehemals wohlhabenden Ackerbauern wurden einfache Halligbauern.

Heute wohnen auf der noch etwa 170 ha großen Hallig fünf Familien auf vier Warften. Etwa 50 Mal im Jahr wird Land unter gemeldet, dann ist die Hallig ›blank‹ und nur noch die Warften schauen aus dem Wasser. Seit 1933 gibt es einen 3,5 km langen **Lorendamm** zum Festland, der bei Hochwasser nicht befahrbar ist. Die Lorenbahn ist kein öffentliches Verkehrsmittel, in erster Linie dient sie dem Landesbetrieb für Küstenschutz, Nationalpark und Meeresschutz als Transportmittel. Außerhalb der Arbeitszeiten steht sie dann den Halligbewohnern zur Verfügung.

Die Erkundung der Hallig

Ob man vom Fähranleger oder über das Watt auf der Hallig ankommt: Man trifft schließlich immer auf die asphaltierte Straße, die zur **Neuwarft** führt. Hier liegt der Halligkrug – Treffpunkt für Einheimische und Gäste. Auf der benachbarten ›Warft zum halben Wege‹, der **Schulwarft,** befindet sich die Schule, in der im Schnitt zwei Schüler unterrichtet und auch Gottesdienste abgehalten werden. Der Glockenturm wurde 1984 zur Erinnerung an den Untergang des Alten Strandes aufgestellt.

Unmittelbar vor der Schulwarft zweigt linker Hand ein schmaler Pfad zum einzigartigen **Halligfriedhof** ab. Die Grabsteine aus Carrara-Marmor sind, anders als sonst üblich, flach auf den Boden gelegt, damit die Flut sie nicht mitsichreißen kann. Auf dem Friedhof wurden von 1881 bis 1925 insgesamt 20 Halligbewohner bestattet, heute werden sie auf Nordstrand beigesetzt.

Wer mag, kann übrigens auf der Hallig Urlaub machen, Unterkünfte findet man im Nordstrander Gastgeberverzeichnis (erhältlich unter www.nordstrand.de).

Lieblingsort

Wenn die Sonne im Meer versinkt ► L 13
In lauen Sommernächten, wenn die Flut erst in den späten Abendstunden aufläuft, strömen die Nordfriesen ans Meer. Sie kommen von der Arbeit, packen Kinder, Badesachen und ein Picknick ein und ziehen an die grünen Strände auf den Deichen, die auch von Radfahrern, Skatern und Spaziergängern genossen werden, bis die Sonne im Meer versunken ist. Mein abendlicher Lieblingsplatz (auch ohne Baden) liegt an der Nordküste von Nordstrand, auf dem Deich beim Badeplatz **Holmer Siel**. In Richtung (Nord)-Westen bilden die Warften der Hallig Nordstrandischmoor eine traumhafte, fast unwirkliche Kulisse im letzten Tageslicht.

Hallig Südfall ►J/K 14

Die 5 km westlich von Nordstrand gelegene Hallig darf nur im Rahmen genehmigter Führungen besucht werden, von Fuhlehörn/Nordstrand zu Fuß oder mit der Kutsche. Im Sommer werden auch Ausflugsfahrten von Pellworm angeboten.

Bis zur großen Mandränke im Jahre 1362 lag im Bereich des heutigen Südfall noch die **Edomsharde** mit dem sagenumwobenen Rungholt. Irgendwann wurde das neu aufgeschlickte Halligland wieder besiedelt – wann genau ist nicht bekannt. Doch in der Jahrhundertflut von 1825 kamen alle Bewohner ums Leben. Nach einer langen Reihe von Besitzern kaufte die legendäre Diana von Reventlow-Criminil die Hallig zu Beginn des 20. Jh. Die eigensinnige 46-jährige Komtesse brachte eine Köchin, ein Hausmädchen, einen Kutscher, eine Gouvernante sowie Pferde, Hunde und Hühner mit nach Südfall. Sie lebte von ihrem Vermögen und starb 1953 im Alter von 91 Jahren. Das Land Schleswig-Holstein erwarb das Eiland für 20 000 DM und verpachtete es 1954 an einen Nordstrander Landwirt. 1959 ließ dieser die baufällige gräfliche Villa abreißen und durch ein Halligaus mit einem sturmflutsicheren Fluchtraum ersetzen.

Seit 1957 wird die 56 ha große Hallig wegen ihrer immensen Bedeutung für Brutvögel und Durchzügler vom Verein Jordsand betreut. Die Bewirtschaftung erfolgt durch ein Ehepaar, zu dessen Aufgaben Küstenschutzarbeiten, Vogelzählungen und der Empfang der Ausflügler gehören. Es gibt einen Vortrag, man kann eine Kleinigkeit zu essen kaufen. Die Erkundungsmöglichkeiten auf der Hallig sind be-

Graue Stadt am Meer? Zumindest im Sommer kommt Husum farbenfroh daher

schränkt: Nur wenige Minuten dauert die Umrundung der einzigen Warft inklusive des von hohen Büschen umgebenen Fethings. Dann stößt man, wieder am Anleger, auf das Schild: »Hallig Südfall. Betreten verboten.«

Husum! ►O 14

Als ›Graue Stadt am Meer‹ erlangte die Geburtsstadt von Theodor Storm Weltruhm. Die größte Stadt an der schleswig-holsteinischen Westküste ist Nordfrieslands Hauptstadt. Sie präsentiert sich liebenswert und keineswegs grau. 1252 wurde das im Binnenland liegende Dörfchen als Husenbro (Brücke bei den Häusern) erstmals erwähnt. Durch den Einbruch der Nordsee ins Land erhielt der zuvor unbedeutende Flecken während der Sturmflut von 1362 unversehens schiffbaren Zugang zur Nordsee. Fortan konnten Waren auf dem Schiffsweg angeliefert werden. Die Husumer nutzten die Gunst der Stunde und richteten einen Marktplatz ein, der sich im 15. und 16. Jh. zu einem blühenden Umschlagplatz für Vieh und Getreide entwickelte. Der seit 1544 im Norden Schleswig-Holsteins regierende Herzog Johann Adolf von Gottorf ließ Ende der 1570er-Jahre das Schloss vor Husum als Residenz erbauen und erteilte dem Hafenort 1603 die Stadtrechte.

Die schwere Sturmflut von 1634 traf die Stadt selbst zwar kaum, aber mit der Zerstörung der Insel Alt-Nordstrand und weiter Teile des fruchtbaren Umlandes waren die guten Jahre erst einmal vorbei. Erst im 18. Jh. ging es langsam wieder bergauf. Mit dem Wachsen der industriellen Zentren verzeichnete der Viehhandel im 19. Jh. einen enormen Aufschwung, von dem Husum profitierte. Die Hafenstadt entwickelte sich zum Verwaltungs- und Dienstleistungszentrum für die Küstenregion.

Der tideabhängige, von hübschen Giebelhäusern gesäumte **Binnenhafen** prägt das Stadtzentrum. Bis zu ihrem Umzug im Jahre 1978 war hier die traditionsreiche Husumer Schiffswerft angesiedelt, die sich mit dem Bau von Fahrgastschiffen, aber auch Frachtern und Tankern in der 2. Hälfte des 20. Jh. zu einem der größten Arbeitgeber der Region entwickelt hatte. Mit der Verschlechterung der Konjunkturlage musste die Husumer Werft Ende der 1990er-Jahre den Betrieb einstellen. Damit ging für Husum eine Ära zu Ende. Auf dem Gelände der alten Werft entstand 1988/89 das **neue Rathaus.** Auf der noch vorhandenen historischen Slipanlage liegt seit 2002 der ehemalige Tonnenleger Hildegard. Ein Stück weiter im **Außenhafen** legen die Ausflugsschiffe zu den Halligen ab.

Husum

Sehenswert
1 Marktplatz
2 Marienkirche
3 NordseeMuseum im Nissenhaus
4 Schifffahrtsmuseum
5 Theodor-Storm-Haus
6 Nationalparkhaus/ Weltladen
7 Poppenspäler Museum
8 Poppenspälerwagen
9 Freilichtmuseum
10 Schloss
11 Torhaus
12 Theodor-Storm-Büste

Übernachten
1 Altes Gymnasium
2 Theodor-Storm-Hotel
3 Hotel Hinrichsen
4 Jugendherberge- und gästehaus
5 Husumer Campingplatz
6 Loof's Wohnmobilhafen
7 Campingplatz Seeblick

Essen & Trinken
1 Gasthof Dragseth's
2 Historischer Braukeller
3 Jaqueline's Café
4 Fischhaus Loof

Einkaufen
1 Neustadt
2 Das Weihnachtshaus
3 Husumer AntiQuariat
4 Galerie Lüth

Aktiv & Kreativ
1 Surfschule
2 HusumBad

Abends & Nachts
1 Speicher
2 Kino

Auch die Krabbenkutter gehen hier vor Anker.

Am Markt

100 m vom Hafen entfernt erstreckt sich der **Marktplatz** 1, auf dem in der Saison zweimal wöchentlich Wochenmarkt abgehalten wird. Dann bieten Landwirte, Fischhändler, Kohl- und Obstbauern aus dem Umland ihre Produkte an. Handel hat es in der Stadt am Meer immer gegeben. Prächtige Fassaden aus dem 16. und frühen 17. Jh. künden vom einstigen Wohlstand der blühenden Handelsstadt. In der Mitte des Marktplatzes steht der 1902 von dem in Husum geborenen Bildhauer Adolf Brütt (1855–1939) geschaffene ›Tine‹-Brunnen. Er erinnert an zwei vermögende Husumer, August Friedrich Woldsen und Catharine (Tine) Asmussen, die ihren Besitz der Stadt vermachten. Die hoch aufragende klassizistische **Marienkirche** 2 entstand 1829–1833 als Ersatz für den 1807 wegen Baufälligkeit abgerissenen spätgotischen Vorgängerbau. Sie gilt als eines der Hauptwerke des Klassizismus in Schleswig-Holstein.

Museen

NordseeMuseum im Nissenhaus 3

Herzog-Adolf-Str. 25, Tel. 04841 25 45, April–Okt. tgl. 10–17, Nov.–März Di–So 11–17 Uhr, www.museumsverbund-nordfriesland.de, 5 €
Ludwig Nissen verwirklichte den ›amerikanischen Traum‹, vom Tellerwäscher zum Millionär zu werden: 1855 in Husum als sechstes von zehn Kindern eines Seilermeisters geboren, wanderte er als junger Mann nach Amerika aus, arbeitete als Tellerwäscher und Stiefelputzer. 1924 starb er als reicher Juwelier und Diamantenhändler in New York. Einen Großteil seines Vermögens vermachte er seiner Geburtsstadt für ein Museum. Das 2007 grundlegend sanierte und neu gestaltete Haus beeindruckt durch vielseitige, spannende Exponate und Ausstellungen zu Landschaft, Natur, Kunst und Kultur Nordfrieslands. Die Themen wie z. B. Rungholt, Sturmfluten und die Halligen faszinieren auch Kinder. Im Nissenhaus befindet sich außerdem die Stadtbibliothek, das Café Brütt und ein schöner Spielplatz im Innenhof.

Schifffahrtsmuseum 4

Zingel 15, Tel. 04841 557, www.schiffahrtsmuseum-nf.de, tgl. 10–17 Uhr, 3 €
Die Ausstellung informiert anschaulich über die nordfriesische Schifffahrts- und Werftgeschichte. Ein wertvolles Exponat ist das »Zuckerschiff«: Das bei Sielarbeiten im Uelvesbüller Deich entdeckte Wrack eines Lastenseglers aus dem 16. Jh. wurde nach seiner Bergung im Jahre 1994 drei Jahre lang in einer Zuckerlösung konserviert, bevor es ausgestellt wurde. Ein Film dokumentiert die Arbeit der Archäologen bei der Ausgrabung des Wracks. Zum Museum gehört noch das kostenlos zugängliche Freigelände am Husumer Binnenhafen und an der Zingelschleuse. Zu entdecken gibt es dort alte Schiffsmodelle, eine große Ankersammlung und das Quermarkenunterfeuer von Hörnum aus dem Jahre 1904.

Theodor-Storm-Haus 5

Wasserreihe 31, April–Okt. Di–Fr 10–17, Sa 11–17, So, Mo 14–17, Nov.–März Di, Do, Sa 14–17 Uhr, 3 €
Theodor Storm (1817–1888), dessen

Theodor Storm – des Dichters Schaffenskraft ist im Storm-Haus gut dokumentiert

Novelle »Schimmelreiter« zur Weltliteratur zählt, fand viele Motive für seine Novellen und Gedichte in Husum und Nordfriesland. Sein Geld verdiente er im bürgerlichen Beruf als Advokat (Rechtsanwalt) und später als Amtsrichter. In dem 1730 in der Wasserreihe erbauten Kaufmannshaus, das heute Museum ist, lebte der Dichter 1866–1880. Im roten, original eingerichteten Poetenstübchen entstanden mehr als 20 Novellen, darunter »Pole Poppenspäler« und »Aquis submersus«. Das Haus ist heute Sitz der Storm-Gesellschaft (www.storm-gesellschaft.de).

Nationalparkhaus/Weltladen 6

Hafenstr. 3, Tel. 04841 66 85 30, www.nationalparkhaus-husum.de, tgl. 10–18 Uhr, Eintritt frei, Spende erwünscht

Schöne Lage direkt am Hafenbecken, passend dazu zwei kleine Aquarien. Die Ausstellung über Vögel im Nationalpark gewährt auch einen Blick in die arktischen Brut- und afrikanischen Wintergebiete. Im Weltladen werden naturverträglich erzeugte und fair gehandelte regionale wie internationale Produkte verkauft.

Poppenspälerwagen 7

Am Binnenhafen 1/Ecke Zingel

Auf dem Vorplatz der Stadtwerke Husum steht von Mai bis September der Poppenspälerwagen. Wenn die Figur Vocke Popp draußen hängt, ist der Wagen geöffnet. Wer mag, kann die Puppen nehmen und auf der kleinen Bühne selbst etwas vorführen.

Poppenspäler Museum 8

Kongresshalle, Erichsenweg 23, Tel. 04841 632 42, www.pole-poppenspaeler.de, Jan.–März Mo, Mi, Fr 14–17, April–Dez. So–Fr 14–17 Uhr, 2 €

»Pole Poppenspäler« ist eine der bekanntesten Novellen von Theodor Storm. Zu bestaunen sind einzelne Puppen, historische und neue Requisiten und Bühnen. Es stehen auch Handpuppen und Marionetten zum Selbstspielen zur Verfügung. Eine lange Tradition haben die Pole Poppenspäler

Sommerspiele im Juli/August sowie das Internationale Figurentheater Festival im September (s. S. 32).

Freilichtmuseum Ostenfelder Bauernhaus 9

Nordhusumer Str. 13, Tel. 04841 25 45, www.museumsverbund-nordfriesland.de, April–Okt. Di, Mi, Do 13.30–17 Uhr, 2,50 €

Das vor 1600 erbaute, reich ausgestattete niederdeutsche Hallenhaus stand ursprünglich im 15 km östlich von Husum gelegenen Ostenfeld. Anno 1899 wurde es durch die Kommission für Kunst, Wissenschaft und Denkmalpflege der Provinz Schleswig-Holstein angekauft und nach Husum versetzt. Das älteste Freilichtmuseum Deutschlands dokumentiert bäuerliche Wohn- und Arbeitskultur vergangener Jahrhunderte. Die 1789 angebaute Döns (die täglich genutzte Wohnstube) und der repräsentative Pesel (nur festtags genutzt) zeugen vom Wohlstand der ehemaligen Hofbesitzer.

Schloss vor Husum 10

König-Friedrich V.-Allee, Tel. 04841 897 31 30 od. 04841 25 45, www.museumsverbund-nordfriesland.de, März–Okt. Di–So 11–17 Uhr, Nov.–Febr. nur Sa, So, 5 €

Das einzig erhaltene Schloss an der Westküste Schleswig-Holsteins wurde vom Gottorfer Herzog Adolf in den Jahren 1577–1582 als Nebenresidenz erbaut und später als Witwensitz genutzt. Im Mitteltrakt der Schlossanlage sind die einstigen Wohn- und Schlafräume der Bewohner aus dem Hause Schleswig-Holstein-Gottorf zu besichtigen. Vom Glanz alter Zeiten künden noch der Rittersaal mit einem eindrucksvollen Todeskampfkamin, die fürstliche Loge und die Schlosskapelle. Das lange Zeit als Amtsgebäude für den Kreis Nordfriesland genutzte Schloss dient heute kulturellen Zwecken. Es präsentiert Kunstausstellungen, Vorlesungen und Konzerte. Im Küchenbau des Schlosses befindet sich das stilvolle Schlosscafé. Sehr hübsch ist der **Herzoginnengarten** direkt am Schloss, zugänglich durch das Museum (zusätzlich zu den Museumsöffnungszeiten ist der Garten im Sommer von 17–20 Uhr zu besichtigen).

Durch einen Wassergraben vom Schloss getrennt ist das 1612 erbaute **Torhaus** 11 mit einem prächtigen Renaissance-Portal. Im frei zugänglichen Schlossgarten steht eine 1898 enthüllte Büste von **Theodor Storm** 12. Wunderschön ist der Park, wenn im März 4 Mio. Wildkrokusse blühen. Mit der berühmten Krokusblüte beginnt der Frühling.

Nicht nur der neu eröffnete Herzoginnengarten am Schloss lockt zu einem **Gartenbummel,** sondern auch schön gestaltete Privatgarten, die ihre Tore zur landesweiten Aktion Offener Garten öffnen. Ihre Adressen findet man wie auch die Termine für Feste und Ausstellungen rund um den Garten in einem ansprechend gestalteten Flyer der Touristeninformation Husum/Husumer Bucht, den man auch im Internet herunterladen kann (s. S. 281).

Schobüll ▸ N 14

4,5 km nordwestlich von Husum

Im Stadtteil Schobüll reichen Ausläufer der eiszeitlichen Geest direkt bis an die Nordseeküste, das bedeutet, dass es hier natürlichen Sandstrand gibt und kein Deich den freien Blick übers Wattenmeer versperrt. Das altehrwürdige ›Kirchlein am Meer‹, ein frühgotischer Backsteinbau, stammt aus der Mitte des 13. Jh. Ausgedehnte Spazierwege führen durch Wald und Heideflächen in der näheren Umgebung.

Lieblingsort

Lesen macht glücklich

Die schönste Buchhandlung an der Westküste liegt in einer der stillen kopfsteingepflasterten Gassen Husums, schräg gegenüber vom Storm-Haus. Man ist verzaubert, wenn man sie betritt. Bücherregale bis an die Decke, Stapel von Reisebüchern auf dem Boden, Hunderte von Blechschildern und alte Werbekunst, Reprints von Kinderbüchern, nostalgische Glanzbilder, venezianisches Geschenkpapier – eine Fundgrube für Entdecker, für Menschen, die gerne lesen, reisen und gern besondere Dinge verschenken (**Husumer AntiQuariat** 3, Wasserreihe 48, Tel. 04841 811 99, Mo–Sa 11–18 Uhr).

Brauerei-Abzug
W. Adelung &
A. Hoffmann A.G.
POTSDAM
Blendol
Ick schwöre auf
Blendol
das beste flüssige Metallputzmittel
Romane
von A-Z
sortiert n. Autoren
A
B

Übernachten

Luxus – **Altes Gymnasium** 1: Süderstr. 2–10, Tel. 04841 83 30, www.altes-gymnasium.de, DZ 195–275 €. 5-Sterne-Komfort in der Schule von 1866/67, das ein ehemaliger Schüler zum Romantik-Hotel umbauen ließ. 72 individuell eingerichtete Zimmer und Suiten, 40 davon im 1954 erbauten Gartenhaus. Erlebnisbad mit Sauna und Dampfbad in der früheren Turnhalle. Im Restaurant Eucken gehobene Küche.

Gepflegt – **Theodor-Storm-Hotel** 2: Neustadt 60–68, Tel. 04841 896 60, www.theodor-storm-hotel.de, DZ 95/115 €. Das traditionsreiche Haus gehört zur Hotelkette Best Western. Die 55 Zimmer sind auch für Allergiker geeignet. Viele Gäste wissen die unmittelbare Anbindung an die Husumer Brauerei mit Gasthaus zu schätzen.

Zentral – **Hotel Hinrichsen** 3: Süderstr. 35, Tel. 04841 890 70, www.hotel-hinrichsen.de, DZ 86 €. Ein kleines Haus mit Zimmern und Apartments in einer kleinen Seitenstraße mitten in der Stadt. Es ist bekannt für ein üppiges Frühstücksbuffet, das man auch genießen kann, wenn man nicht dort übernachtet.

Am nordwestlichen Stadtrand – **Jugendherberge und -gästehaus** 4: Schobüller Str. 34, Tel. 04841 27 14, www.djh-nordmark.de, ab 18,20 €. Modernes, sympathisches Haus mit 192 Betten in 1- bis 8-Bettzimmern. An der Straße Richtung Schobüll und Nordstrand. Vom Bahnhof sind es etwa 35 Min. zu Fuß, Transfer zur Jugendherberge möglich.

Hinterm Nordseedeich – **Husumer Campingplatz** 5: Dockkoog 17, Tel. 04841 619 11, März–Okt., www.husum-camping.de. Es gibt auch Mietwohnwagen. Kinderfreundlicher Platz, ca. 3 km ab Stadtmitte. Klasse ist die Nähe zum Badestrand.

Ganzjähriger Platz – **Loof's Wohnmobilhafen** 6: Dockhoogstr. 2, Tel. 04841 20 34, 1. Tag 12 €. Günstige Lage für eine Stadterkundung, nach einem nächtlichen Kneipenbummel schafft man's noch zu Fuß nach Hause.

In der ersten Reihe – **Campingplatz Seeblick** 7: Nordseestr. 39, Schobüll, Tel. 04841 33 21, www.camping-seeblick.de. Der einzige Platz an der Westküste ohne Deich vor der Nase, auch Wohnwagenvermietung, Kinderspielplatz. Gleich nebenan das Freibad und Sauna.

Essen & Trinken

Entlang der Hafenstraße am alten Binnenhafen gibt es Fischrestaurants, Cafés, Imbisse. Stilvoll und behaglich sind sowohl das **Schlosscafé** (im Nordflügel des Schlosses 10, über den Schlosshof zugänglich, Di–Fr 9–18, Sa, So 10–18, in der Saison bis 20 Uhr) als auch das **Café Brütt** im NordseeMuseum Nissenhaus (3, in der Saison tgl. 10–17 Uhr, im Winter Mo Ruhetag).

Historisch – **Gasthof Dragseth's** 1: s. Tipp S. 277.

Gemütlich-rustikal – **Historischer Braukeller** 2: Schlossgang 7, Tel. 04841 49 56. Im Gewölbekeller gibt es leckere Pizzen, aber auch Pfannkuchen und Vegetarisches. Gutes Preis-Leistungs-Verhältnis, nette, lockere Stimmung, die junge Leute auch am Abend schätzen. Hauptgerichte ab 8 €.

Ein Ort zum Wohlfühlen – **Jacqueline's Café** 3: Schlossgang 10, Tel. 04841 55 53, Mo–Sa 9–18.30, So 10–18.30 Uhr. Frühstück, Mittagstisch und selbst gebackene Kuchen im gemütlichen, mit alten Möbeln eingerichteten Café in der Fußgängerzone, ruhige Gartenterrasse, netter Service, hier kehren auch gerne Einheimische ein. Hauptgerichte ab 8 €.

Mein Tipp

Wie ein Traum aus vergangener Zeit
Der älteste Gasthof von Husum wird in einem Dokument im Husumer Stadtarchiv erstmals im Jahre 1582 erwähnt. Urig und gemütlich sind die niedrigen Gaststuben, ein Platz zum Entspannen im Hier und Jetzt. Dazu gibt es eine exzellente, norddeutsche Küche zum Sattwerden und freundlichen Service. Im Sommer sitzt man hinten im verschwiegenen Garten (**Gasthof Dragseth's 1**: Zingel 11, Tel. 04841 77 99 95, www.dragseths-gasthof.de, tgl. 11–14 und 17–22 Uhr, Hauptgerichte 9–20 €, Mittagstisch Mo–Fr um 7 €).

Beliebt – **Fischhaus Loof 4**: Kleikuhle 7, Tel. 04841 20 34, www.fischhaus-loof.de. Für viele ist es der beste Fischladen der Region, vom Fischbrötchen bis zu den Scampis ist alles lecker. Loofs Restaurant im schicken neuen Glasbau gegenüber serviert ebenfalls kutterfrischen Fisch.

Einkaufen

Regionales – **Wochenmarkt, auf dem Marktplatz 1**: Do vormittags, in der Saison auch Sa.

Fairgnügt – **Weltladen im Nationalparkhaus 6**: Aus dem frühere Dritte-Welt-Laden wurde der Weltladen, eine empfehlenswerte Adresse für fair gehandelte schöne Dinge aus aller Welt. Außer Nationalpark-Produkten gibt es hier Armbänder, Biobananen, Babytragetücher, Honig, Hängematten, Mobilés, edlen Schmuck, Tischdecken, Trommeln, Wein und Weihnachtsartikel. Klasse zum Stöbern und Shoppen mit gutem Gewissen.

Eine besondere Bummelmeile – **Neustadt 1**: In dieser Straße, vor allem im unteren Abschnitt (Fußgängerzone), macht es Spaß, auf Entdeckungstour zu gehen. Es gibt hier ganz individuelle Läden: Kokon (Nr. 9) bietet Naturtextilien und schönen Schmuck; in der Nr. 13 findet man Antiquitäten. Kleine, italienische Köstlichkeiten werden im Cava (Nr. 18) serviert. Im Shabby and chic werden antike Leinen- und Baumwollstoffe in ausgefallene Wohntextilien verwandelt. Die gute alte Zeit ist noch lebendig im Teehaus Hansen (Nr. 26), der Kandis wird hier noch in Säcken gelagert. Ausgefallenes und Schönes findet frau in der First-and-Secondhandboutique Pusteblume (Nr. 36).

Für Weihnachtsfans – **Das Weihnachtshaus 2**: Westerende 46, Tel. 04841 668 59 08, www.weihnachtshaus.info, Jan.–Juni tgl. 14–17, Juli–Jan. 11–17 Uhr, Café. Museum und Shop zum Thema Weihnachten. Wer die pummeligen Engel mit den elf weißen Punkten auf den grünen Flügeln aus seiner Kindheit kennt, sie sammelt oder verschenken will – hier findet er sie, übrigens auch die Blumenkinder der traditionsreichen Firma Wendt & Kühn. Nebenbei erfährt man, wie Theodor Storm den Heiligen Abend feierte und erhält Anregungen für die Adventsbäckerei. Außerdem gibt's hier jede Menge Literatur und schöne historische Adventskalender.

Auf Entdeckungstour

Ein Tag auf der Hochseeinsel Helgoland

Nirgendwo in Deutschland ist die Luft so prickelnd rein wie hier. Von den kräftigen Armen der Börtemänner sicher in Empfang genommen, tut man gut daran, die Geschäftsstraßen des Unterlandes hinter sich zu lassen. Auf dem Oberland führt der Klippenrandweg am Lummenfelsen vorbei zur Roten Anna, dem Wahrzeichen Helgolands.

Reisekarte: ▶ A/B 7

Dauer: Fahrtzeit ca. 2,15 Std., Inselaufenthalt 4 Std.

Ausgangspunkt: täglich ab Büsum, 9.30 Uhr, Reederei Cassen Eils, Tel. 04834 93 82 20, www.helgolandreisen.de; Infos zu den Verkehrsanbindungen Husum–Büsum bei der Touristeninformation Husum, s. S. 14; andere Reedereien u. a. W. D. R., Adlerschiffe und NPDG, Adressen s. S. 19 u. 20.

Kosten: Erw. 36 €, Familienkarte 84 €. Inselbahn auf Helgoland (ab Landungsbrücken) 6 €, Bunker- und Inselführungen jeweils 5 € (Info und Karten an Bord).

Fast 60 m ragt die rote Sandsteininsel aus dem Meer empor – rund 70 km von der nordfriesischen Küste entfernt. Verwaltungsmäßig gehört Deutschlands einzige Hochseeinsel, die aus Felseninsel (0,95 km^2), Düne (0,7 km^2) und Felswatt besteht, zum Kreis Pinneberg in Schleswig-Holstein. Rund 1300 Menschen leben hier mit jährlich einer halben Million Urlauber – die meisten davon sind Tagesgäste, die einen Ausflug auf die Insel mit einem zollfreien Einkauf verbinden. Die Felseninsel besteht aus drei Teilen, dem Unterland mit Kur- und Verwaltungseinrichtungen, dem Oberland mit Schule und Kirche sowie dem kleinen Mittelland mit dem Krankenhaus. Informationstafeln verschiedener Themenwege verweisen auf Besonderheiten der Natur und Geschichte Helgolands.

»Welkoam iip Luun!«

Helgoländerinnen in hübschen Trachten empfangen die Gäste im Sommer an der Landungsbrücke und verteilen eine Informationsbroschüre mit Inselplan. Am Hafen steht eine Büste des Dichters Heinrich Hoffmann von Fallersleben, der im Jahre 1841 auf Helgoland, d.h. im englischen Exil, das Lied der Deutschen dichtete – die heutige Nationalhymne. Überhaupt blickt die Insel, die mal unter dänischer, dann wieder unter englischer Herrschaft stand, auf eine überaus wechselvolle Geschichte zurück.

Wegen seiner exponierten Lage war Helgoland ein beliebter Schlupfwinkel für Schmuggler und Seeräuber. Die berüchtigten Likedeeler unter Klaus Störtebeker wurden um 1401 von der hanseatischen Flotte vor Helgoland überwältigt. 1890 tauschte Kaiser Wilhelm II. die zu England gehörende Hochseeinsel gegen die deutschen Kolonialrechte in den ostafrikanischen Ländern Somaliland und Wituland sowie in Sansibar ein. Ab 1908 wurde Helgoland zur Seefestung ausgebaut. Ein Kriegshafen samt U-Bootbunker entstand. Im Felsen wurden Luftschutzbunker, Munitionslager und Lazarett angelegt. Im Rahmen einer Bunkerführung sind Reste der Anlagen zu besichtigen. Im Zweiten Weltkrieg wurde die waffenstarrende Insel bombardiert, die Bebauung zerstört und die rund 3000 Bewohner evakuiert.

Der Big Bang

Helgolands Hauptstraße **Lung Wai** führt am Rathaus und an unzähligen Geschäften vorbei direkt auf den Fahrstuhl ins **Oberland** zu. Wer mag, geht zu Fuß. Von oben bietet sich eine fantastische Aussicht über den Hafen und die Bäderschiffe bis hinüber zur Düne. Spuren der extremen Geschichte sind kaum noch sichtbar. Nach Kriegsende nutzten die Engländer Helgoland als Übungsplatz für weitere Bombenabwürfe. 1947 schließlich deponierten sie 6700 t Sprengstoff in Bunkern und unterirdischen Gängen und versuchten die Insel zu sprengen. Der Big Bang misslang. Statt zu verschwinden, veränderte die Insel lediglich ihre Form. Das Mittelland entstand. 1950 hissten zwei Heidelberger Studenten die Europaflagge auf dem geschundenen Felseneiland und forderten ein Ende der Bombardierungen. Ihr Appell fand weltweit Beachtung: 1952 wurde die Insel endgültig freigegeben, ihre Bewohner konnten zurückkehren.

Fuselfelsen? – Das war einmal

Oben, an der Straße **Am Falm,** gibt es wie auch im Unterland viele Geschäfte und Restaurants. Dass Helgoland vom Tourismus lebt, merkt man.

Nach dem Wiederaufbau der Insel boomte das Fremdenverkehrsgeschäft,

1973 zählte man 820 000 Tagesgäste. Doch statt zu investieren, wurde abkassiert. Erst als die Gästezahlen dramatisch sanken, begannen sich die Helgoländer gegen das schlechte Image ihrer Insel als Fuselfelsen zu wehren und deren natürliche Vorzüge zu preisen: die reine, gesundheitsfördernde Hochseeluft, die einmalige Natur mit Felswatt und Vogelfelsen, die bewegte Historie und die liebevoll gepflegten, friesischen Traditionen.

Am Lummenfelsen

Am Falm beginnt der Weg, der im Uhrzeigersinn um das Oberland herumführt (3 km). Am nordwestlichen Felsrand Helgolands liegt der Lummenfelsen, Deutschlands einziger Vogelfelsen und Brutkolonie für etwa 7000 Vogelpaare. In den steilen Wänden brüten im Frühjahr überwiegend Dreizehenmöwen, aber auch Baßtölpel und die pinguinähnlichen Trottellummen.

Ein spektakuläres Schauspiel bietet sich im Juni: Die junge, noch flugunfähige Lumme stürzt sich vom Felsen, flattert dabei so kräftig es geht mit den Flügeln, bis sie unsanft im Wasser aufplatscht. Dort wartet schon die Altlumme, die gemeinsam mit ihrem Jungen auf die offene See hinausschwimmt. Das Schauspiel ist so beeindruckend, dass die Helgoland-Touristik in dieser Zeit mehrtägige Erlebnisreisen auf die Insel anbietet. Eine Attraktion, die nur noch durch das Robbenbaby Watching im Dezember/Januar getoppt wird, wenn auf der Düne bei Helgoland der Nachwuchs der Kegelrobben in der Jungenaufzucht bewundert werden kann (2009 immerhin 65 Geburten).

Lange Anna

Ziel aller Wanderer ist die Lange Anna an der Nordspitze der Insel – Helgolands Wahrzeichen. Noch bis 1860 war der 48 m hohe, freistehende Felsen durch einen natürlichen Felsbogen mit der Insel verbunden. Doch unermüdlich nagte die Brandung an dem weichen Gestein. Um dem weiteren Abbruch der Insel vorzubeugen, baute man eine 1300 m lange Uferschutzmauer, außerdem erhielt die Lange Anna zur Stabilisierung eine Füllung aus Stahl und Beton.

Highlights im Unterland

Wer auf intensives Shoppen verzichten kann, hat nach seiner Tour im Oberland noch genügend Zeit für einen Besuch des **Aquariums** der Biologischen Anstalt Helgolands (Mo–Fr 10–17, Sa, So 10–16 Uhr). In 19, mit frischem Nordseewasser gefüllten Becken werden u. a. die selten gewordenen blauen Hummer gezeigt.

Wer sich für Geschichte und Kultur der Insel interessiert, sollte im **Museum Helgoland** in der Nordseehalle vorbeischauen. Die neuen kleinen Hummerbuden vor dem Museum beherbergen verschiedene Ausstellungen, u. a. über den Schriftsteller James Krüss (1926–1997), der auf Helgoland seine Kindheit verbrachte. Viele seiner Bücher wie »Der Leuchtturm auf den Hummerklippen«, »Mein Urgroßvater und ich« oder »Timm Thaler« zählen zu den Klassikern der modernen Kinderliteratur.

Die echten Hummerbuden befinden sich am Südhafen. Es sind ehemalige Lager- und Geräteschuppen der Fischer. Obwohl erst nach der Freigabe Helgolands 1952 entstanden, vermitteln sie das Flair des alten Helgoland. Heute bilden sie den Rahmen für eine maritime Meile, auf der Kunst, Kultur und Kulinarisches geboten werden. Und dann sticht das Schiff schon wieder in See.

Lesen macht glücklich – **Husumer Antiquariat 3**: s. Lieblingsort S. 274.
Zeitgenössische Bilder und Erstausgaben – **Galerie Lüth 4**: Altendorfer Str. 21, Halebüll/Schobüll, Tel. 04846 456, www.galerie-lueth.de, Mi–So 10–18 Uhr. Bis zu zehn Ausstellungen pro Jahr mit aktuellen Arbeiten zeitgenössischer Künstler aus und in Schleswig-Holstein.

Aktiv & Kreativ

Wassersport outdoor – **Surfschule 1**: Alte Dorfstr. 20, Schobüll, Tel. 04841 631 03. Die Surfschule liegt günstig. Hier kann man gut im Meer baden, eine weitere Badestelle befindet sich in Husum-Dockkoog, 3 km vom Ortszentrum.
Drinnen baden – **HusumBad 2**: Flensburger Chaussee 28, Tel. 04841 899 71 55, www.husumbad.de, Di, Fr 6–8, 14–22, Mi, Do 14–22, Sa 8–17, So 8–18 Uhr, Tageskarte Erw. 3,85 €, Kinder/Jugendliche 2,65 €.
Interessant und informativ – **Stadtrundgang vom Markt 1**: Mitte März–Mitte Okt., Mo–Sa 14.30 Uhr, ca. 1,5 Std., ab Touristeninformation. Kombiniert mit einer Stadtrundfahrt im historischen Postbus dauert die Tour 2,5 Std. (in der Saison 2 x/Woche).

Abends & Nachts

Direkt am Hafen gibt es einige Pubs, in denen man auch tagsüber gut sitzen und speisen kann. Ein beliebter Treffpunkt am Abend ist der Historische Braukeller 2.
Vielseitig, sympathisch – **Speicher 1**: Hafenstr. 17, Tel. 04841 650 00, www.speicher-husum.de. Kulturzentrum, Konzerte, Lesungen, Theater, Ausstellungen, Filme, Flohmärkte.
Cinema – **Kino-Center 2**: Neustadt 114, Tel. 04841 617 42 und 25 69, www.kino-center-husum.de. Das aktuelle Programm erhält man auch in der Touristeninformation.
Selbstgebrautes – **Husums Brauhaus, im Best Western Theodor-Storm-Hotel 2**: Neustadt 60–68, Tel. 04841 896 60, www.husums-brauhaus.de, im Sommer tgl. ab 15, im Winter Mo–Sa ab 17 Uhr. Hier wird eigenes Bier gebraut, das man in Flaschen abgefüllt mit nach Hause nehmen kann. Im Braushaus gibt es regionale, bodenständige Küche, aber auch Pizza und Pasta, 7–20 €.

Infos & Termine

Informationen

Touristeninformation Husum/Husumer Bucht: im Historischen Rathaus, Großstr. 27, 25813 Husum, Tel. 04841 89 87 30, www.husum-tourismus.de, Mo–Fr 9–17 (im Sommer bis 18 Uhr), Sa 10–16 Uhr.

Verkehr

Bahn- und Busverbindungen: s. S. 254.

Termine

Husumer Hafentage: fünf Tage im Aug. pralles Programm, mit Livemusik, Hafentage-Lauf, Kultur, Spiel und Spaß. Infos unter www.hafentage-husum.de.
›Raritäten der Klaviermusik‹: eine Woche im Aug. Musikliebhaber können hier seltene Schätze der Klaviermusik genießen. Stimmungsvoll wird es dann im historischen Ambiente des Husumer Schlosses, Info: www.piano-festival-husum.de.
Pole Poppenspäler Sommerspiele: im Juli und Aug., s. S. 32.
Internationales Figurentheater Festival: im Sept., s. S. 32.

Glossar Insel und Watt

Bake
Weithin sichtbares, einem Gerüst ähnliches Schifffahrtszeichen, das als Markierung eines festen Standorts dient

Bilegger
Eiserner Kastenofen, der in der Wohnstube steht, aber von der Küche aus beheizt wird

Blanker Hans
Schon im Mittelalter verwendete Bezeichnung für die stürmische Nordsee

Bockmühle
Älteste Windmühlenform, bei der das ganze Mühlenhaus in den Wind gedreht wurde

Brackwasser
Mischung von Salz- (Meer-) und Süßwasser

Buhne
Von der Uferlinie ins Meer hinausragender Damm aus Stein, Mörtel, Beton oder auch mit Buschwerk ausgefüllte doppelte Pfahlreihe zur Abdrängung der küstenparallelen Tideströmung

Ditten
Getrockneter, in Sodenform gestochener Kuhmist, auf den Halligen als Brennmaterial genutzt

Fething
Wasserspeicherbecken (für Vieh) auf einer Warft, in dem das Regenwasser gesammelt wurde

Geest
Abgeleitet von niederdeutsch *güst*, trocken. Sand- und Kiesböden, die während der Eiszeit abgelagert wurden

Gezeiten
Niederdeutsch Tide, ungefähr halbtägige Schwankung des Meeresspiegels, im Bereich der Nordfriesischen Inseln 2–3 m

Grüppen
Zumeist parallel angeordnete Entwässerungsgräben in der küstennahen Verlandungszone des Watts

Hallig
Kleine Eilande im nordfriesischen Wattenmeer, die nur durch einen niedrigen Sommerdeich geschützt oder gänzlich unbedeicht sind. Bei Sturmfluten werden die Halligen überflutet. Die Häuser stehen auf hohen, hochwassersicheren Warften

Harde
Dänischer Verwaltungsbezirk

Holländer
Windmühle, bei der nur die Kappe mit den Flügeln in den Wind gedreht wird

Hörn
In die See ragende Landspitze, Sandbank oder kleine Insel

Klei
Tonreicher Lehmboden, im Küstengebiet aus Meeressedimenten entstandene Marschböden

Koog
Nach der Landgewinnung eingedeichte Marschen (in West- und Ostfriesland auch Polder oder Groden genannt)

Lahnung
Buhnenartige, häufig in rechteckige Felder abgeteilte Dämme aus zwei

Pfahlreihen und Buschwerk im Deichvorland, die der Wasserberuhigung und der Sedimentablagerung dienen

Marsch
Küstennaher, vom Meer abgelagerter, fruchtbarer Boden

Odde
Ins Meer ragende Landzunge

Partizipanten
Teilhaber beim Deichbau

Pensionsvieh
Vieh (vor allem Kühe), das im Sommer zum Weiden auf die Inseln oder an die Küste gebracht wird

Pesel
Die gute Stube, die nur zu besonderen Anlässen genutzt wurde. Auf ihre Ausstattung wurde eine besondere Sorgfalt verwandt

Priel
Flache, oft verästelte Wasserrinne im Watt, die bei Ebbe noch Wasser führt

Pütte
Feuchtgebiet (oder Wasserfläche), das durch Erdentnahme für den Deichbau entstanden ist

Riff
Lang gestreckte Sandbank

Rüm hart, klaar kiming
Traditionelles Friesenmotto: weites/offenes Herz und klarer Blick/Horizont

Siel
Verschließbarer Durchlass im Deich, durch den bei Ebbe eingedeichtes Land entwässert wird

Staller
Der höchste politische Beamte, der vom Landesherrn auf den Inseln eingesetzt wurde

Stöpe
Deichöffnung im Verlauf einer Straße, die im Falle einer Sturmflut geschlossen werden kann

Tide
s. Gezeiten

Tidenhub
Mittlerer Unterschied zwischen Hoch und Niedrigwasser

Tief
Größerer Wasserlauf in der Marsch und im Watt

Warf (Warft, Wurt)
Künstlich aufgeworfener Erdhügel, der vor Beginn des Deichbaus Schutz vor den Sturmfluten bot, vor allem auf den Halligen

Watt
Küstennahe Meeresregion, die als Folge der Gezeiten (Ebbe und Flut) zweimal täglich mehrere Stunden trockenfällt

Ut(h)lande
Im Mittelalter Bezeichnung für die Landschaft der Marscheninseln, Halligen und Geestinseln im nordfriesischen Wattenmeer. Mit dem touristischen Begriff Uthlande sind heute nur noch die Marscheninseln und Halligen gemeint.

Vorland
Übergang zwischen Land und Meer; Salzwiesen

Alt-Nordstrand 50, 243, 246, 265, 269
Amrum 6, **194**
– Esenhugh 195, 211
– Kniepsand 194, **197**
– Krümwaal 211
– Nebel 194, **202**
– – Kirche St. Clemens 203
– – Heimatmuseum in der Mühle 204
– – Friedhof der Heimatlosen 204
– – Öömrang Hüs 204
– Norddorf 214
– Quermarkenfeuer 211
– Steenodde 211
– Süddorf 210
– Vogelkoje 194, 206, 211
– Westerheide 204
– Wikingergräber 195
– Wittdün 197
– – Dünensee Wriakhörn 199
– – Fähranleger 198
– – Leuchtturm 195, 200
– – Schutzstation Wattenmeer 198
– – Seezeichenhafen 199
– – Strandhaus 199
– Amrum Odde 191, 192, **215**
Andersen, Hans Christian 165, 169
Angeln 27
Ärztliche Versorgung 34
Augustiny, Waldemar 15
Ausrüstung 17
Avenarius, Ferdinand 76, 113, 118

Baden 34
Bahnsen, Hellmut 63, 241, 250
Baldner, Max 99
Banck, Claudia 15
Bandix, Tade Hans 224
Behinderte 37
Beltringharder Koog s. Nordstrand
Bodelschwingh, Friedrich von 214
Booysen, Jens 117
Boysen, Heinrich 242, 259
Bremen, Silke von 103, 124, 147
Brütt, Adolf 270
Buhnen 17, 51
BUND 184
Burchardiflut 42, 45
Busch, Andreas 62

Christian IV., König von Dänemark 91
Christian VIII., König von Dänemark 68, 165
Christiansen, Hans 66
Cramer, Dirck 66

Desmercieres, Graf 259
Deutsche Gesellschaft zur Rettung Schiffbrüchiger 88, 258
Dialekte 69
Dünen 52
Dünschede, Sandra 15

Einkaufen 38
Essen und Trinken 24, 78

Fallada, Hans 76
Fauna 52
Feiertage 34
Feste 31
FKK 34, 68
Flora 52
Föhr 6, **162**
– Alkersum 179
– Boldixum 170, 171, 172
– Boldixumer Vogelkoje 163
– Borgsum 184
– Dunsum 185, 188, 190, 191, 192
– Goting (Nieblum)/Goting Kliff 182
– Hedehusum 184, 186
– Klintum 189
– Lembecksburg 184
– Midlum 179
– Nieblum 162, 181
– Oevenum 178
– Oldsum 189
– Süderende 188
– Toftum 189
– Traumstraße 184
– Utersum 184
– Witsum 184
– Wrixum 178
– Wyk 162, **165**
– – Aquaföhr 176
– – Boldixumer Vogelkoje 163, **170**
– – Carl-Häberlin-Straße 169
– – Fährhafen 168
– – Friesen-Museum 162, 163, **170**, 172
– – Glockenturm 170
– – Nationalpark-Zentrum 169
– – Sandwall 169
– – St. Nicolai-Kirche 170
– – Sturmflutpfahl 169
– – Windmühle 170
Fontane, Theodor 169
Friedrich VI., König von Dänemark 224
Friedrich VII., König von Dänemark 150
Frisch, Max 76

Friesenhäuser 72
Friesenwall 74

Geschichte 42, **44,** 64
Golf 27
Gottorf, Johann Adolf, Herzog 269, 273
Grabsteine 64, 172, 203
Griesenbrock, Franz 246
Gröde s. Halligen
Gronau, Wolfgang von 89

Habel s. Halligen
Häberlin, Dr. Carl 168, 169
Halligen 7, **220**
– Gröde 220, **232**
– Habel 234
– Hooge 220, **223**
– – Hanswarft 224
– – Heimat- und Halligmuseum 225
– – Kirchwarft 225
– – Königspesel 224
– – Sturmflutkino 225
– – Wattenmeerhaus Hooge/Biggerhus 225
– – Westerwarft 226
– Langeneß 230
– – Hilligenley 230
– – Honkenswarf 231
– – Kapitän-Tadsen-Museum 231
– – Ketelswarf 230
– – Kirche 231
– – Kirchwarf 231
– – Lorenbahnhof 231
– – Peterswarf 231
– – Rixwarf 230
– Norderoog 221, **228**
– Oland 220, **232**
– Süderoog 57, 222, 237, 240, 251
– Südfall 253, 261, **268**
Halligkonferenz 58, 79
Hansen, Christian Peter 118
Heckel, Erich 76
Helgoland 252, **278**
Hellmann, Gebrüder 244
Hesse, Hermann 76
Hevesi, Ludwig 119
Hoffmann von Fallersleben, Heinrich 279
Hooge s. Halligen
Hunde 35
Husum 7, 252, **269**
– Freilichtmuseum Ostenfelder Bauernhaus 273
– Marienkirche 270
– Marktplatz 270
– Nationalparkhaus/Weltladen 272
– NordseeMuseum im Nissenhaus 253, **270**
– Poppenspäler Museum 272
– Schifffahrtsmuseum 271
– Schloss 273
– Schoböll 273
– Theodor-Storm-Büste 273
– Theodor-Storm-Haus 253, **271**
– Torhaus 273
Hüttmann, Heinrich 215

Informationsquellen 14
Ingwersen, Jörn 15

Jacobsen, Boy 71
Japsand 228
Jenner, A. O. L. 68
Jens, Walter 76, 95
Jensen, Eycke 66
Jensen, Oluf 190, 191

Kinder 35, 37
King, Johannes 24
Kleidung 17
Klima 16
Knud, König von Dänemark 241, 257
Knudsen, Knud 241, 250
Köster-Lösche, Kari 15, 235
Kollwitz, Käthe 76
Krüss, James 280
Kunsthandwerk (Sylt) 117
Künstler 76
Kuren 34, 35

Langeneß s. Halligen
Lembeck, Klaus 184
Lesetipps 15
Lichtenberg, G. C. 67
Liermann, Heinrich 241
Liliencron, Detlev von 62, 238, 243
Lobsien, Wilhelm 233
Lornsen, Uwe Jens 100, 118, 132
Lüng, Pidder 9

Mann, Thomas 76
Marcellusflut 42, 44, 50
Marcussen, Jacob 66
Medien 35
Morgenstern, Christian 76, 164, 182
Müller, Jörg 24
Multimar Wattforum 59

Napoleon 45
Nationalpark Schleswig-Holstein 36
Naturschutz 36
Nissen, Hauke 30, 193
Nissen, Ludwig 270
Nolde, Emil 15, 76, 82, 140, **144**
Nommensen, Ingwer Ludwig 258
Norderoog s. Halligen
Norderoogsand 229, **244**
Nordfriisk Institut 32, 70, 71
Nordstrand 7, 252, **255**
– Alter Koog 254, 255, **258**
– Beltringharder Koog 252, 256, **262**
– Elisabeth-Sophien-Koog 254, **259**
– Engel Mühle 257
– Fuhlehörn 258
– Hamburger Hallig 263
– Holmer Siel 259, 261, 266
– Lüttmoorsiel 261
– Morsumkoog 254
– Nationalparkhaus Norderhafen 259
– Neukoog 254
– Norderhafen 259
– Odenbüll 257
– Osterkoog 254, 255
– Pohnshallig-Koog 254, 256
– St. Knud 257
– St. Theresia 257
– St. Vinzenz 258
– Strucklahnungshörn 256, 258
– Süden 257
– Süderhafen 256
– Trendermarschkoog 254
– Vogelkoje 259
Nordstrander Bucht 252, 256, 262
Nordstrander Damm 254, **256,** 259
Nordstrandischmoor 253, **265**
Notruf 36
Nygaard, Hannes 15

Öffnungszeiten 36
Offshore-Windanlagen 60
Oland s. Halligen
Olufs, Hark 65, 210
Öömrang Ferian (Amrumer Verein) 30, 70, 195, 204, 207, 215

Paulsen, Hermann Neuton 251
Pauly, Gisa 15
Paysen, Matz 62
Pellworm 7, **236**
– Alte Kirche 236, 241
– Buphever 238, 241
– Bupheverkoog 238, 242
– Friedhof Heimat der Heimatlosen 242
– Hooger Fähre 242
– Inselmuseum 239
– Leuchtturm 237, 240
– Liliencronhof 243
– Momme-Nissen-Haus 246
– Neue Kirche 243
– Norderkoog 242
– Nordermühle 242
– Rungholtmuseum 62, 237, 241
– Schifffahrtsmuseum Pellworm 239
– Seehundbänke 236
– Solar- und Windkraftwerk 246
– St. Salvator-Kirche 236, 241
– Tammensiel 239
– Tammwarft 241
– Ütermarkerkoog 242
– Vogelkoje 242
– Waldhusenhof 243
Peters, Cornelius 207, 215
Petersen, Matthias 174
Petri, Richard 173
Preise 37

Quedens, Georg 15, 195, 201
Quedens, Volkert 197

Reisezeit 16
Reventlow-Criminil, Diana von 268
Ringeling, Hinrich 181, 226
Rodenberg, Julius 76
Ross, Gustav 85
Rotermund, Elfriede 15
Rowohlt, Ernst 76, 100
Rungholt, Rungholtmuseum 32, 62, 237, 241

Salzwiesen 53
Sax, Peter 45
Saxo Grammaticus 50
Schmidt, Calle 125
Schnitger, Arp 241
Schutzstation Wattenmeer 36, 155
Schutzzonen 39
Seebäder 67
Seebüll 144
Seehunde 39, 244
Sicherheit 34
Sokollek, Birgitt 205
Souvenirs 38
Sport 27
Sprache 43, 69

Springer, Axel 99
Steensen, Thomas 15
Storm, Theodor 222, 252, 253, 269, 271
Störtebeker, Klaus 279
Strauß, Johann 169
Sturmfluten 48
Süderoog s. Halligen
Süderoogsand 251
Südfall s. Halligen
Suhrkamp, Peter 76, 118
Sylt 7, 76, 82
– Archsum 130
– Eidumer Vogelkoje 151
– Hörnum 154
– Hörnum-Odde 85, 161
– Kampen 95
– – Buhne 16 104
– – Café Kupferkanne 99
– – Kaamp-Hüs 95
– – Klenderhof 99
– – Kliffende 99
– – Leuchtturm 100, 158
– – Park 98
– – Quermarkenfeuer 100, 158
– – Strönwai 103
– – Sturmhaube 99
– – Uwe-Düne 100
– – Vogelkoje 100
– Keitum 82, **116**
– – Altfriesisches Haus 119
– – Feuerwehrmuseum 120
– – Harhoog 121
– – Kirche St. Severin 118
– – Schöpfwerk am Nössedeich 121
– – Sylter Heimatmuseum 118
– – Tipkenhoog 121
– List-Ort 86
– – Friedhof 89
– – Algenfarm 79, 89
– – Dittmeyer´s Austern-Compagnie 79, 89
– – Erlebniszentrum Naturgewalten 83, 88
– – Königshafen 91
– Leuchtturm-Radwanderweg 156
– Lister Ellenbogen 82, 91
– Lister Wanderdüne 18, 86, **90**, 158
– Listland 86
– Morsum 128
– Morsum-Kliff 82, **128**
– Munkmarsch 125
– Naturschutzgebiet Nord-Sylt 90
– Nössedeich 116, 121, 130, 131
– Rantum 150
– – Sylt-Quelle 150
– Rantumbecken 151
– Rotes Kliff 158
– Tinnum 32
– Uthörn 91
– Wenningstedt-Braderup 106
– – Alter Dorfteich 107
– – Braderuper Heide 82, **112**
– – Denghoog 107
– – Friesenkapelle 107
– – Kliffkieker 107
– – Naturzentrum Braderup 109
– Westerland 134
– – Friedhof der Heimatlosen 138
– – Musikmuschel 138
– – Nolde Lounge 138, 140
– – Plastiken Reisende Riesen im Wind 137
– – St. Niels 138
– – Wilhelmine 137

Tennis 28
Tiedemann, Clara 99
Tourismus 43, 58

Übernachten 22
Uthlande 48

Veranstaltungen 31
Verein Jordsand zum Schutz der Seevögel und der Natur e. V. 36
Verkehrsmittel 19

Waldemar Atterdag, König von Dänemark 184
Waldemar II., König von Dänemark 233
Wale 54
Walfang 45, 64, **172**
Wand, Jens Sörensen 229
Wandern 29
Warften 48
Watt 54
Wattenmeer, Weltnaturerbe 56
Wattwanderungen 190
Wellness 27
Wilhelm II., Kaiser 279
Wirtschaft 43

Yoga 30, 83, 103

Zuckmayer, Carl 76
Zweig, Stefan 76

Abbildungsnachweis
Claudia Banck, Sukow/Zietlitz: S. 8, 10 o. li., 10 u. re., 11 o. re., 55, 104/105, 212/213, 266/267
Corinna Banck, Pellworm: S. 239
Bildagentur Huber, Garmisch-Partenkirchen: S. 83 li., 118/119 (Bäck); 130/131 (Gräfenhain); 10 o. re., 126/127, (Huber); 21 (Lubenow)
DuMont Bildarchiv, Ostfildern: S. 9, 12/13, 24, 29, 38, 72, 80/81, 82 li., 90/91, 93, 98/99, 102/103, 111, 112, 135, 143, 148/149, 152, 156, 160/161, 162 li., 162 re., 172, 179, 180/181, 190, 194 re., 202/203, 220 re., 224/225, 236 li., 236 re., 240, 249, 252 re., 258 (Sabine Lubenow); 253 li., 278 (Michael Marczok); 86/87, 194 li., 216/217, 252 li., 268/269 (K.-H. Raach); S. 40/41, 49, 123, 220 li. 229 (Hartmut Schwarzbach)
Ottmar Heinze: S. 11 u. li., 221 li., 232, 274/275
Martin Kirchner, Berlin: S. 237 li., 244
laif, Köln: S. 59 (Sophie Henkelmann); 64/65 (Andreas Hub); 56 (Bernd Jonkmanns); 67, 74/75 (Kreuels); 69 (Modrow); 52/53, 272 (Raach)
Look-foto, München: Titelbild (Hauke Dressler)
Mauritius, Mittenwald: S. 77 (Hans-Peter Merten); 195 li., 209 (Sabine Lubenow); 60 (Busse Yankushev)
picture alliance/dpa, Frankfurt: S. 144 (Burkhard Juettner); 168/169 (Paul Mayall); 78 (Ulrich Perrey); 88 (Carsten Rehder)
Sylvia Pollex/ Thomas Rötting, Leipzig: S. 63, 10 u. li., 11 o. li., 11 u. re., 140/141, 163 li., 185, 186/187, 206, 218/219, 255, 262

Kartografie
DuMont Reisekartografie, Fürstenfeldbruck

Titelbild: Leuchtturn List-Ost, Naturschutzgebiet Ellenbogen, Nordost-Strand, Insel Sylt

Hinweis: Autor und Verlag haben alle Informationen mit größtmöglicher Sorgfalt geprüft. Gleichwohl sind Fehler nicht vollständig auszuschließen. Alle Angaben erfolgen ohne Gewähr. Bitte, schreiben Sie uns! Über Ihre Rückmeldung zum Buch und über Verbesserungsvorschläge freuen sich Autor und Verlag:
DuMont Reiseverlag, Postfach 3151, 73751 Ostfildern,
info@dumontreise.de, www.dumontreise.de

1. Auflage 2010

Grafisches Konzept: Groschwitz, Hamburg
Redaktion: Nadia Al Kureischi
Printed in Germany